Architektur in Frankfurt am Main 1999 – 2003

Ein Buch von Volker Albus

Herausgegeben von Jo. Franzke

JUNIUS

Inhalt

Denk ich an Frankfurt in der Nacht

Prof. Dr. Ingeborg Flagge, Direktorin des DAM in Frankfurt am Main

Frankfurt nennt sich „Die Stadt". Als sei sie eine Personifikation von Babylon und urbanem Paradies in einem. Zweifellos ist sie noch eine der bedeutendsten Finanzmetropolen Europas, ein Knotenpunkt des Flugverkehrs, ein wichtiger Messestandort, aber in Sachen Lebensqualität muss sie zulegen, wenn sie nicht verlieren will. Es mag ja stimmen, was man über einen nach Frankfurt ziehenden internationalen Manager sagt: dass er nämlich zweimal weint – sobald er nach Frankfurt versetzt wird und wenn er wieder gehen muss. Was aber, wenn er erst gar nicht mehr kommt? Frankfurt konkurriert mit London, mit New York und mit Schanghai und tut es in schönster Selbstverständlichkeit. Dabei vergisst es manchmal, dass es im Verhältnis zu den erwähnten Kapitalen eine Kleinstadt ist und seine physische Ausdehnung in diametralem Gegensatz zu seinem Image als Weltstadt steht. Dynamik und Innovation können solchen Mangel wettmachen. Sie bedürfen der politischen und wirtschaftlichen Förderung. Hier muss Frankfurt investieren, soll der Fortschritt nicht dem Rückschritt weichen. Frankfurt definiert sich über die Skyline seiner Hochhäuser am Main. Diese ist einzigartig in Europa. Wer sie jeden Tag betrachtet, merkt jedoch schnell, dass die Skyline keineswegs der Wald an hohen Häusern ist, den der Außenstehende im Kopf hat. Und nicht jedes dieser Hochhäuser ist von herausragender Qualität. Das ist nicht verwunderlich, wenn man weiß, dass viele Bauherren diese Häuser Immobilien nennen und nicht Architektur. Eine bedauernswerte Einstellung, denn Baukunst erzählt vom Selbstverständnis einer Stadt. Sie ist Zukunftskapital. Hier kann Frankfurt von Barcelona lernen.

Das Museumsufer Frankfurts ist trotz wachsender Konkurrenz in anderen Städten immer noch ein ganz besonderer Ort, der viele anzieht. Die Politik nimmt den dortigen Museen gerade finanziell endgültig die Luft. Kultur hat aber keine Selbstheilungskräfte. Sie kann nicht wie ein Lichtschalter beliebig an- oder ausgeknipst werden. Einmal darnieder, ist sie auf lange Zeit ohne Attraktion. Museen bedürfen der Pflege und Zuwendung. Nicht jedes Haus kann seine Schätze wie in einem Supermarkt inszenieren. Der Event hat seine Grenzen.

Es lohnt sich, sich für Frankfurt stark zu machen. Denn wie Le Corbusier schon sagte:

> „Freunde, unser Einsatz kann
> ein Wunder verwirklichen!
> Für wen soll es geschehen?
> Für das Publikum.
> Für welches Publikum?
> Man hat geantwortet: für das Volk.
> Ich glaube: für die Menschen."

Vorwort

Jo. Franzke

Wer abends von Westen her kommend auf der Theodor-Heuss-Allee in Richtung Zentrum fährt, wird von der Stadt Frankfurt mit einem Panorama begrüßt, das in Deutschland wohl einzigartig ist. Auf dem Weg vom Platz der Republik zur Alten Oper säumen links und rechts erleuchtete Hochhäuser den Weg. Die Alte Oper als vorläufiger Endpunkt dieses Weges erinnert an vergangene glorreiche Zeiten der Bürgerstadt Frankfurt und bildet einen schönen Kontrast zu den Bauten der Gegenwart.

In dieser Momentaufnahme der Stadt vereinen sich Gestern und Heute in lebendiger Weise und zeugen vom architektonischen Wandel der Stadt.

In naher Zukunft wird sich das Bild erneut verändern: Das Hochhaus und die Blockrandbebauung der Zürich-Versicherung sind bereits geplant und werden nun hoffentlich auch realisiert.

Dieses Panorama ist lesbar als Pars pro toto für die Architekturgeschichte Frankfurts nach dem Zweiten Weltkrieg. Wie keine andere Stadt in Deutschland hat Frankfurt Zeichen gesetzt bei dem Versuch, historisch Gewordenes und Innovation in der Architektur zusammenzudenken, und dadurch reizvolle Kontraste auf engstem Raum zu schaffen verstanden.

Wenn nun etwa die klassizistische Stadtbibliothek von Johann Christian Friedrich Hess, das barocke Palais Thurn und Taxis wieder aufgebaut und die Alte Brücke neu gestaltet werden sollen, so ist davon auszugehen, dass damit im Falle Frankfurts nicht ein Rückfall in den Historismus zu befürchten steht, sondern dass die Stadt unsentimental aufzuzeigen vermag, wie ihre architektonische Gegenwart in der Vergangenheit verankert ist.

Das vorliegende Buch *Architektur in Frankfurt 1999 – 2003* will wie sein Vorgänger *Architektur in Frankfurt. Die Bauten, das Leben, die Stadt am Ende der neunziger Jahre* den bedeutenden Stellenwert der Stadt Frankfurt für die architektonische Diskussion der Gegenwart dokumentieren. Im Vergleich mit den Schwestern Berlin, Hamburg und München eine „kleine" Großstadt, kann es Frankfurt hier durchaus mit den genannten größeren Städten aufnehmen. Es ist zu einer Stadt geworden, deren hohe Attraktivität überall spürbar wird. Diese gilt es aus architektonischer Perspektive zu kommunizieren. Zwar hat der jährlich stattfindende Tag der Architektur eine breite Resonanz gefunden, doch diese Tendenz und die damit verbundene Begeisterung für die Architektur und die Auseinandersetzung mit ihr sollen ausgebaut werden. Das Buch will als eine Momentaufnahme des baulichen Bestands seinen Beitrag dazu leisten und gleichzeitig darauf aufmerksam machen, dass es wiederum die hervorragende Architektur ist und sein wird, die die Diskussion über Architektur als essenzieller Bestandteil unserer Gesamtkultur immer neu entfacht. Wie sich die Ansichten über Frankfurt durch die Tätigkeit der Architekten und Stadtplaner verändern, das gilt es in Form von Bildern und Texten zu erfassen und zu reflektieren.

Während das erste Buch über Architektur in Frankfurt seinen Schwerpunkt neben der Architektur auf die Kunst im öffentlichen Raum legte, tritt im vorliegenden Band neben die Architektur das Design. Volker Albus, Professor für Produktdesign an der Hochschule für Gestaltung in Karlsruhe, Architekt, Designer und Ausstellungsmacher, hat das vorliegende Buchkonzept entwickelt und den ausgewählten Bauten in exemplarischer Weise gelungene Designgegenstände gegenübergestellt. So ergänzen sich hier Architektur und Design in hoffentlich bemerkenswerter Weise.

Wie schon der erste Band *Architektur in Frankfurt* wäre auch der zweite Band nicht möglich gewesen ohne die Bereitschaft und den Einsatz der Architekten und Designer, Fotografen und Autoren, die ihre Bauten, Objekte, Fotografien, Zeichnungen und Texte zur Verfügung gestellt und durch diese Form der Mitarbeit geholfen haben, das Buch in der nun vorliegenden Gestalt aus der Taufe zu heben. Ihnen sei an dieser Stelle recht herzlich gedankt.

Frankfurt am Main: Zwischen Bau-Kunst und Bau-Markt

Volker Albus

Nach Meinung von Saskia Sassen, Professorin für Stadtplanung an der Columbia Universität in New York und Autorin zahlreicher Bücher zur Entwicklung der Stadt im Zeitalter der Globalisierung, zählt Frankfurt am Main zu den „wichtigsten" Städten Europas: „Wirtschaftsgeographisch gliedert sich Europa derzeit ... in eine Vielzahl von Zusammenhängen, die, sei's im Zentrum, sei's am Rand, der modernen Wirtschaft angesiedelt sind. Im Zentrum haben wir zum einen eine Rangordnung wichtiger Städte – Paris, London, Frankfurt, Amsterdam und Zürich – die im globalen Städtesystem vielfach eine zentrale Rolle spielen. Ein bedeutendes Netz von Finanz-, Kultur- und Dienstleistungszentren – manche mit nur einer, andere mit mehreren der genannten Funktionen – trägt zu jener kohärenten europäischen Funktion bei und sind weniger an der globalen Wirtschaft orientiert als Paris, Frankfurt und London." (Zitiert nach: Saskia Sassen, Metropolen des Weltmarkts – Die neue Rolle der Global Cities, Frankfurt/New York 1996, S. 64) Mag man der prominenten Klassifizierung Frankfurts auch nicht in allen von der Autorin aufgeführten Aspekten zustimmen – selbst dem glühendsten Lokalpatrioten dürfte es schwer fallen, die Stadt am Main argumentativ in die kulturellen Sphären von Paris, London, Berlin oder Wien zu erheben – so besteht umgekehrt wohl kaum ein Zweifel hinsichtlich der wirtschaftlichen Bedeutung Frankfurts – national wie international. Neben dem nicht abreißenden und latent anschwellenden Geld- und Verkehrsfluss, der diese Stadt tagtäglich durchströmt, belegt vor allem die Bautätigkeit die These der New Yorker Autorin. Zwar sind die Verwerfungen der konjunkturellen Tiefebene auch an den Ufern des Mains nicht mehr zu übersehen – eine Liste der vorläufig „zurückgestellten" Bauvorhaben würde den Umfang dieses Vorworts sprengen – nichtsdestotrotz vergeht kaum eine Woche, in der nicht über die Grundsteinlegung eines neuen Projekts, über eine aktuelle Wettbewerbsentscheidung berichtet würde. Grund genug also für Jo. Franzke, den Spiritus Rector dieses Buches, vier Jahre nach seinem ersten Buch über *Architektur in Frankfurt. Die Bauten, das Leben, die Stadt am Ende der neunziger Jahre* eine neuerliche Übersicht über das Bauen in Frankfurt zu initiieren. Anders als bei dem ersten, von Manuel Cuadra konzipierten Buch ging es mir jedoch weniger darum, ausschließlich die absoluten Höhepunkte Frankfurter Baukunst zu dokumentieren (oder anders gesagt, diese unzweifelhaft vorhandenen Highlights als die Architektur schlechthin zu verklären), als vielmehr darum, eine Art (Bild-)Panorama des gesamten architektonischen Schaffens in dieser von den Einflüssen des „Weltmarkts" geprägten „Metropole" zu skizzieren. Dass dabei auch die Übergänge von Bau-Kunst zu Bau-Markt, von durch architektonische Inspiration getragener Originalität zum durch die „Projektsteuerung" durchgesetzten Standard sichtbar werden, ist durchaus beabsichtigt: Architektur ist nun einmal kein rein akademisches Terrain. Allerdings: so manch respektables Ergebnis ist nicht selten dem offensiven Engagement der so häufig gescholtenen Investoren zu danken. Es geht also – trotz Markt.

Wie jede Auswahl hat auch diese Präsentation ihre Lücken. Nicht jedes Büro, das das Gesicht dieser Stadt mitgestaltet, konnte berücksichtigt werden – andererseits verfügen auch nicht alle Büros, denen man diese mitgestaltende Hand zubilligen muss, über die schöpferische Prägnanz, die Züge dieser Stadt nachhaltig und vor allem zu ihrem Vorteil zu konturieren. Auch konnten nicht alle relevanten Themenkomplexe ihrer eigentlichen Bedeutung entsprechend gewürdigt werden. Das gilt insbesondere für den Umgang mit der historischen Substanz, auf den hier nur ausschnitthaft mit den Projekten Alte Bibliothek (Portikus), Palais Thurn und Taxis, Alte Brücke sowie mit der Sanierung bzw. dem Umbau des IG-Farbenhauses eingegangen werden konnte. Die insgesamt positiv zu bewertende Wendung dieser Projekte soll nicht darüber hinwegtäuschen, dass an anderen denkmalrelevanten Bau-Stellen (z. B. Areal Braubachstraße/Berliner Straße oder die diversen Monumente der Fünfziger- und Sechzigerjahre) eine durchgreifende Vergangenheitsbewältigung noch auf sich warten lässt. Aber das wäre dann ein anderes Buch.

Mit aufgenommen wurden im Gegensatz zum ersten Band auch einige Beispiele aus dem Bereich Innenarchitektur und Design. Dies nicht zuletzt deshalb, weil die Architektur „hinter" den Fassaden zunehmend eine wesentliche Ergänzung in den Auftragsbüchern der Architekten darstellt – fast alle Ausbauten stammen von (Hochbau-)Architekten. Zudem erschien es uns reizvoll, die Ergebnisse, die aus sehr unterschiedlichen Freiheiten resultieren, einander gegenüberzustellen.

Es gehört zum guten Ton, sich an einer solchen Stelle bei den guten Geistern eines solchen Vorhabens zu bedanken. Stellvertretend für all diejenigen, die mitgeholfen haben, dieses Buch zu realisieren, möchte ich mich bei den Damen Marietta Andreas, Célia Ribeiro Meireles, Beate Tröger, Eva Wörner (alle Büro Jo. Franzke) sowie bei Ulrike Wagner und Stefan Nigratschka (beide Trust) bedanken.

Zwischen Hausse und Baisse Erinnerungen an und Beobachtungen zu Frankfurt am Main

Wolfgang Pehnt

Nicht zu nah und nicht zu fern, nicht zu oft und nicht zu selten: Das sind Bedingungen, unter denen freundschaftliche Verhältnisse gedeihen. Man geht sich nicht durch tägliche Routine auf die Nerven, aber entfremdet sich auch nicht durch allzu lange Abstände. Mein Verhältnis zu Frankfurt am Main hält diese Balance zwischen Nähe und Ferne. Zwei, drei Jahre habe ich, zusammengerechnet, in der Stadt gelebt. Derzeit führt mich nur alle paar Monate der Weg durchs Bahnhofsviertel, das jeder Purifizierungsmaßnahme widerstanden hat, ins Zentrum. Dass man die auf Hochglanz gestriegelte Bankenmetropole durch ein Quartier erreicht, das allen Anstrengungen der Saubermänner getrotzt hat, gehört zur Vitalität der Stadt. Es unterscheidet sie, unter anderem, von Alsfeld oder Michelstadt.

Sympathie und Antipathie gegenüber Orten hängen mit Menschen und den Erinnerungen an sie zusammen. Frankfurt ist für mich durch Personen belebt: Ernst Holzinger, Direktor des Städel-Museums nach dem Krieg, der so nobel war, den angebotenen Wiederaufbau seines Hauses zu verschieben, bis die dringende Wohnungsnot gelindert war. Oder Ernst Beutler, im Freien Deutschen Hochstift mein erster Arbeitgeber nach dem Studium. Ich habe ihm nie zu gestehen gewagt, dass ich mich in einem Klassenaufsatz in der Obersekunda vehement gegen jenen Wiederaufbau des Goethe-Hauses ausgesprochen hatte, der seine Herzensangelegenheit war. Noch steht mir anschaulich die Begegnung von Philosophie und Kommunalpolitik vor Augen; Max Horkheimer, der in sein Institut für Sozialforschung zurückgekehrte Philosoph, und Walter Kolb, Oberbürgermeister der Nachkriegszeit, beides gewichtige, glatzköpfige und sich verblüffend ähnlich sehende Männer, komplimentierten sich wechselseitig ins Weinrestaurant am zerstörten Römerberg hinein. An dessen Rekonstruktion dachte damals noch niemand, nicht einmal der Bund Tätiger Altstadtfreunde.

Das Frankfurt der Nachkriegszeit erlebte ich als ein Labor der Architekturmoderne, vergleichbar mit meiner Heimatstadt Kassel, doch mit qualitätvollerer Architektur. Ferdinand Kramers Universitätsbauten wirkten als Fanal, vor allem das ins neobarocke Hauptgebäude eingeschnittene Stahl-Glas-Portal. Heute würde kein Denkmalpfleger dieses „lichtoffene Tor" genehmigen. Die Paulskirche bewahrte in ihrer neuen Gestalt die römische Würde der ausgebrannten Ruine und erschien mir, erscheint mir noch heute als ein Exempel im Umgang mit historischer Substanz. In der Nähe von St. Michael, der raumgreifenden Mauerschale des Paulskirchen-Miterbauers Rudolf Schwarz, hatte ich meine Studentenbude. Als ein den Menschen forderndes Baukunstwerk kam sie mir schon damals vor, wenn ich sie beim Abendspaziergang umrundete.

Die Opfer, die Frankfurts Modernisierungsprozess forderte, sind mir und vielen anderen erst später bewusst geworden. Die Abrisswut ging mit dem Ausbau zur autogerechten Stadt einher, legte sich aber nicht mit dessen Ende. Auf der permanenten Großbaustelle Frankfurt zahlen es die Modernisierer von heute am kräftigsten den Modernisierern von gestern heim, deren Hinterlassenschaften sie rücksichtslos niederlegen: gestern das AEG-Hochhaus, heute das Zürich-Haus, morgen die Matthäuskirche. Zu den Folgen, die das Modernisieren zeitigte, gehören auch die Reaktionen, die Rückgriffe aufs Gemütliche, Kleinteilige, Dekorative, Inszenierte und der Rekonstruktionswahn, dem beinahe auch die Nachkriegsgestalt der Paulskirche zum Opfer gefallen wäre. Für alteingesessene Frankfurter ist die moderne Skyline offenbar nur dann zu ertragen, wenn sie sie aus der fachwerkseligen und schwundrissigen Römerbergkulisse oder im Ausschnitt der postmodern aufgeputzten Saalgasse betrachten.

Sie sind rasch gealtert, noch schneller, als ich damals glaubte, die Niedlichkeiten und Verschönerungsversuche durch die nationalen und internationalen Architektengäste, die in den Achtzigerjahren den Schalmeienklängen des Imagineering-Trios OB Walter Wallmann, seines Kulturdezernenten Hilmar Hoffmann und seines Architekturberaters Heinrich Klotz an den Main gefolgt waren. Aber das so erworbene, investitionsfreundliche Renommee einer Kulturstadt hat Frankfurt sich nutzbringend bewahren können, als der kommunale Haushaltsetat keinerlei Belege mehr für besondere Kulturfreundlichkeit bot. Das citynahe Stück des südlichen Mainufers ist von den ganz großen Investitionen des Privatkapitals verschont geblieben und bietet mit der Kette seiner neuen und alten Museen einen heilsamen Kontrast zum geschäftstüchtigen Zentrum. Auch im 18. und 19. Jahrhundert konnten die wohlhabenden Handelsherren, die ihre Landhäuser auf der südlichen Seite des Flusses hatten, wohlgefällig, weil distanziert hinüber zur Innenstadt blicken. Ihr Kapital arbeitete drüben für sie, ohne ihr Wohnidyll hüben zu stören.

Frankfurt ist keine Stadt, die man als Ganzes lieben kann. Sie ist zu eilig, zu geschäftig und da, wo es gemütlich wird, zu verhockt. Jedoch gibt es Aspekte, die ich an Frankfurt schätze. Einige davon hat die Natur der Stadt mitgegeben. Den roten Mainsandstein (der manchmal auch vom Neckar stammte), aus dem die Baumeister der Stadt vor der Erfindung des Sichtbetons die wichtigsten Bauten der Stadt gemauert haben. Die Lage am Fluss. Er ist breit genug, die beiden Stadthälften zu akzentuieren, aber nicht so breit, dass er sie voneinander trennen würde; seine ehemaligen Häfen bieten der Stadtentwicklung die dankbarsten Chancen. Die Andeutung der Taunusberge, die der breiten Mainebene ein Versprechen von Frische, Relief, Wald geben, vor allem im Sommer, wenn die günstigen advektiven Windlagen ausbleiben. Ebene und Berge sind Gegensätze, aber wie alle Gegensätze in Frankfurt keine unversöhnlichen Widersprüche. Die Ebene ist nicht eben, sondern leicht bewegt, und das Gebirge kein unüberwindbares Hindernis, sondern ein freundliches Mittelgebirge.

Andere Vorzüge Frankfurts sind von Menschen gemacht oder verantwortet. Die Anlagen um die Innenstadt, die schon die Räthin Goethe entzückten, gehören dazu. Das Wallservitut, die Erhaltungssatzung, die sich die Stadt gegeben hat, um die grüne Umwallung zu erhalten, war eine bürgerschaftliche Tat, auch wenn die Anrainer in der Folgezeit oft genug versuchten, erlaubte Sommerhäuschen in stabile Großbauten zu verwandeln. Dass die Stadtverordneten ein erweitertes Grüngürtelsystem zum Planungsziel erhoben haben, ehrt sie. Nun wäre es an der Zeit, dass man die suggestiv grün angelegten Flächen nicht nur auf den Karten wahrnehmen könnte, sondern auch in der Realität.

Zu den Vorzügen zähle ich, ja doch, die für deutsche Verhältnisse imposante Versammlung von Hochhäusern im Banken- und Messeviertel. An New York oder Chicago sollte man dabei nicht denken, eher an – sagen wir – Denver oder Atlanta. Nur in jedem zweiten oder dritten dieser Türme ist mehr als schlichte Stapelware zu erkennen. Die Platzierung entlang vorgegebener oder nachgezeichneter Achsen leuchtet auf dem Stadtplan eher ein als in der Realität. Doch auch jenseits des Atlantiks zählt laute Vielzahl mehr als kultivierter Einzelklang. Es gibt Augenblicke, wenn die Sonne untergeht und ihr abendliches Licht sich in den Stahl-, Alu- und Glasfassaden spiegelt, wo man seine Einwände in Sachen öffentliche Armut und privater Reichtum vergisst. Sie hat etwas für sich, diese unkaschierte, fast schamlose, naive Darstellung der eigenen Wichtigkeit. Architektur sei „eine Art Macht-Beredsamkeit in Formen", lese ich bei Nietzsche. Auch er dachte an Bankiers als Bauherren – allerdings an die des Florentiner Quattrocento und Genueser Cinquecento.

Frankfurt ist eine Stadt der Mitte. Die geographische Lagegunst war Grund für die deutschen Kaiser, sich für Frankfurt als Tagungs-, Wahl- und später Krönungsort zu entscheiden. Denn an historischer Dignität konnte sich die Wahlstätte, St. Bartholomäus, nicht mit dem Kölner Dom oder gar dem Aachener Münster messen. Sogar die Rangbezeichnung „Dom" war für die Stiftskirche eine Anmaßung, denn wo wäre in Frankfurt zum Dom der Bischof gewesen? Den politischen Rang als Krönungsort verlor Frankfurt mit dem Ende des Heiligen Römischen Reiches. Aber es gehört zur Eigenart Frankfurter Stadtgeschichte, dass kommunalpolitische Niederlagen Wachstumsschübe auslösen. Das erste Parlament der Deutschen tagte nur zwölfeinhalb Monate lang hier und zog dann weiter (nach Stuttgart, of all places!), der Titel einer Freien Reichsstadt ging mit der Annexion durch die Preußen verloren, und 1949 unterlag das trizonale Verwaltungszentrum Frankfurt im Wettbewerb um die Hauptstadtwürde sogar der kleinen Rentnerstadt am Rhein. Der Stadtökonomie hat es nicht geschadet.

Denn immer blieben die Handelsverbindungen, die Messe und die Börse, die Banken, die Zeitungen, der Eisenbahnknotenpunkt und das Luftkreuz, die kommerziellen und verkehrsstrategischen Faktoren also, die zum Nutzen der Stadt ausschlugen. Was sie an historischem Glanz verlor, gewann sie an wirtschaftlichem Einfluss. Bundesbank und Europäische Zentralbank haben der Stadt zu einem Platz unter den Orten mit zentralen europäischen Funktionen verholfen. Für die Architektur ergibt sich daher, wo sie ihre Bauherren zu suchen hat: nicht bei der öffentlichen Hand. Denn das bauliche Engagement der Kommune hat sich immer weiter von großen auf kleinere Objekte verlagert – in den Achtzigerjahren Museen, in den Neunzigerjahren Kindergärten! – und von den Baustrukturen zu den Infrastrukturen. Heute ist sie voll davon beansprucht, die Brachfelder von Industrie und Eisenbahn bebaubar zu machen. In der Perspektive von außerhalb sehen die vielen gleichzeitigen Planungsprojekte zwischen Frankfurt 21 und Europaviertel West- und Osthafen ohnehin nach Selbstüberforderung aus.

Was sich in den Jahrzehnten, die ich überblicke, vollständig geändert hat, ist die Internationalisierung der Szene. Früher kamen auswärtige Architekten aus München oder Karlsruhe, heute aus London, Chicago und New York. Aber das ist in anderen Großstädten der Bundesrepublik nicht anders. Die Globalisierung hat sogar Bad Oeynhausen oder Weil am Rhein erfasst. Firmen, die weltweit operieren, legen Wert auf den Glanz der großen weiten Architekturwelt. Da ist es eher erstaunlich, dass die lokalen Platzhirsche neben Foster, Kohn, Pedersen & Fox oder Jahn ihre Domäne behaupten konnten. Jüngere Frankfurter Architektenbüros scheinen dagegen ihre Chancen leichter außerhalb als innerhalb der Stadtgrenzen zu finden.

Wer Frankfurter Architektur in den Zwanzigerjahren auf ihrem höchsten Niveau erleben wollte, fuhr in Ernst Mays Vorortsiedlungen. Heute muss er sich an die Adressen der großen Konzerne halten, an die Banken, Versicherungen, Werbeagenturen. Er muss aufs Flughafen- oder Messegelände gehen und in den Messehallen die Firmeninszenierungen goutieren, die in den gelungensten Beispielen Probeläufe für künftige Architektur darstellen. Um neue Kultur- und Sakralbauten kann er nicht mehr herumstreichen, wie in den Fünfzigerjahren um die Kirchen von Schwarz, Johannes Krahn oder Giefer & Mäckler. Sofern Frankfurter Architekten fürs Spirituelle planen, tun sie es anderswo: in Dresden beispielsweise, und wenn für Sachsenhausen, dann fürs brandenburgische und nicht fürs Frankfurter Sachsenhausen.

Im ökonomisch denkenden Frankfurt herrscht die Produktionskraft Kapital. Hausse und Baisse schlagen in der Stadt, in der die wichtigste deutsche Börse residiert, unmittelbar aufs Bauen durch. Das tun sie zwar auch in den anderen Gemeinden, doch in Frankfurt wird es ungenierter sichtbar. Man weiß, woran man ist. Gibt es einen anderen Ort, der an seinem repräsentativsten City-Eingang, am Theaterplatz, dem geltenden Zahlungsmittel ein Denkmal in Gestalt eines monumentalen Eurozeichens errichtet hätte?

Palais Thurn und Taxis
(Wiederaufbau)

01

Es ist rund 270 Jahre her, da hatte Frankfurt seine erste Schloss-Debatte. Die Familie Thurn und Taxis sollte auf Geheiß des Kaisers nach Frankfurt ziehen, um von dort aus das weit verzweigte Netz ihrer Postverbindungen zu dirigieren. Dass die märchenhaft reiche Familie in die Stadt zog, gefiel den Frankfurtern gar nicht. Ein großes Schloss mit „verschwenderischer" Hofhaltung entsprach nicht den bürgerlichen Vorstellungen von gediegener Lebensführung, die die tonangebenden Kreise der Stadt hegten. Der Magistrat versuchte, den Grundstücksverkauf an die fremden Adligen zu verhindern. Das misslang, das Palais Thurn und Taxis wurde gebaut.
Mit der Planung wurde der französische Hofbaumeister Robert de Cotte beauftragt. Nach seinem Entwurf entstand in rund zehn Jahren Bauzeit eines der schönsten Stadtschlösser Deutschlands. Die beiden Torbauten mit ihren Mansarddächern und schlichten Türmen trumpften gegenüber der Nachbarschaft keineswegs auf. Die Prachtentfaltung geschah eher nach innen, zum Ehrenhof hin, der dreißig auf dreißig Meter maß. Er wurde hufeisenförmig vom Schloss gerahmt. Die große Rotunde, auch das eine Geste der Rücksichtnahme auf die Größenverhältnisse der Umgebung, war auf der Gartenseite des Palais platziert. Das Schloss hatte eine Kapelle und ein Theater, eine Reitbahn und sogar eine Konditorei. Die ersten Künstler Europas wurden für die Gestaltung der Innenausstattung engagiert. Die Deckengemälde beispielsweise stammten von den italienischen Malern Bernardini und Colomba.
Doch auch nachdem die Familie Thurn und Taxis, deren Lebensstil erwartungsgemäß zu Streitigkeiten Anlass gab, Frankfurt verlassen hatte, blieb deren Schloss für die Bürger ein Fremdkörper in ihrer Stadt. Es diente zunächst als Quartier für Adlige, die mit der Familie Thurn und Taxis befreundet waren. Die folgenden Nutzungen als Herberge französischer Truppen, als Amtssitz Carl von Dalbergs, als Palais des Deutschen Bundes, als Postamt und als Museum haben den Bau frühzeitig zu einer Art Mehrzweckgebäude werden lassen.
Diese Tatsache entlastet die vor kurzem begonnene Debatte über den Wiederaufbau des im Krieg beschädigten und später abgerissenen Palais, an dessen Stelle das Fernmeldehochhaus und ein vorgelagerter dreiflügeliger Bau entstanden. Denn aufgrund seiner vielseitigen Vorgeschichte täte man dem wieder aufgebauten Palais keine Gewalt an, wenn es nun nach den Planungen des Investors voraussichtlich einem Hotel oder Luxusboutiquen Raum bieten würde. Befürworter des Aufbaus weisen jedoch vor allem auf die architektonische Qualität und historische Bedeutung des barocken Stadtschlosses hin. Das wichtigste Argument lautet, dass die Frankfurter Innenstadt von Gebäuden der Fünfzigerjahre dominiert und die Baugeschichte dadurch fast auf eine Epoche reduziert wird. Eine Rekonstruktion des Schlosses könnte dem abhelfen und die fast gekappten Beziehungen der Bürger zur Historie ihrer Stadt stärken. **Matthias Alexander**

◂ Historische Ansicht

Projektname: Palais Thurn und Taxis **Standort:** Eschersheimer Landstraße, Frankfurt am Main **Bauherr:** Prinz Anselm Franz von Thurn und Taxis **Bauzeit:** 1731 – 1737
Architekt/Planer: Robert de Cotte **Bild Modell:** Fürst Thurn und Taxis Zentralarchiv, Plansammlung

Taf. XVIII.

DER NEUE LESESAAL.

◂ Neuer Lesesaal
Ansicht Süd ▾

Grundriss ▸

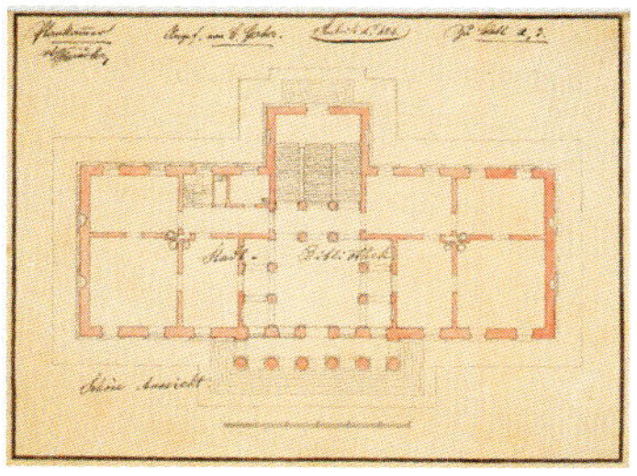

Alte Stadtbibliothek
(Wiederaufbau)

02

Beim Wiederaufbau der Alten Stadtbibliothek geht es nicht um eine nostalgische Rekonstruktion vergangener Zeiten. Eine Motivation aus sozialem Impetus trüge die gleichen Mängel wie die gesellschaftspolitisch begründeten Zerstörungen in der Stadt Frankfurt nach dem Krieg. Es geht vielmehr um den – sicher verspäteten – Wiederaufbau eines wesentlichen öffentlichen Gebäudes aus seinen Ruinen heraus, der der Stadt einen Teil ihrer historischen Identität zurückgeben soll.
Im Jahr 1816 erhielt der Stadtbaumeister Johann Friedrich Christian Hess den Entwurfsauftrag für den Neubau einer Bibliothek an der Schönen Aussicht. Das ob seiner Qualität hoch gelobte Gebäude konnte 1825 der Öffentlichkeit übergeben werden.
1944 wurde es im Krieg halb zerstört, das Abräumen der Bauruine überstand nur noch der Portikus der Alten Stadtbibliothek – gleichsam als Mahnmal eines sich eher historisch begründenden Wiederaufbaus der Stadt.
Nach verschiedenen, vergeblichen Anläufen in den Neunzigerjahren, eine Finanzierung des Wiederaufbaus zu erreichen, gelang dies 2000/2001 unter der maßgeblichen Beteiligung der Gemeinnützigen Hertie-Stiftung.
Die Stadtverordneten beschlossen daraufhin am 23. Mai 2002 den Wiederaufbau der Alten Stadtbibliothek zur Nutzung durch das Frankfurter Literaturhaus. Dieses wird – historisch passend – als kostenfreier Mieter das Gebäude neben einem Restaurantbetrieb und gegebenenfalls einem Buchhändler übernehmen können.
Ein Architektenwettbewerb wird Aufschluss über die Ausführungsdetails geben. Das wesentliche Ziel ist erreicht: Der Stadt und insbesondere dem aufstrebenden südlichen Ostend wird ein Stück Gedächtnis bester Stadttradition und Identität zurückgegeben. **Martin Wentz**

Projektname: Wiederaufbau der „Alten Stadtbibliothek" **Standort:** Schöne Aussicht, Frankfurt am Main **Bauherr:** Bürgerverein Alte Stadtbibliothek i.G. **Fotos:** Historische Bilder **Verfasser Vorstudie:** Wentz Concept Planungsstrategie GmbH, Frankfurt am Main

Dissing + Weitling

Poelzig-Bau in Frankfurt am Main

03

Hans Poelzig entwarf 1928 den Bau, der zwischen 1928 und 1930 für die IG Farben AG errichtet wurde und bis 1945 Sitz des Konzerns war. Ab 1945 war das Hauptquartier der US-Streitkräfte in Europa dort untergebracht, von 1952 bis 1995 das V. Korps der US-Armee. 1996 kaufte das Land Hessen den denkmalgeschützten Komplex aus IG-Hochhaus, Casino und Park für die Goethe-Universität. Aus der europaweiten Ausschreibung für den Umbau zur neuen Nutzung ging das Architekturbüro Dissing + Weitling, Kopenhagen, als Gewinner hervor. Ausschlaggebend für diese Entscheidung war die Erfahrung, die das Büro im Umgang mit teilweise denkmalgeschützten Bauten gesammelt hatte. Überdies war zu erwarten, dass dieses von Arne Jacobsen gegründete Büro die Formensprache von Hans Poelzig gut verstehen würde. 1997 begann unter der Leitung von Reinhard Tölke die Umgestaltung des Poelzig-Baus für die Universität, welche 2001 den Komplex bezog.
Das Ergebnis der Fortführung der Arbeit eines der wichtigsten deutschen Architekten des 20. Jahrhunderts und durch ein Architekturbüro, das geprägt ist von der klassischen Moderne, überzeugt. Nutzer, Besucher, Kritiker loben die gelungene Synthese von Gebäudedenkmalpflege und architekturhistorisch reflektierter Modernisierung.
Werner Meißner, von 1994 bis 2000 Präsident der Goethe-Universität

▴ Ansicht Fassade

Büro: Arbeitsgemeinschaft Poelzig-Ensemble Dissing + Weitling / Planungsring Ressel **Projektname:** Johann Wolfgang Goethe-Universität, Umbau des Poelzig-Ensembles **Standort:** Grüneburgweg, Frankfurt am Main **Bauherr:** Land Hessen **Architekt/Planer:** Dissing + Weitling, Kopenhagen **Fotograf:** Norbert Miguletz, Frankfurt am Main **Landschaftsplanung:** Sven Ingvard Andersson, Kopenhagen **Lichtplanung:** Dissing + Weitling, Kopenhagen; Spektral

▲ Seminarraum

Ausstellungsraum ▸

Vorlesungssaal ▴

Prof. Christoph Mäckler Architekten

Zürichhaus am Opernplatz, Frankfurt am Main

04

Dazwischenkommen – Zur Architektur von Christoph Mäckler
Bauen, das heißt – zumindest im dicht besiedelten Mitteleuropa – nicht nur agieren, es bedeutet auch reagieren: auf vorhandene bauliche Situationen, auf die Geschichte eines Ortes, auf die Wünsche und Vorstellungen von Auftraggebern.
Viele von Christoph Mäcklers Arbeiten sind in der Auseinandersetzung mit bestehender Substanz entstanden. Mal ist es ein vorhandener Bürokomplex aus den Fünfziger- oder Sechzigerjahren des vergangenen Jahrhunderts, mal ein historisches Gebäude inmitten eines Einfamilienhausquartiers, mal eine innerstädtische Situation. Allein ökologische Gründe zwingen dazu, in Zukunft auf eine unkontrollierte Ausdehnung der besiedelten Bereiche zu verzichten. In Kontexten zu bauen, das aber bedeutet zu intervenieren: dazwischenzukommen, die eigene Haltung zu finden. Bemerkenswert an Mäcklers Interventionen ist, dass er mit seinen eigenen Bauten keinem retrospektiven Ideal huldigt, sondern eine zeitgemäße Verbindung von Tradition und Moderne zu finden sucht. Der Architekt liebt die formbildende Kraft eines Le Corbusier oder Louis I. Kahn ebenso wie die Visionen des russischen Konstruktivismus und die diskrete Zurückhaltung einer anonymen Architektur. Im Konzept einer „Rematerialisierung der Moderne“, die Wert auf handwerkliche Qualität legt, finden diese Tendenzen zusammen. Eine Fassade aus Stein ist bei ihm eine Fassade aus Steinen. Christoph Mäcklers Bauten sind gebaute Beweise dafür, dass das alte Thema der „Materialgerechtigkeit“ auch heute noch aktuell ist. **Hubertus Adam**

Die rund vierzig Jahre alten Bauwerke der Zürich Agrippina waren technisch überaltert, genügten nicht mehr den Ansprüchen moderner Arbeitsplätze und mussten deshalb abgebrochen werden. Städtebaulich zerstörte die Bebauung aus den Sechzigerjahren mit ihren Solitärbauten und Pavillons die den Platzraum formende Häuserwand auf der Westseite des Opernplatzes. Auch die Planung einer Fussgängerzone in den Siebzigerjahren hat dem Platz seine Geschäftigkeit genommen. Die einst großzügige Vorfahrt zur Alten Oper wurde stillgelegt und die Oper zum Ausstellungsstück degradiert. Der Opernplatz hat damit seinen ursprünglichen großstädtischen Charakter weitgehend eingebüßt. Diesen Fehlentwicklungen möchte das neue Bebauungskonzept entgegenwirken. Eine siebengeschossige Blockrandbebauung beherbergt Läden und Gastronomiebetriebe. Sie hat eine Sandsteinfassade, die die Höhe und Materialität der östlichen Opernplatzbebauung aufgreift und dem Platz wieder eine städtebauliche Fassung verleiht. Der eigentliche 168 Meter hohe Büroturm mit seiner stark profilierten Natursteinfassade und den zweigeschossigen gläsernen Elementen ist nach dem Prinzip eines lichtdurchfluteten „low-energy-office“ entworfen, mit manuell zu öffnenden Fenstern für jedes Büro.
Prof. Christoph Mäckler Architekten

Projektname: Zürichhaus **Standort:** Opernplatz, Frankfurt am Main **Bauherr:** Zürich Gruppe **Architekt/Planer:** Prof. Christoph Mäckler Architekten, Frankfurt am Main
Modellbau: Menzel & Monath, Berlin

Bürohaus Eschersheimer Landstraße 6, Frankfurt am Main (2000-2002)

Das siebengeschossige Bürohaus liegt im Zentrum Frankfurts an der vielbefahrenen Eschersheimer Landstraße. Der Neubau ergänzt die geschlossene Blockrandbebauung des Quartiers in der Flucht des ehemaligen Volksbildungsheims und heutigen Kinos Metropolis.
Den direkten Anschluss bildet ein etwas zurückgesetzter, viergeschossiger Baukörper. Er schließt die Straßenfront, betont aber zugleich die Eigenständigkeit des eigentlichen Bürohauses inmitten des heterogenen Umfelds. Seine Fassade aus Naturstein ist als ruhige Lochfassade ausgebildet. Auf der Straßenseite wird sie durch ein geschossübergreifendes Fensterelement mit abgeknickten Außenelementen gegliedert. Durch die etwas zurückgesetzte, hohe Eingangstür ergibt sich eine Portalsituation, die den Besucher förmlich ins Innere des Gebäudes hineinzuziehen scheint. Den oberen Abschluss des Gebäudes bildet ein rot gestrichenes auskragendes Element. Der T-förmige Grundriss ermöglichte es, den unter Naturschutz stehenden Baumbestand im Hof zu erhalten.
Prof. Christoph Mäckler Architekten

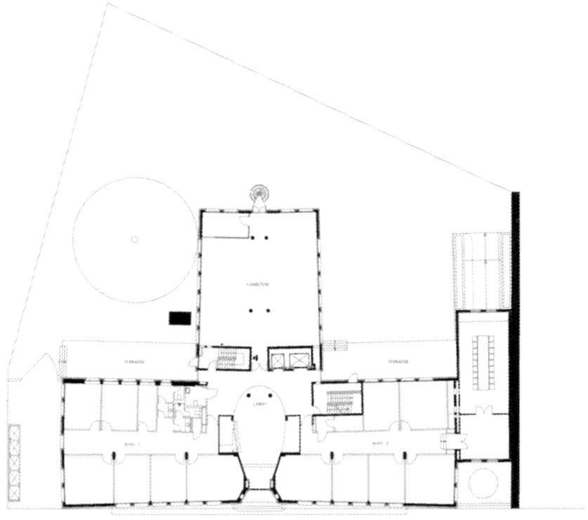

Projektname: Bürohaus Eschersheimer Landstraße 6 **Standort:** Frankfurt am Main **Bauherr:** Groß & Partner, Frankfurt am Main **Architekt/Planer:** Prof. Christoph Mäckler Architekten, Frankfurt am Main **Fotograf:** Christoph Lison, Frankfurt am Main **Tragwerksplanung:** Ingenieurbüro Kannemacher, Rath & Sturm, Frankfurt am Main **Lichtplanung:** Prof. Christoph Mäckler Architekten, Frankfurt am Main **Fassadenplanung:** Prof. Christoph Mäckler Architekten, Frankfurt am Main **Haustechnik:** Ingenieurbüro Klöffel, Bruchköbel

zu vermieten
Mehrere Etagen
im Alleinauftrag
069 7543 1111
Jones Lang
LaSalle

Bürohochhaus „Scala", Frankfurt am Main (1996 – 2001)

Das achtzehngeschossige Büro- und Geschäftshochhaus steht am Tor zur Stadt auf dem Gelände eines der ältesten Industriequartiere Frankfurts, das sich zu einem eigenständigen Stadtteil mit hochwertiger Büronutzung und Wohnquartieren wandelt. Sein markanter Körper, der sich aus einem Kopfbau und zwei niedrigeren Flanken zusammensetzt, verleiht dem neuen Stadtteil einen klaren Auftakt. Seine Y-förmige Gestalt ist von dem spitzwinklig zulaufenden Grundstück bestimmt und formuliert eine eindeutige Betonung der Raumkanten. Die Expressivität des Baukörpers unterstreicht seine Torfunktion. Durch das Aufspreizen des Gebäudes ergibt sich eine geräumige Hofsituation mit gastronomischen Einrichtungen, die sich zu parkähnlichen Freiflächen mit einer baumbestandenen Allee weitet, an der großzügige, siebengeschossige Stadthäuser liegen.
Prof. Christoph Mäckler Architekten

▲ Ansicht Eingang
◀ Ansicht Fassade
▼ Grundriss

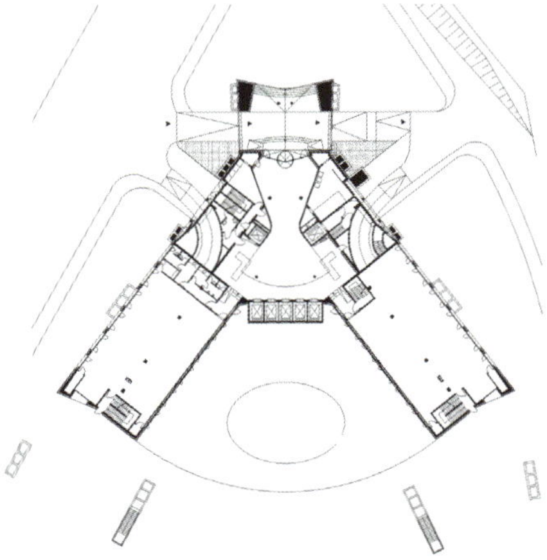

Projektname: Scala **Standort:** Ciy West Frankfurt am Main **Bauherr:** Groß & Partner, Frankfurt am Main **Architekt/Planer:** Prof. Christoph Mäckler Architekten, Frankfurt am Main **Fotograf:** Christoph Lison, Frankfurt am Main **Tragwerksplanung:** Ingenieurbüro Kannemacher, Rath & Sturm, Frankfurt am Main **Landschaftsplanung:** Sommerlad-Haase-Kuhli, Dresden **Fassadenplanung:** IFFT Institut für Fassadentechnik, Frankfurt am Main **Haustechnik:** Ingenieurbüro Klöffel, Bruchköbel

Detail ▸
▾ Flur
▾▾ Grundriss

Lévi-Strauss-Oberschule mit Sporthalle, Berlin-Köpenick (1996-2002)

Ein zentraler Neubau ergänzt zwei benachbarte Backstein-Schulgebäude, die Ende des 19. Jahrhunderts entstanden sind. Er gleicht sich in seiner Gestaltung und Materialität an die angrenzenden Altbauten an, stärkt diese in ihrem Erscheinungsbild, bleibt aber dennoch als eigenständiges architektonisches Element erkennbar. Als neuer Mittelpunkt der Anlage nimmt der Ergänzungsbau die zu einer Begegnungszone erweiterte Hauptverkehrsfläche auf. Seine in massivem Mauerwerk errichtete Hülle vermag Patina anzusetzen und wie seine Nachbarn in Würde zu altern. Zur Aufgabenstellung gehörte auch der Neubau einer Turnhalle, der als separater Bau im zweiten Bauabschnitt errichtet wurde. Die Doppelsporthalle ist so platziert, dass sie auch von der benachbarten Grundschule mitbenutzt werden kann. Mit dem Schulgebäude ist der expressive Baukörper durch eine lange Backsteinmauer verbunden. **Prof. Christoph Mäckler Architekten**

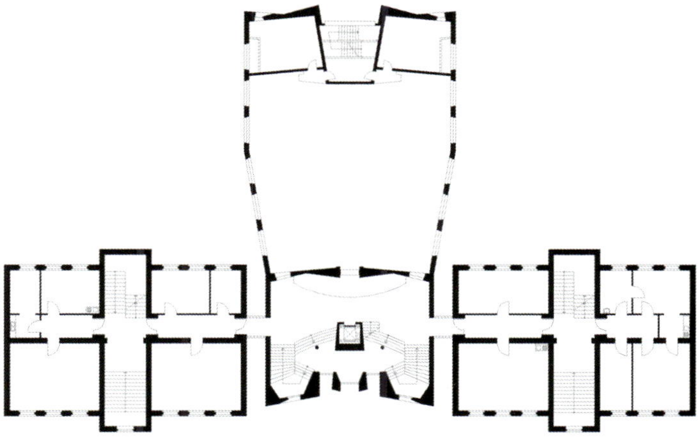

Projektname: Lévi-Strauss-Oberschule **Standort:** Berlin-Köpenick **Bauherr:** Land Berlin **Architekt/Planer:** Prof. Christoph Mäckler Architekten, Frankfurt am Main **Fotografen:** Stefan Müller, Berlin; Fritz Busam, Berlin; Christoph Lison, Frankfurt am Main **Tragwerksplanung:** CSZ Ingenieure, Darmstadt **Landschaftsplanung:** B.A.E.R., Bad Vilbel **Lichtplanung:** CSZ Ingenieure, Darmstadt

▲ Ansicht Neubau

Aula ▲

◂ Flur
Saal ▾

Außenansicht ▸

Choreographisches Zentrum, Essen (1999 – 2000)

Am Ende des 20. und Anfang des 21. Jahrhunderts errichten wir Bauwerke, die häufig kaum älter als zwanzig Jahre werden. Die verwendeten Materialien und deren Fügung haben das Altern verlernt. Damit geht jeder Wiedererkennungswert eines Bauwerks oder eines Ortes verloren. Umso wichtiger erschien es, Gebäude wie das der ehemaligen Waschhaue der Zeche Zollverein, die in ein choreographisches Zentrum umgestaltet wurde, nicht mit gewalttätigen Umbaumaßnahmen zu überziehen, sondern die originale Substanz und die Spuren der Geschichte mit nur minimalen Eingriffen konsequent zu erhalten. **Prof. Christoph Mäckler Architekten**

Projektname: Choreographisches Zentrum NRW **Standort:** Zeche Zollverein, Essen **Bauherr:** Choreographisches Zentrum NRW **Architekt/Planer:** Prof. Christoph Mäckler Architekten, Frankfurt am Main **Fotograf:** Prof. Dieter Leistner, Mainz **Tragwerksplanung:** Reinhard Küppers, Essen **Lichtplanung:** Ingenieurbüro Canzler, Mühlheim **Haustechnik:** Ulrich Luft- & Industrietechnik GmbH, Essen

dmc² – Umbau einer Industriehalle in ein Bürogebäude, Hanau (1999 – 2001)

Auf dem Werksgelände der Degussa-Hüls AG in Hanau-Wolfgang sollte eine ehemalige Ofenbauhalle von 1910 in moderne Büroräume für den Vorstand der dmc – einer Tochtergesellschaft der Degussa, die mit Edelmetall handelt – umgebaut werden. Um die Substanz und den Charme der alten Halle weitestgehend zu erhalten und den großzügigen Raumeindruck zu bewahren, basiert das architektonische Konzept auf der Idee vom „Haus im Haus". Bis auf wenige, aber markante „Durchdringungen" ist die Fassade der Werkhalle unverändert und ihre Patina erhalten geblieben. Sie bildet nun die schützende, temperierende Hülle für die in die Halle hineingestellte losgelöste Bürostruktur. **Prof. Christoph Mäckler Architekten**

Projektname: dmc² – Umbau einer Ofenbauhalle **Standort:** Hanau-Wolfgang **Bauherr:** dmc² **Architekt/Planer:** Prof. Christoph Mäckler Architekten, Frankfurt am Main **Fotograf:** Christoph Lison, Frankfurt am Main **Tragwerksplanung:** Ingenieurbüro für Bauwesen Röder, Offenbach am Main **Lichtplanung:** Elektro-Planung Plitzkat, Hanau **Haustechnik:** Schmidt Reuter & Partner, Frankfurt am Main

Alte Brücke, Frankfurt am Main

Frankfurts mittelalterliche „Alte Brücke" hat stadtgeschichtliche Bedeutung. Bis Mitte des 19. Jahrhunderts war sie einzige Wegeverbindung über den Main. Immer wieder wurde sie zerstört und wieder aufgebaut. Stark verändert wurde sie mit der Sprengung eines Brückenpfeilers am Ende des Zweiten Weltkriegs und dem anschließenden vereinfachten Wiederaufbau. Mit wenigen, aber signifikanten Eingriffen will der jetzige Entwurf der ursprünglichen Gestalt gerecht werden. Die beiden steinernen Vorlandbrücken werden saniert und mit den fehlenden Sandsteinbrüstungen ergänzt. Um ihnen ihre fragmentarische Gestalt zu nehmen, erhalten sie am Auflager der Stahlkonstruktion einen architektonischen Abschluss, der durch sandsteinverkleidete Kopfelemente gebildet wird. Dabei unterstreicht die Beleuchtung die architektonische Idee und hebt die historische Bedeutung der Brücke hervor. In Anlehnung an den Mühlenturm, der einst auf der Vogelinsel stand, wird auf dem heutigen Vorplatz des Rudervereins ein Turm entstehen, der ein Café und eine Aussichtsplattform beherbergt. Auf der anderen Brückenseite wird der Ausstellungsraum des „Portikus" ein neues Zuhause finden. **Prof. Christoph Mäckler Architekten**

Projektname: Alte Brücke **Standort:** Frankfurt am Main **Bauherr:** Stadt Frankfurt am Main **Architekt/Planer:** Prof. Christoph Mäckler Architekten, Frankfurt am Main **Tragwerksplanung:** Bollinger & Grohmann, Frankfurt am Main

Marktgalerie am Alten Markt, Leipzig

Der Entwurf für die Fassaden der neuen Marktgalerie in Leipzig bedeutet an diesem wichtigen Ort im Herzen der Stadt ein Stück Stadtreparatur. Die Gliederung der Fassaden greift die ehemalige Passagenstruktur des Blocks und die ehemals kleinteilige Parzellierung auf. Sie spiegelt, wie auch die Dachlandschaft, die verschiedenen Nutzungseinheiten wider. So kann eine lebendige Fassade entstehen, die den städtischen Raum einrahmt, ohne ihn zu dominieren. Mit den neuen Fassaden erhält der Platz am alten Rathaus wieder die notwendige Ruhe, um eine neue Tradition bilden zu können. Wichtiges Moment in diesem Zusammenhang ist die Alterungsfähigkeit der Fassaden, die Möglichkeit Patina anzusetzen. Zugleich werden die Häuser in ihren Fassaden für Generationen funktionieren, auch wenn sich die Nutzungen im Inneren vielleicht einmal ändern.
Prof. Christoph Mäckler Architekten

Projektname: Marktgalerie am Alten Markt **Standort:** Leipzig
Bauherr: BLS Immobilienprojektentwicklung GmbH, Straubing
Architekt/Planer: Prof. Christoph Mäckler Architekten, Frankfurt am Main
Modellbau: Monath & Menzel, Berlin **Fotograf:** Christoph Lison, Frankfurt am Main
Fassadenplanung: Prof. Christoph Mäckler Architekten, Frankfurt am Main

▲ Detail Fassade
Ausblick ▶
▼ Gesamtansicht

European Business School, Oestrich-Winkel (1998 – 2000)

Das neue Hörsaalgebäude steht in einem reizvollen, zum Rhein hin abfallenden Parkgelände, das zum Schloss Reichartshausen (Hauptsitz der EBS) mit Nebengebäuden und romantischer Burgruine gehört. Der Baukörper, der vier neue Hörsäle, ein als zentraler Kern ausgebildetes, vielfältig nutzbares Schulfoyer und neue Räume für die Bibliothek beherbergt, bezieht sich in Proportion und Gestaltung auf das Schlossgebäude sowie auf den Park mit seinem würdevollen Baumbestand. Zugleich setzt er einen neuen Akzent im komplexen Gebäudeensemble. **Prof. Christoph Mäckler Architekten**

Projektname: European Business School **Standort:** Oestrich-Winkel **Bauherr:** European Business School **Architekt/Planer:** Prof. Christoph Mäckler Architekten, Frankfurt am Main **Fotografen:** Prof. Dieter Leistner, Mainz; Stefan Marquardt, Langenselbold **Tragwerksplanung:** Bollinger & Grohmann, Frankfurt am Main **Landschaftsplanung:** Adelheid Gräfin von Schönborn, München **Lichtplanung:** Hofmann + Wehner GmbH, Neuhof **Haustechnik:** Kropp Ingenieur GmbH, Büdingen

Guter Autor, gute Architektur, gutes Design, gute Inne
gute Gestaltung, gutes Papier, guter Druck: gutes Be
Kommunikation, die Vernetzung von Qualität. Davor
good design, good interior architecture, good photog
good printing: good example – this book – good for
quality. We want more of that.

Thomas Feicht Sprecher und Woller des Vorstandes des DDC (Deutscher Designer Club)

Thomas Feicht *Spokesman and leader of the Board of Directors of the DDC (Deutscher Designer Club)*

narchitektur, gute Fotografie, gute Illustration, spiel – dieses Buch – gut für vernetzte wollen wir mehr. *Good author, good architecture, aphy, good illustration, good layout, good paper, networked communication, the networking of*

www.ddc.de

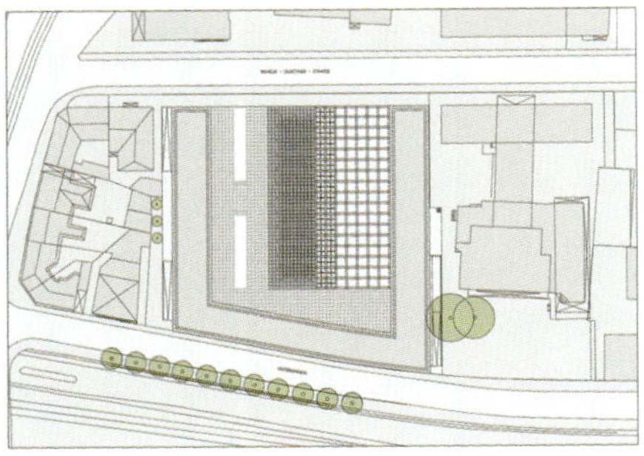

◂ Lageplan
Visualisierung Gebäude ▸

Gruber + Kleine-Kraneburg

IG Metall Hochhaus (Mainforum), Frankfurt am Main

05

Die Architekten Martin Gruber und Helmut Kleine-Kraneburg setzten sich 1995/96 in einem beschränkten Realisierungswettbewerb um die Bebauung eines Grundstücks unmittelbar am Untermainkai mit ihrem Entwurf gegen die Konkurrenz durch. Ein bestehender Altbau der IG Metall aus den Sechzigerjahren wird durch den Neubau ersetzt. Die Fertigstellung ist für Mitte 2003 vorgesehen.
Der Gebäudekomplex strukturiert und harmonisiert das städtebauliche Umfeld neu und stellt zugleich einen klar organisierten und definierten Raum des gemeinschaftlichen Lebens dar. Unmittelbar am Mainufer gelegen, erwächst das zweiundzwanziggeschossige Hochhaus mitten aus einer vierfach gewundenen, niedrigen Ringbebauung. Die Hochhausscheibe, die zu einer Seite mit der Ringbebauung ein glasüberdachtes Atrium bildet und zur anderen Seite an einen offenen Hof grenzt, ist mit ihrer Schmalseite zum Ufer ausgerichtet. Der Baukörper ist dreiseitig mit samtig rot leuchtendem Mainsandstein verkleidet und zeigt sich auf der Ostseite kühl als geschosshoch gerasterte Stahl-Glas-Fassade. Der Wechsel von Horizontal- und Vertikalgliederung der Fensterstrukturen lässt im Zusammenspiel mit Offenheit und Geschlossenheit der Baueinheiten einen hohen Wohn- und Kommunikationswert erwarten. Die in sich stimmige, harmonische Baugestalt wird in ihrer großzügigen und signifikanten Raumorganisation vielfältigen Nutzungsansprüchen gerecht und definiert einen neuen urbanen Ort im Stadtgefüge Frankfurts, dem die Philosophie des Bauens für den Menschen zugrunde liegt. **Eva-Maria Amberger**

▴ Visualisierung Silhouette Frankfurt am Main

Projektname: Mainforum **Standort:** Wilhelm-Leuschner-Straße 79-89, Frankfurt am Main **Bauherr:** Treuhandverwaltung Igemet GmbH, Frankfurt am Main **Architekt/Planer:** Gruber + Kleine-Kraneburg Architekten, Frankfurt am Main **Fotografin:** Francesca Giovanelli, Weiningen (CH) **Tragwerksplanung:** BGS Ingenieursozietät, Frankfurt am Main **Lichtplanung:** 3 L Licht Lux Lumen, Bad Nauheim **Fassadenplanung:** IFFT Institut für Fassadentechnik, Frankfurt am Main **Haustechnik:** Schmidt Reuter Partner, Frankfurt am Main; Reuter + Rührgartner, Rosbach v.d.H.

ANK
COMMERZBANK

Hochhaus Kaiserkarree Frankfurt am Main

Die Architekten Gruber + Kleine-Kraneburg entschieden den beschränkten Realisierungswettbewerb im Jahr 2000 für sich, die Fertigstellung des Neubaus ist für das Jahr 2006 geplant. Das Hochhaus schließt eine Lücke in der zum Wall hin uneinheitlichen Höhenlinie der Skyline Frankfurts. Der gestufte Baukubus des sechsunddreißiggeschossigen Hochhauses variiert die H-Typologie der Grundrissform über die verschiedenen Geschosse. Seine blockhafte, monolithische Struktur wird durch das gleichmäßige Fassadenraster unterstrichen, das lediglich im Bereich der unteren Geschosse und des bekrönenden Dachaufbaus, der die Technikgeschosse aufnimmt, in offener Struktur gebildet wird und sich in das horizontale Bauvolumen der bestehenden Bebauung einfügt. Die Fassade strukturiert ein System aus matt-grauen Natursteinplatten, die eine klare und unaufdringliche Fassadenstruktur entstehen lassen. Der Entwurf folgt in seiner großen Nutzungsdurchmischung dem Gedanken der Stadt in der Stadt. Während in den unteren Geschossen vor allem Wohnungen vorgesehen sind, ist der Bereich zwischen dem sechsten und dem fünfunddreißigsten Obergeschoss der Büronutzung vorbehalten. Öffentliche Flächen befinden sich im Erdgeschoss, dem fünfundzwanzigsten Obergeschoss und dem Dachgeschoss. Die innere Struktur erlaubt eine größtmögliche Flexibilität der Raumdispositionen.

Das neue Hochhaus Kaiserkarree stellt mit seinen unmittelbar an das Gebäude herangeführten öffentlichen Freiflächen der Wallanlagen eine Novität in der städtebaulichen Integration von Hochhäusern in die City Frankfurts dar. Zugleich wird die architektonische Intention des Büros klar. Das Hochhaus wird so zu einem integrativen Mosaikstein für demokratisches Bauen in der Mainmetropole. **Eva-Maria Amberger**

Projektname: Hochhaus Kaiserkarree **Standort:** Taunustor 3, Frankfurt am Main **Bauherr:** Domino Projektentwicklungsgesellschaft mbH & Co. Objekt Taunustor KG, Düsseldorf **Architekt/Planer:** Gruber + Kleine-Kraneburg Architekten, Frankfurt am Main **Visualisierung:** Kissel-grafics, Michael Kisselbach, Wiesbaden **Tragwerksplanung:** Ingenieurgemeinschaft BGS/Stroh + Ernst, Frankfurt am Main **Landschaftsplanung:** Gruber + Kleine-Kraneburg Architekten, Frankfurt am Main **Lichtplanung:** Schad Hölzel & Partner, Mörfelden-Walldorf **Fassadenplanung:** Bonik + Pfeifer GmbH, Bensheim **Haustechnik:** Schmidt Reuter Partner, Frankfurt am Main; Schad Hölzel & Partner, Mörfelden-Walldorf

Prof. Hans Kollhoff

Mainplaza-Hochhaus am Deutschherrnufer, Frankfurt am Main

06

Das Mainplaza steht im Frankfurter Stadtteil Sachsenhausen und bildet das Wahrzeichen des Deutschherrn-Viertels, das am südlichen Mainufer auf dem ehemaligen Schlachthofgelände errichtet wurde. Das Bauwerk erscheint in seiner Gestalt als vierundzwanziggeschossiger Turm mit einer Gebäudehöhe von 90 Metern und einem Durchmesser von 29 Metern, es gliedert sich in Sockel, Mittelteil und Krone.
Sein fünfgeschossiger oktogonaler Sockel tritt als massiver Fuß in Erscheinung. Aus ihm heraus wächst der Gebäudemittelteil, dessen Abfaltung sich aus der Geometrie des Oktagons entwickelt. Die vorgehängte Klinkerfassade aus rot-blau-buntem Klinker ist seriell und additiv. Während sich das Erdgeschoss mit seiner großzügigen Verglasung als öffentlicher Raum zu erkennen gibt, tragen die Fassadenöffnungen und Fensterproportionen der darüber liegenden Geschosse der Privatheit und Individualität ihrer Nutzungsbereiche Rechnung.
Das Mainplaza wird genutzt als gewerbefreies reines Appartementhochhaus mit insgesamt 136 Wohnungen, Restaurants und einer Bar im Erdgeschoss. Die zum Teil möblierten Tower Suites, Service Appartements und Penthouse Maisonettes in Größen von 40 bis 180 Quadratmeter sind mit einem Concierge-Service verbunden. **Kollhoff und Timmermann**

▴ Ansicht Turm am Main

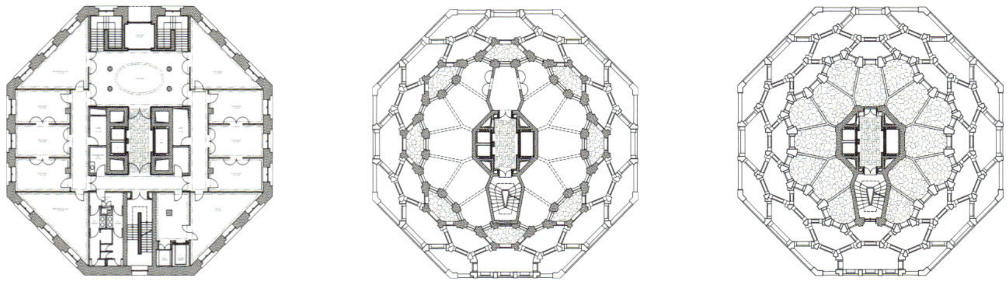

◂ Prismengrundrisse

Projektname: Mainplaza-Hochhaus am Deutschherrnufer **Standort:** Frankfurt am Main, Sachsenhausen **Bauherr:** Aachener und Münchener Lebensversicherung AG **Projektentwickler:** Thomas Bock, Jocks Bock Development GmbH & Co., Frankfurt am Main, Deutschherrnufer Süd KG, Frankfurt am Main **Architekt/Planer:** Prof. Hans Kollhoff, Architekten Kollhoff und Timmermann, Berlin **Projektleiter:** Eiko Behrens **Fotograf:** Ivan Nemec, Frankfurt am Main **Tragwerksplanung:** Ingenieur Müller Marl GmbH, Marl **Haustechnik:** Pettersson + Ahrens Ingenieur-Planung GmbH, Ober-Mörlen

Jo. Franzke

Hunzinger Information AG, Frankfurt am Main

07

Zur Architektur von Jo. Franzke
Wenngleich die Messemetropole kaum ein städtebauliches Fettnäpfchen meidet, ist sie doch ein Laboratorium der europäischen Stadt – nirgendwo sonst wurde deren tradierte Gestalt so radikal über- und umgeformt. So blättert Mainhattan heute ein epocheüberspannendes Stil- und Typenmusterbuch auf. Sich in ein solches Kaleidoskop mit eigenem Vokabular erkennbar einzutragen, verlangt Sensibilität und Eigensinn ebenso wie Kreativität und den Willen, diese in baulicher Fasson auch durchzusetzen. Solche Eigenschaften macht Jo. Franzke bereits im Namen zum Programm. Dies allein bliebe bloße Gebärde, ließe der Baumeister seinem orthographischen Capriccio nicht auch architektonische Taten folgen. Wer diese aufspüren möchte im Gewebe der Stadt, wird ohne Cicerone kaum fündig werden. Was nicht allein an Big Bangfurt liegt, sondern vornehmlich am Chamäleon Franzke. Dieses nämlich pflegt jedem seiner Bauten ein individuelles Kleid zu schneidern. Abhängig von gefordertem Inhalt und gegebenen Mitteln, entwirft der Architekt in Korrespondenz zum vorgefundenen Kontext jeweils spezifische Gehäuse. Eigentlich eine Selbstverständlichkeit. Doch tendieren gerade erfolgreiche Büros dazu, die Handschrift ihres Chefentwerfers zu stilisieren, um mit solcher Corporate Identity zu reüssieren. Obzwar selbst mittlerweile bundesweit erfolgreich, zählt die in zwei Immobilien an der Alten Gasse residierende Architekturanstalt Jo. Franzke nicht zu jenen Signature Architects. Man hat kein Markenzeichen, sondern Stil. Den der Qualität. Beinahe besessen verfolgt bis ins Detail.
Werner Jacob

Projektname: Neubau Bürohaus **Standort:** Holzhausenstraße 21, Frankfurt am Main **Bauherr:** Hunzinger Information AG, Frankfurt am Main **Architekt/Planer:** Jo. Franzke Architekturbüro BDA, Frankfurt am Main **Mitarbeiter:** Heiko Messerschmidt **Fotograf:** Jean-Luc Valentin, Frankfurt am Main **Tragwerk:** Lorenzo + Röder, Limburg/Offenbach **Haustechnik:** Pettersson + Ahrens, Ober-Mörlen **Elektroplanung:** Schad Hölzel & Partner, Mörfelden-Walldorf **Landschaftsplanung:** Dr. Bernhard Korte, Grevenbroich **Lichtplanung:** Kolbe & Sekles, Berlin

◂◂ Ansicht Garten
◂ Ansicht Straße

▾ Büroebene

Die Schauseite des Wohn- und Bürohauses Hunzinger ist ein weißer Würfel, die Seitenansicht im selben weißen Kalkstein steigt im Vierersprung zum Garten hin ab, im schmalen Backyard ein schlankes, beinahe bündig bis Bodenniveau gefülltes Bassin entlang der gesamten Baubreite. Höchst reduziert, ist die Fassade plane Fläche, vermeidet überstehende Kanten, rückspringende Nischen; bündig mit der Außenhaut die stehenden Fenster. Nur das Entree ragt aus dem Korpus sowie über der Trauflinie ein gläserner Belvedere – Hommage an ein Feature, das im untergegangenen Frankfurt gang und gäbe war. Im Kragdach über dem mittigen Treppenlauf zum Haupteingang sowie den Pforten-Stelen mit kubischen Leuchthauben scheinen Reminiszenzen an Oswald Mathias Ungers auf: Nach Lehr- und Wanderjahren leitete Jo. Franzke dessen Frankfurter Büro. Seit 1986 selbstständig, arbeitete er sich noch eine Weile am Quadrate-Credo ab. Doch Schemata abhold, brach Franzke das Rektangel auf, verkuppelt es mit kurvigen Linien, schwor materialer Orthodoxie ab, spielt mit Irritationen und kombiniert zunehmend kühnen Backstein und Blech, Putz und Stahl, Haustein und Glas.
Werner Jacob

Detail Treppe ▲
Bibliothek des Unternehmens ▼

◂ Ansicht Fassade Wohnhaus
Eingangshalle Bürogebäude ▸
Ansicht Fassade Bürohaus ▾

Beethovenstraße, Frankfurt am Main

Ein Bürohaus im Sparhausstil der Sechziger wurde aufgestockt und modernisiert sowie die dahinterliegende Hofbrache optimiert für Wohn- und Büronutzung. Hineingezirkelt in diese Restfläche, erheben sich über einer gemeinsamen Tiefgarage drei fünfgeschossige Gebäude. Über die gewerblich genutzten Parterres sind benachbarte Bürobauten räumlich und strukturell vernetzt, darüber finden die Bewohner in den leichten Stahlbetonskelettbauten mit vorgehängter Aluminium-Glas-Fassade und raumhohen Klappschiebeläden für den Sicht- und Sonnenschutz gartenstädtische Lebensqualität im inneren Frankfurt. Mit Blick auf einen gartenkünstlerisch gestalteten Miniaturpark samt kontemplativen Wasserläufen zwischen den Hauskörpern. Sein Innenleben enthüllt der Bürobetrieb hinter einer in der sechsten Etage auskragenden, bis auf Bodenniveau um drei Grad zurückfließenden Ganzglasfassade, die von individuell regelbaren, außen liegenden Stores konturiert wird. Invers zur filigranen Vitrine neigt sich die Front der Funktionstrakte vom Sockel bis zur Traufe um den gleichen Winkelgrad nach innen. **Werner Jacob**

Projektname: Bürogebäude und Wohnhäuser für die DEGI **Standort:** Beethovenstraße 12-16, Frankfurt am Main **Bauherr:** Deutsche Gesellschaft für Immobilienfonds **Architekt/Planer:** Jo. Franzke Architekturbüro BDA, Frankfurt am Main **Mitarbeiter:** Jens Altmann, Stefanie Platte, Stefan Seitz **Fotograf:** Jean-Luc Valentin, Frankfurt am Main **Tragwerk:** Lorenzo + Röder, Limburg/Offenbach **Haustechnik:** Pettersson + Ahrens, Ober-Mörlen **Elektroplanung:** Schad Hölzel & Partner, Mörfelden-Walldorf **Landschaftsplanung:** Dr. Bernhard Korte, Grevenbroich; Biebertaler Planungsgruppe, Biebertal **Lichtplanung:** Kolbe & Sekles, Berlin

Ausschnitt Fassade ▸
◂ Ansicht Nacht
▾ Treppenraum

Haus der Presse, Berlin

Das „Haus der Presse", Domizil zweier Zentralorgane der auf Papier veröffentlichten Meinung, steht auf historischem Grund: im ehemaligen Zeitungsviertel. Franzke kam, sah eine große Brache und formulierte ein Zeichen. Steinern steht ein rigide rektangulärer Kubus, sechs Stockwerke in rotbraunen Klinker gekleidet. Seriell hineingeschnitten, schlanke stehende (im Sockel doppelt hohe) Fenster. Dem material- und formsoliden Würfel verpasst der Äquilibrist einen gläsernen Wolkenbügel. Ein Ding, wie ein Albtraum materialgerecht werkender Baumeister. Neben einem vollkommen fensterlosen Mittelrisalit für Funktionsräume wächst an der Nordfront des Kubus eine kreissegmentale Halbschale aus Beton titanzinkverkleidet vom Bodenniveau, schwingt sich wider alle Statik schräg auskragend auf bis eine halbe Raumhöhe über dem Grundwürfel. Legt sich diesem längs aufs Haupt, sanft parabolisch aufschwingend zur siebten und achten Etage. Eine symbiotische Weiterentwicklung mendelsohnscher Dynamik und ritualisierten Rationalismus ungerscher Prägung. **Werner Jacob**

Projektname: Haus der Presse **Standort:** Markgrafenstraße 15, Berlin **Bauherr:** Bundesverband deutscher Zeitungsverleger e.V., Berlin **Projektsteuerer:** Unkelbach Vermögensverwaltung, Berlin **Architekt/Planer:** Jo. Franzke Architekturbüro BDA, Frankfurt am Main **Mitarbeiter:** Gunther Spohn **Fotograf:** Jean-Luc Valentin, Frankfurt am Main **Tragwerk:** Lorenzo + Röder, Limburg/Offenbach **Haustechnik:** Pettersson + Ahrens, Ober-Mörlen **Elektroplanung:** Schad Hölzel & Partner, Mörfelden-Walldorf **Lichtplanung:** Kolbe & Sekles, Berlin

Bürohaus City-West, Frankfurt am Main

Im Mittelmaß der City-West setzt das Bürohaus an der Theodor-Heuss-Allee ein Signal. Sieben Geschosse und 10.500 Quadratmeter in die Grundform eines „H" gestanzt, das mit beiden Beinen rechtwinklig zur Allee steht, im straßenseitigen Freiraum blinkt eine gebäudehoch verglaste Lobby, die in den ersten fünf Etagen hinter der Baulinie zurückweicht, um dann als dynamisch schräg bis zur Fassade vor- und emporstrebende Galerie die Kommandobrücke zu geben. Betont wird die maritime Symbolik von einem segelartig geblähten Flugdach, das die Haustechnik verbirgt und beschirmt. Straßenseitig bündig in die felsgrüne Steinfassade gebettete Fenster unterstreichen die Anmutung einer Flanierfront, das aus riesigen Glastafeln gefügte Atrium dazwischen übt einen optischen Sog zum Entree aus. Nicht nur formal reizvoll, ist der H-Grundriss auch ein Prä für die Infrastruktur. Andienung, automobiler Personal- und Kundenverkehr werden über den rückwärtigen H-Spalt abgewickelt; die Büros von festen Installationskernen versorgt, lassen sich auf jeder Ebene in bis zu vier funktional eigenständige Segmente unterteilen. „Die Synergieeffekte der Flexibilität erfordern feste Strukturen", ist eines der franzkeschen Leitmotive. **Werner Jacob**

Projektname: Bürohaus City-West **Standort:** Theodor-Heuss-Allee 106, Frankfurt am Main **Bauherr:** Groß & Partner, Frankfurt am Main **Projektsteuerer:** FAAG Frankfurter Aufbau AG **Architekt/Planer:** Jo. Franzke Architekturbüro BDA, Frankfurt am Main **Mitarbeiter:** Jasmin Chahdousti-Echtehard, Remo Martin, Gunther Spohn, Piotr Olejnik **Fotograf:** Jean-Luc Valentin, Frankfurt am Main **Tragwerk:** Ingenieurbüro Kannemacher & Sturm, Frankfurt am Main **Haustechnik:** Ingenieurbüro Klöffel, Bruchköbel **Landschaftsplanung:** Dr. Gabriele Schultheiß, Berlin **Elektroplanung:** Ebener & Partner, Frankfurt am Main **Lichtplanung:** ag Licht, Bonn

U

Handelsblatt, Frankfurt am Main

Ebenfalls knirsch eingepasst in die Stadttextur ist ein Bürokomplex an der Eschersheimer Landstraße für die Redaktion des *Handelsblatts.* Die massive Gewerbenutzung in dieser überwiegend als Wohngebiet genutzten Gegend ließ sich durchsetzen, indem die Architektur ungemein geschmeidig ein bestehendes Grünbiotop, hierfür vehement streitende Bürgerrechtler und auf Wohnflächen pochende Behörden unter einem virtuellen Dach vereinigte. Der „Park" im einst vergammelten Hinterhof abgewohnter Mietshäuser wird integriert, rings um die in Bodenwannen gesicherten Wurzelballen der Bäume eine oberirdisch begrünte Tiefgarage eingefädelt, die kompakten Volumina diversifiziert: Die straßenseitigen Blöcke werden parkseitig in Dreiecksgrundrissen optisch minimiert, die eigentlich sakrosankten Traufhöhen aufgelöst in drei à la Renaissance getreppten Giebelhäusern, zwischen denen zwei niedrigere Verbindungstrakte mit fliehender Attika und rückspringender Glasfront vermitteln. Und – Simsalabim – der Investor ist eine Selbstverpflichtung zum Wohnflächenausgleich an gleichwertiger Stelle des Quartiers eingegangen – souffliert vom Archidompteur in der urbanen Manege… **Werner Jacob**

Projektname: Bürogebäude für die Verlagsgruppe Handelsblatt
Standort: Eschersheimer Landstraße, Frankfurt am Main **Bauherr:** FAY Projektentwicklungs GmbH, Mannheim **Architekt/Planer:** Jo. Franzke Architekturbüro BDA, Frankfurt am Main **Mitarbeiter:** Volker Crummenauer, Timo Knoche, Remo Martin, Piotr Olejnik, Grit Staricha **Fotograf:** Jean-Luc Valentin, Frankfurt am Main **Tragwerksplanung:** Krebs + Kiefer, Darmstadt **Haustechnik:** Pettersson + Ahrens, Ober-Mörlen **Elektroplanung:** Schad Hölzel & Partner, Mörfelden-Walldorf **Landschaftsplanung:** Dr. Gabriele Schultheiß, Berlin **Lichtplanung:** ag Licht, Bonn

Bodenseeforum Konstanz

Zwischen See und stadtrandständigen Gleisanlagen ist das Kultur- und Kongressensemble Konstanz urbanes Zentrum. Konzert und Kongress sind in einem kompakten Rechteck am Westrand der Plaza untergebracht, ein Spielcasino samt Restaurant mit quadratischem Grundriss am Nord-Ost-Pol, während das Hotel in einem extrem gelängten Rechteck die so umschriebene Agora nach Süden abschließt. Den Platz bedeckt anthrazitfarbener geschliffener Beton, der zugleich die Decke der darunter befindlichen Tiefgarage bildet. Über unregelmäßig in den Boden eingelassene Lichtaugen wird die Garage bei Tag erhellt, nachts dringt daraus ein sphärisches Leuchten. Konzert und Kongress spielen in einem liegenden Quader; das Viereck des Casinos plus Restaurant wächst über drei Etagen zum Würfel, und die schlank aufragende Wandscheibe des Hotels umfriedet die Plaza. Der gläserne Kunst- und Konzertkubus umhüllt einen kleineren Quader, der einen großen und einen kleinen Saal aufnimmt. Hotel und Casino sind mal mit opakem, mal mit transparentem Glas verkleidet. Ein gebäudehohes Foyer im Casino verbindet die Funktionsetagen: im Parterre die Automatenspiele, in der Beletage die Grands jeux und darüber die Gastronomie samt Dachgarten, von wo der Blick über die gärtnerisch gestaltete Parkpromenade bis See und Hafen reicht. **Werner Jacob**

Visualisierung ▸

Projektname: Bodenseeforum Konstanz, Neubau Konzert- und Kongresshaus, Casino und Hotel; 1. Preis städtebaulicher Ideenwettbewerb **Standort:** Klein-Venedig, Konstanz **Bauherr:** STRABAG Projektentwicklung GmbH, Freiburg
Architekt/Planer: Jo. Franzke Architekturbüro BDA, Frankfurt am Main
Wettbewerbsteam: Nadja Brunner, Thomas Hille, Joerg Westphal
Visualisierung: artpol, Darmstadt

Casino

Léon Wohlhage Wernik Architekten

Büro- und Wohnhaus Große Eschenheimer- und Schillerstraße, Frankfurt am Main

08

Der Neubau ersetzt ein Gebäude aus den Fünfzigerjahren, das von der Großen Eschenheimer- zur Schillerstraße reicht, eine Scheibe aus dem schmalen Baublock zwischen den parallelen Straßen mit der Besonderheit eines kleinen Platzes gegenüber den barocken Resten des Thurn-und-Taxis-Palais. Die Traufhöhen der Nachbarn respektierend, schließt das neue Haus die Blockränder und lässt eine schmale Gasse zwischen Platz und Schillerstraße. Isoliert von den Nachbarn steht in der Achse des Platzes und der Barockfassade ein schlanker Turm für Wohnungen. Bis auf weitere Wohnungen im Gebäudeteil zum nordöstlichen Nachbarn dient das Haus in den Obergeschossen einer Büronutzung, im Erdgeschoss für Läden. Darunter liegt eine mehrgeschossige Tiefgarage. Zwei Treppenhäuser sind wie mit dem Messer in die Baumasse hineingeschnitten und schaffen einen diagonalen Durchblick durch den Block, dessen Innenwelt eine andere ist, als von der Straße aus zu vermuten wäre. Außen referiert das Gebäude mit seinen großen Fenstern und seinen vertikalen Schlitzen auf den Rhythmus der Umgebung. Winkelförmige, rotockerfarbene Werksteintafeln stapeln ihre Masse skulptural und schwer übereinander, während der völlig verglaste Hof hierzu eine Antithese bildet. Seine Transparenz und Helligkeit wird von einem flachen, die ganze Fläche ausfüllenden Wasserbecken gespiegelt, sodass der Himmel auch von unten heraufscheint. Mit diesem würfelförmigen, kristallinen Hof erhält das Gebäude als Zentrum eine dichte Arbeitsatmosphäre voller kommunikativer Durchblicke. **Konrad Wohlhage**

Projektname: Schillerhaus, Frankfurt am Main **Standort:** Große Eschenheimer Straße 13-13a, Schillerstraße 18/20, Frankfurt am Main **Bauherr:** MAB Deutschland, Frankfurt am Main **Architekt/Planer:** Léon Wohlhage Wernik Architekten GmbH, Berlin **Illustrationen:** Léon Wohlhage Wernik Architekten, Berlin **Tragwerksplanung:** STU Ingenieurbüro für Bauwesen, Wiesbaden **Lichtplanung:** Licht Kunst Licht, Berlin/Bonn **Fassadenplanung:** ITL Ingenieurgesellschaft Dr. Thomas Limmer mbH & Co. KG, München **Haustechnik:** Kannemacher + Sturm Haustechnik Planungsgesellschaft mbH, Meckheim-Merl

Lufthansa

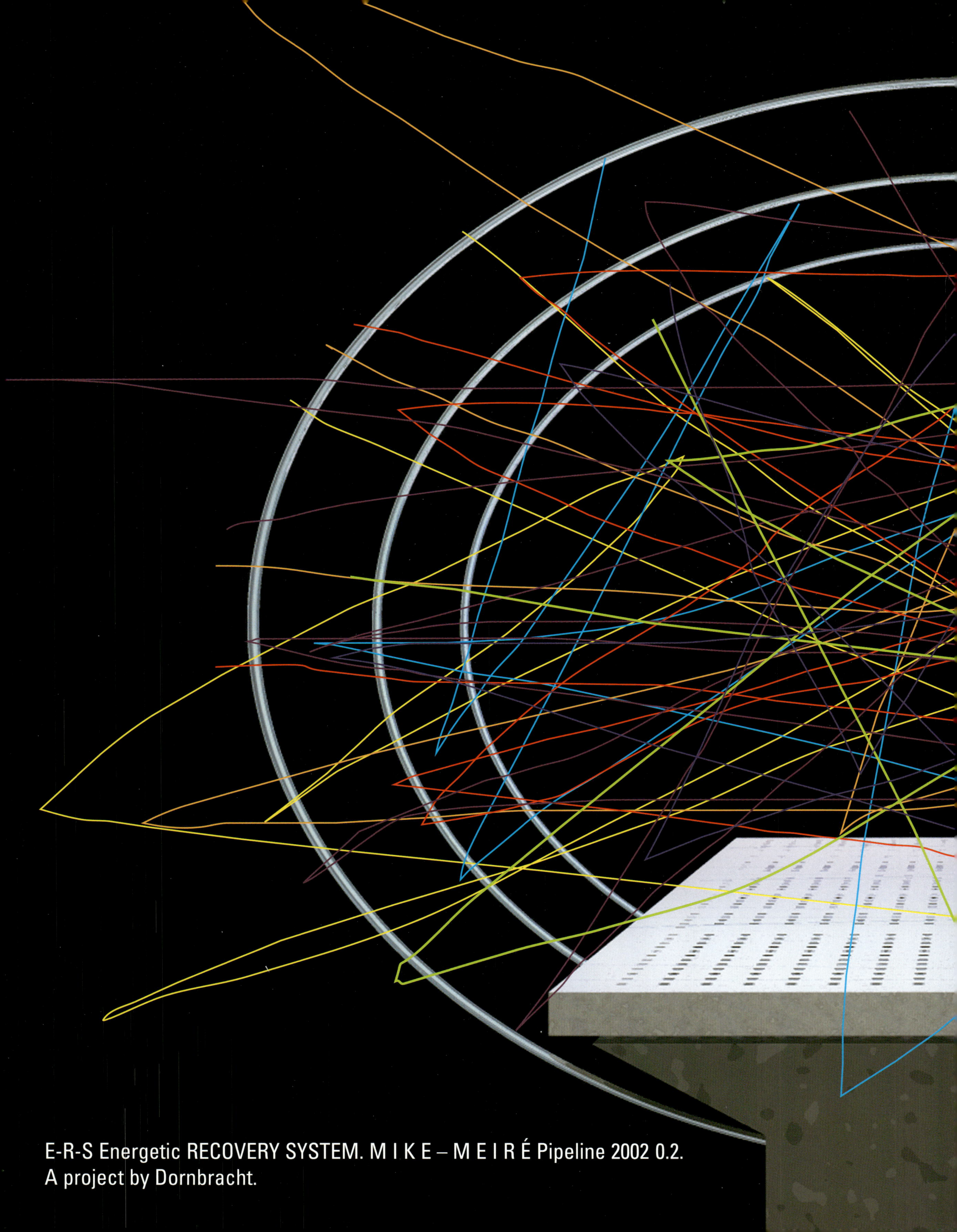

E-R-S Energetic RECOVERY SYSTEM. M I K E – M E I R É Pipeline 2002 0.2.
A project by Dornbracht.

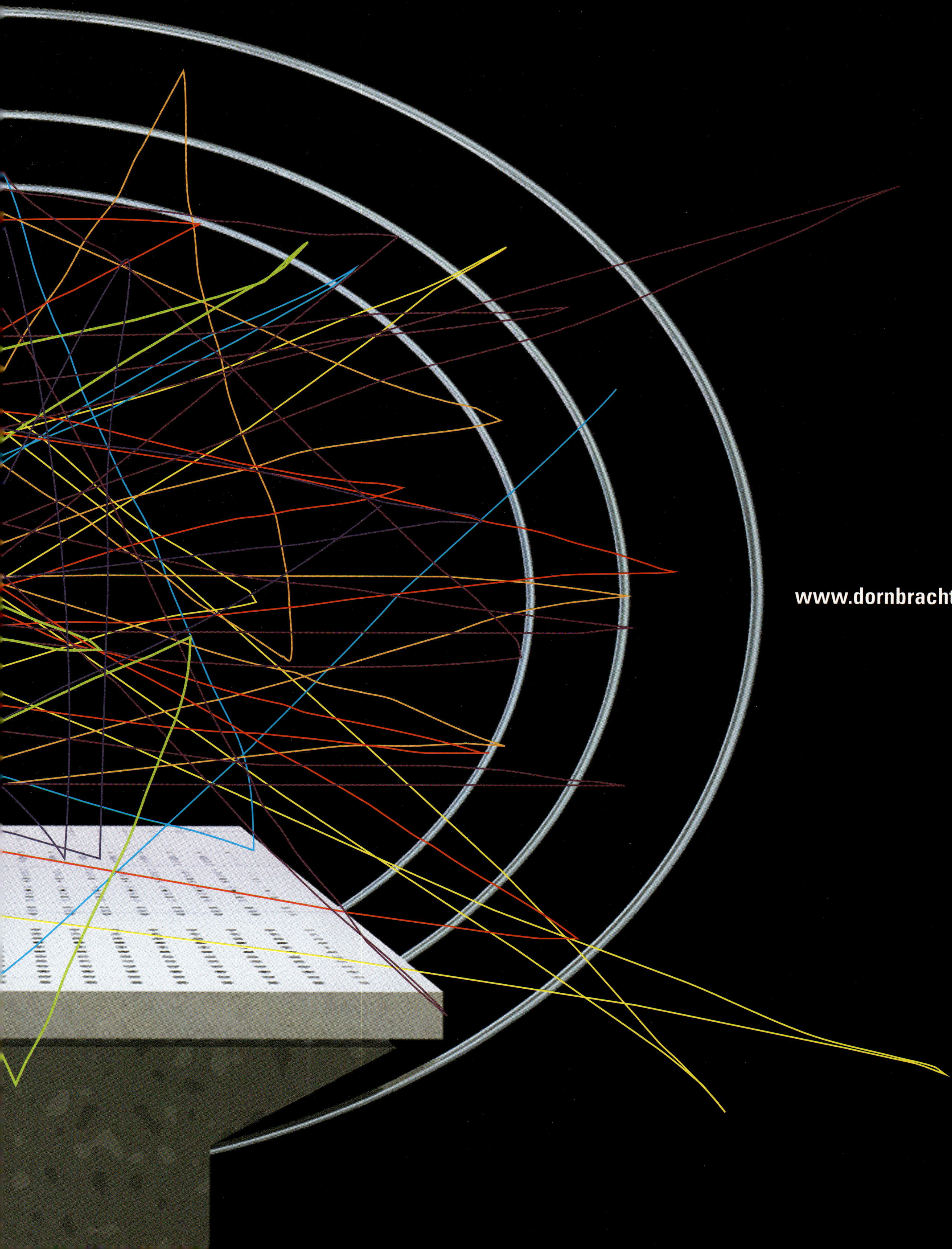

Innenansicht Aufenthaltsraum ▸
Visualisierung Lichtdecke Eingangsbereich ▸▸
Visualisierung Nacht ▾

Gewers Kühn und Kühn

Bürohaus, Theodor-Heuss-Allee, Frankfurt am Main

09

Seit fast zehn Jahren arbeiten Georg Gewers, Oliver Kühn und Swantje Kühn zusammen und entwickeln zeitgenössische Architektur. Wesentliche Themen sind die Entwicklung neuartiger Fassaden, der Einsatz innovativer Materialien, die Arbeit mit Lichtkunst und die Kooperation mit Künstlern der gleichen Generation im architektonischen Kontext. Dies zeigt der Neubau in der Frankfurter City West an der Theodor-Heuss-Allee.

Abstraktion und Einfühlung – Wilhelm Worringers fundamentaler Essay von 1907 korrespondiert mit den Leitgedanken des Entwurfs. Eine hochmoderne, hyperflexible Bürowelt für eine Großbank strahlt Klarheit und strenge Ordnung aus. Großformatige Fassaden, technisch perfektioniert und verfeinert, entmaterialisieren die großen Körper. Überlagert wird die Ruhe von wenigen eingestreuten „Loggien" in der Fassade, die nachts wie Bernstein schimmern und im Innenbereich Platz für eigene Themen bieten, den „InsidePanoramas". Ebenso wird die Casinodecke mit den „merging structures", einem integrierten Lichtkunstkonzept von „soup", emotionalisiert. Viele Lichtöffnungen bespielen die große Deckenfläche und leuchten selbst. Verschiedene Stimmungen können erzeugt werden. Auch hier durchzieht den Bau die beabsichtigte Mehrfachlesbarkeit. **Georg Gewers**

Projektname: Bürohaus, Theodor-Heuss-Allee 100 **Standort:** Theodor-Heuss-Allee 100, Frankfurt am Main, City West **Bauherr:** Dreyer Erste Verwaltungs GmbH, München **Projektsteuerer:** GPP, Bonn **Architekt/Planer:** Gewers Kühn und Kühn Gesellschaft von Architekten mbH, Berlin **Fotograf:** soup, Carsten Eisfeld, Berlin **Licht- und Kunstkonzept:** soup, Berlin **Landschaftsplanung:** St raum a, Berlin; HKP, Sulzbach **Fassadenplanung:** AMP, Neuss **Haustechnik:** Ebert Ingenieure, Frankfurt am Main

schneider+schumacher Architektur

Stadtquartier Westhafen, Frankfurt (im Bau, 1995 – 2004)

10

Das Quartier Westhafen zum Arbeiten und Wohnen beruht auf einem Beschluss des Stadtparlaments. Es erhielt seine maßgebliche Prägung durch eine sowohl städtebauliche wie architektonische Vision des Büros schneider+schumacher. Das Quartier gliedert sich in drei Bereiche: Der westliche Teil wird gewerblich genutzt, die Mitte entlang des Hafens ist für Wohnbebauung vorgesehen. Am östlichen Ende, nahe der Friedensbrücke, erhebt sich der Westhafen-Tower, der mit zwei weiteren Solitären – Westhafen-Haus und Brückengebäude – den Anfang des Stadtviertels markiert. Alle drei erwähnten Gebäude stammen aus der Feder des Büros, drei weitere ebenfalls: eine städtische Kita am Beginn der Mole, der Westhafen-Pier als westlicher Abschluss und eine temporäre Infobox, die ähnlich wie die rote Kiste am Potsdamer Platz in Berlin über die Baumaßnahmen informieren soll und als Aussichtsplattform dient.
Der zylindrische Turm markiert einen wichtigen Eingang in die Kernstadt. Indem sich die inneren quadratischen Flächen geschossweise um den Kern drehen, entstehen vor den Büros Terrassen, die zu viergeschossigen Lufträumen zusammengefasst werden. Die äußere Fassade besteht aus raumhohen Dreiecken, die sich teilweise öffnen lassen und so dem ganzen Turm eine prismatische Wirkung geben. Die Glashaut erlaubt einen unbegrenzten Blick in jede Richtung. Das Brückengebäude, dessen Erdgeschoss ein Café einnimmt, nimmt die Flucht der Schleusenstraße auf. Das aufgeständerte Gebäude mit seiner expressiven Fassade dient gleichzeitig als Verbindung und als Trennung zwischen grünem Flussufer und sich anschließendem Quartier. Die dreieckige Figur des Westhafen-Hauses wird raumbildend im Erdgeschoss und im sechsten Obergeschoss sowie dem Dach ausformuliert. Das Erdgeschoss stellt durch Fassadenelemente und Raumhöhe eine Zäsur gegenüber dem übrigen Volumen dar. Die dazwischen liegenden, auf einem L-förmigen Grundriss basierenden Bürogeschosse umschließen einen Lichthof und blicken auf den Hafen. Mit der mansardenähnlichen Ausbildung des Dachgeschosses geht das Gebäude auf die Traufkanten der im Westen angrenzenden Bebauung ein.
Die Herausforderung für den Entwurf des Westhafen-Piers lag darin, ein Bürogebäude in unmittelbarer Nachbarschaft zu einem Heizkraftwerk und dessen Infrastrukturen zu errichten. Die Antwort war ein dreigeschossiger Sockel, der als Parkgarage genutzt, in dem aber auch ein Förderband vom Main zum Werk integriert wird. Darüber erheben sich fünf geschuppte, wie ein Kamerabalg zum Fluss blickende Bürozähne, die mit schlanken Baukörpern verbunden werden. Die Entwurfsidee für die Kindertagesstätte hingegen bestand in der Vorstellung, sie zu einem Teil der Hafenanlage zu machen. Ihr tonnenförmiges Dach nimmt die Neigung der Mainböschung auf und führt sie fort. Die Gruppenräume haben einen direkten Außenbezug, zum Hafenbecken öffnet sich das Gebäude mit einer transluzenten Hülle. Die Infobox gibt die Abmessungen des Berliner Pavillons im Verhältnis 1:3 wieder, wurde aber ins Vertikale gedreht. Mit dem Bau verknüpft sich die Idee, mit einem für Frankfurt ortspezifischen Gebäude als dreidimensionales Bauschild das Entstehen des Quartiers zu begleiten. **Enrico Santifaller**

Westhafen-Brückengebäude ▸

Projektname: Westhafen-Brückengebäude **Standort:** Westhafen, Frankfurt am Main **Bauherr:** OFB Projektentwicklungs GmbH, Frankfurt am Main **Architekt/Planer:** schneider+schumacher Architektur, Frankfurt am Main **Fotograf:** Jörg Hempel, Aachen **Tragwerksplanung:** Ingenieurbüro Euler, Hanau **Landschaftsplanung:** Planungsbüro Ulla Schuch, Frankfurt am Main **Haustechnik:** IGAH Ingenieurgesellschaft Abels-Habicht mbH, Mühltal

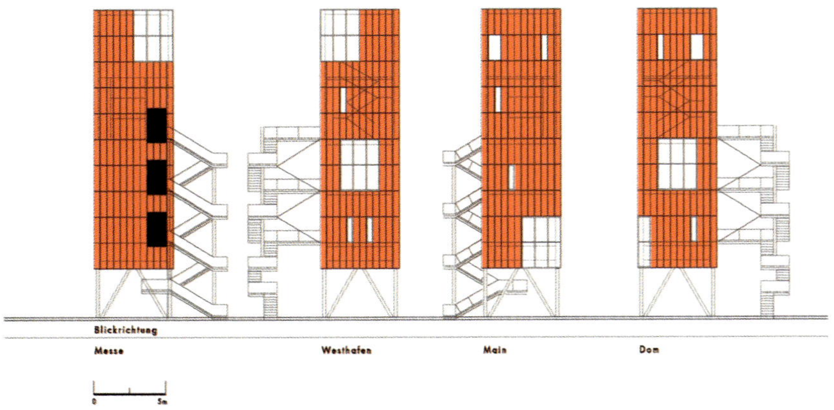

Projektname: Infobox **Standort:** Westhafen, Frankfurt am Main **Bauherr:** Westhafen Tower GmbH & Co. Projektentwicklungs-KG Grundstücksgesellschaft Westhafen GmbH **Architekt/Planer:** schneider+schumacher Architektur, Frankfurt am Main **Fotograf:** Jörg Hempel, Aachen **Tragwerksplanung:** Bollinger + Grohmann, Frankfurt am Main **Haustechnik:** IGH Ingenieurgesellschaft Höpfner, Frankfurt am Main

Infobox ▲
Areal Westhafen ▶
Westhafen-Pier ▼

▲ Visualisierung

Projektname: Westhafen-Pier **Standort:** Westhafen, Frankfurt am Main **Bauherr:** Grossbaum Grundstücksgesellschaft mbH + Co. Westhafen KG **Architekt/Planer:** schneider+schumacher Architektur, Frankfurt am Main **Fotograf:** Jörg Hempel, Aachen **Tragwerksplanung:** Schwarzbart & Partner, Frankfurt am Main; Kannemacher + Dr. Sturm, Frankfurt am Main **Gartenarchitektur:** schneider+schumacher Architektur, Frankfurt am Main **Fassadenberater:** IFFT Institut für Fassadentechnik, Frankfurt am Main **Haustechnik:** Schindler Ingenieur GmbH, Dietzenbach; IBK Ingenieurbüro Klöffel, Bruchköbel

Cubus, Düsseldorf

Ein Halt im Chaos
Tief im Westen Düsseldorfs steht ein Hotel, das sich nach außen ambivalent und im Innern als durchgestaltete Welt präsentiert. Gestaltbestimmend, innen wie außen, ist eine imposante Betonwand (die ursprünglich aus Lehm sein sollte), mit der sich der sechsgeschossige Riegel gegen die Geschäftigkeit der angrenzenden Gebäude und Straßen abschottet. Bei Nacht verleiht ein Muster aus Lichtpunkten – die mit Glasstäben verschlossenen Ankerkonen der Schalung – der riesigen Mauer einen Hauch Poesie. Zusätzlich bringen die Glasstäbe bei Tag, ganz praktisch, Tageslicht in die Hotelflure. Durch eine kleine Öffnung in dieser Wand betritt der Gast den Riegel mit den Zimmern. Und ist überrascht: Über alle sechs Geschosse tut sich ein Luftraum auf, Licht kommt von oben, nur über dünne Edelstahlrohre ist die imposante Mauer mit dem massiven Zimmerriegel verbunden. Im Zimmer folgt dann ein weiteres Aha-Erlebnis. Denn einzig die Toilette ist in einer Box den Blicken entzogen, das Bad selbst hingegen nur von Glas umschlossen. Ein großer, fließender Raum entsteht so. Auch hier, wie schon im Restaurant und an der Rezeption, ist der Innenausbau reduziert, elegant, fast japanisch. **Christof Bodenbach**

▲▲ Gesamtansichten
▲ Ansicht Zimmer

Projektname: CUBUS Büro- und Hotelgebäude **Standort:** Düsseldorf/Seestern **Bauherr:** KanAm-Gruppe, München **Architekt/Planer:** schneider+schumacher Architektur, Frankfurt am Main **Fotograf:** Jörg Hempel, Aachen **Tragwerksplanung:** Ruffert & Partner, Limburg a.d. Lahn **Landschaftsplanung:** Planungsbüro Ulla Schuch, Frankfurt am Main **Fassadenplanung:** schneider+schumacher Architektur mit Josef Gartner GmbH & Co. KG, Gundelfingen

Museum sowjetisches Speziallager Nr. 1/Nr. 7, KZ Sachsenhausen, Oranienburg (1999 – 2001)

Das ehemalige Konzentrationslager Sachsenhausen nordwestlich von Berlin ist ein „Gedächtnisort mit doppelter Geschichte" (Peter Reichel). In dem Lagerdreieck wurden bis 1945 200.000 Menschen gefangen gehalten, gequält und ermordet. Nach der Befreiung internierte der sowjetische NKWD dort insgesamt 60.000 Personen: NS-Funktionäre, Sozialdemokraten, aber auch Menschen, die schon vorher im KZ inhaftiert gewesen waren. 12.000 von ihnen starben bis zur Auflassung des Lagers im Frühjahr 1950.

An jene Jahre – zu DDR-Zeiten ein Tabu – erinnert das von Till Schneider und Michael Schumacher nach einem Wettbewerbsgewinn geplante Museum. Der hüfthoch in die Erde eingegrabene Quader nimmt die Höhe der Lagermauer auf, wobei die Fassade aus großformatigen Betontafeln besteht, die glatt geschalt und transparent beschichtet wurden. Die Atmosphäre im Inneren changiert zwischen Eleganz, die sich von der Lagerzeit distanziert, und einer Ruppigkeit, die dem Ort angemessen ist. Raumhohe, bündige Glaswände treffen unvermittelt auf den rohen Betonfußboden. Belichtet

Projektname: Museum sowjetisches Speziallager Nr.1/Nr.7 **Standort:** Gedenkstätte Sachsenhausen, Oranienburg **Bauherr:** Finanzministerium des Landes Brandenburg **Architekt/Planer:** schneider+schumacher Architektur, Frankfurt am Main **Fotograf:** Jörg Hempel, Aachen **Tragwerksplanung:** Bollinger + Grohmann, Frankfurt am Main **Landschaftsplanung:** schneider+schumacher Architektur, Frankfurt am Main **Haustechnik:** Brendel Ingenieure, Berlin

◂ Ansicht außen
Ansicht innen ▾
Detail Fassade ▸

wird dieser Raum, bei dem alle Haustechnik sorgsam verborgen wurde, von oben: durch ein Glasdach, das auf dramatisch dicht an dicht gereihten Stahlträgern ruht. Bis auf den diagonal eingeschnittenen Eingang und die bündigen Fensterschlitze spiegelt die dunkel glänzende Außenhaut die Lagerbaracken. Stets nach einer angemessenen Balance suchend, oszilliert der Bau zwischen einer Architektur der Verweigerung, die sich von der Außenwelt abschottet und auf die Isolation des Speziallagers anspielt, und radikaler Reduktion, die sich in der Reflexion den Anschein des Nicht-Existenten gibt. Die einfache Geometrie des Museums, das außerhalb des Lagerdreiecks liegt, steht der organisierenden Geometrie des Terrors entgegen. Der monolithische Block, mal Mausoleum, mal deutlich japonisierende Züge tragendes Schatzkästchen, hat aber die ästhetische Kraft, seinen eigenen Platz und damit Raum für das in ihm gespeicherte Gedächtnis zu behaupten. Gerade unter Museumsbauten, die immer mehr zur Königsdisziplin einer sich selbst feiernden Architektur werden, ein außergewöhnliches Gebäude. **Enrico Santifaller**

Braun Hauptverwaltung, Kronberg/Taunus (1996 – 2000)

Till Schneider und Michael Schumacher sind ebenso erfahrene wie findige Konstrukteure. Für die U-förmige Hauptverwaltung der Braun GmbH entwickelten sie eine doppelschalige Glasfassade, die es dem Benutzer ermöglicht, sein Fenster aufzumachen, während ein Computer die Außenseite öffnet oder schließt. Bei sonnigem Wetter spreizt die Fassade zahllose Gläser spitzwinklig nach außen, aus der glatten Hülle wird eine geschuppte. Das Hallendach aus schwenkbaren Luftkissen variiert das Fassadenthema, wobei es eine ähnliche klimatechnische Funktion hat. Der Pufferzone der Glasfassade entspricht das als Klimazone aufgefasste unbeheizte Atrium, dessen Zuluft über Erdkanäle eingeleitet wird und dessen Abluft über das Dach entweicht. Ein Wasserbassin und ein Ahorn, beide nicht achsensymmetrisch, sondern ein wenig versetzt, verbessern zusätzlich das Raumklima. Die seidig-spiegelnde Oberfläche des stets glucksenden Wassers neben dem Grün evoziert in diesem ebenso modernen wie kühle Noblesse atmenden Bau das archaische Bild „Teich mit Baum". **Enrico Santifaller**

▴▴ Atrium
▴ Gesamtansicht

Projektname: Braun Hauptverwaltung **Standort:** Kronberg/Taunus **Bauherr:** Braun GmbH, Kronberg/Taunus **Architekt/Planer:** schneider+schumacher Architektur, Frankfurt am Main **Fotograf:** Jörg Hempel, Aachen **Tragwerksplanung:** Bollinger + Grohmann, Frankfurt am Main **Fassadenplanung:** schneider+schumacher Architektur, Frankfurt am Main **Haustechnik:** ARUP, Berlin

Hochregallager ERCO, Lüdenscheid (2000 – 2001)

▾ Gesamtansicht

 Industriegebäude folgen Kriterien größtmöglicher Funktionalität und schnellstmöglichem *Return of Investments*. Auch das Hochregallager für den Leuchtenhersteller ERCO folgt dieser wirtschaftlichen Logik, wobei wie beim Braun-Gebäude in Kronberg Zweckrationalität mit architektonischer Qualität verbunden wurde. Der Bau will keine der üblichen schnell rostenden Blechkisten, sondern ebenso kraftvolle wie lyrische und dennoch funktionale Architektur sein. Ob Körper, Hülle oder Detail, ob Energieverbrauch, Materialien oder Innenausbau, dem sowohl schlichten, wie auch eleganten

Projektname: ERCO Hochregallager **Standort:** Lüdenscheid **Bauherr:** ERCO Leuchten GmbH **Architekt/Planer:** schneider+schumacher Architektur, Frankfurt am Main **Fotograf:** Jörg Hempel, Aachen **Landschaftsplanung:** Dr. Bernhard Korte, Düsseldorf **Lichtplanung:** Uwe Belzner, Heidelberg **Fassadenplanung:** schneider+schumacher Architektur, Frankfurt am Main

Lichtspiele Fassade ▾

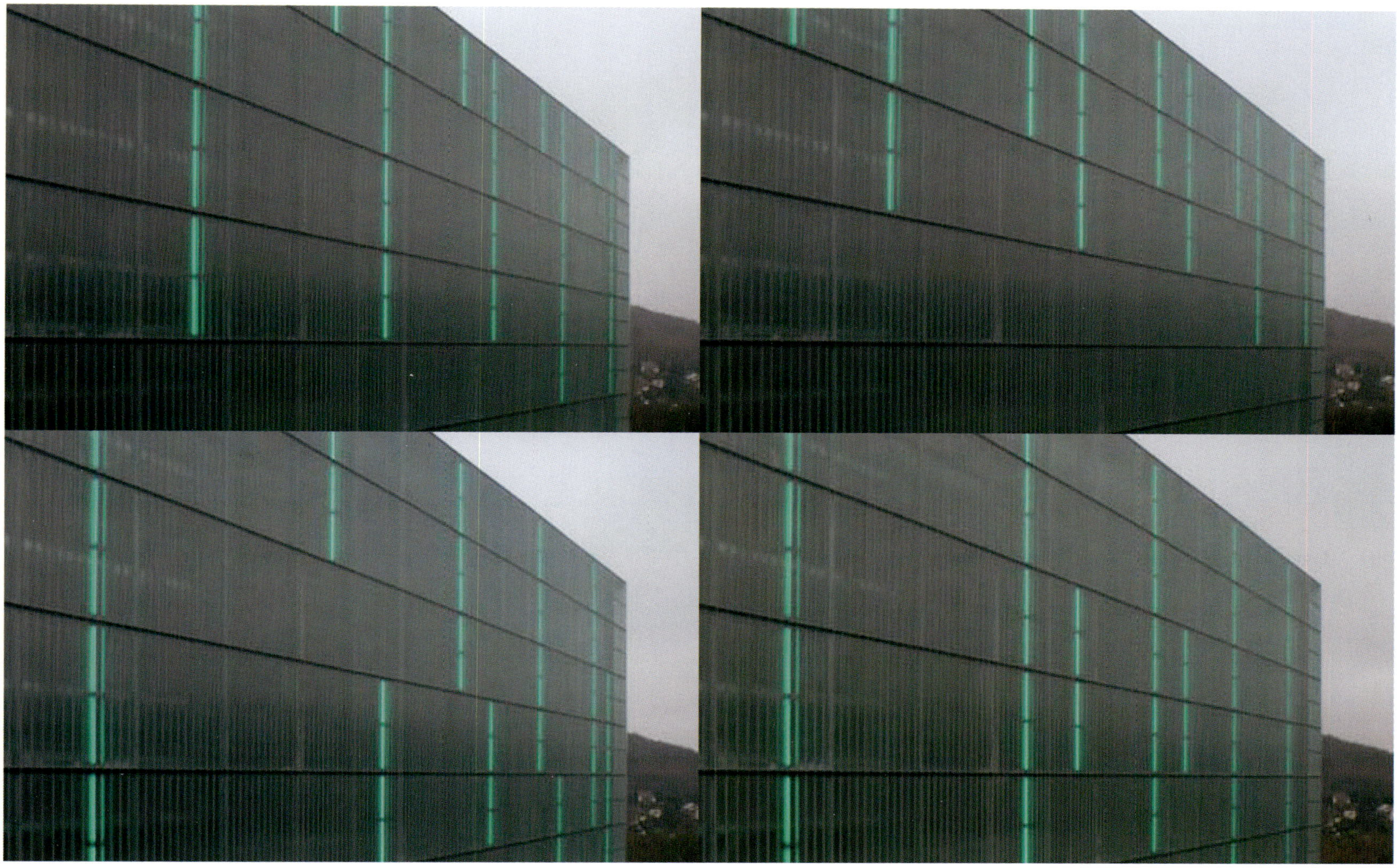

Kubus gelingt die beanspruchte Harmonie von Pragmatismus und Poesie – und das an einem so prosaischen Ort wie einem Industrielager. Mit der teils transluzenten, teils transparenten Haut aus Profil- bzw. Isolierglas werden das faszinierend verzweigte Gitterwerk der Stahlregale, das hochkomplexe Spiel der Maschinen und Förderbänder und das Rasen der Regalbediengeräte zu einer kraftvollen Inszenierung. Das Gebäude wird zur Signatur des Bauherrn, dessen Motto „Licht statt Leuchten" lautet. **Enrico Santifaller**

AUER + WEBER + ARCHITEKTEN

11

Prisma-Haus, Frankfurt am Main

Die Eingangssituation zur Bürostadt Frankfurt-Niederrad wird künftig vom zeichenhaften Erscheinungsbild des Prisma-Hauses bestimmt. Nicht nur die reine Gebäudehöhe, sondern auch die horizontale Dimension stehen für den inhaltlichen Anspruch dieses Projektes an Prägnanz und Ausstrahlung, ein ganzheitliches, ökologisches Gebäudekonzept auf Niedrigenergiestandard und eine effektive, flexible und kommunikative Arbeitswelt.
Entsprechend den Bedingungen des Standorts fügen sich ein geschlossener, aufgeständerter Gebäudewinkel und eine diesen übergreifende, dreiecksförmige Klimahülle zu einer einprägsamen Großform. Definiert der Winkel das Gebäude als Bürostadt, so öffnet sich das „Schaufenster" der Doppelfassade zum Panorama der Stadtlandschaft.
Innerhalb der transparenten Hülle entsteht eine ganzjährig nutzbare Binnenwelt mit Wasserflächen, frei stehenden Aufzugsanlagen und weit gespannten Stegen. Dem Eingangsniveau sind Sondernutzungen wie Casino und Konferenzzone zugeordnet, über eine „Himmelsleiter", im Fassadenzwischenraum der Doppelfassade gelangt man zu den „Gärten" im elften Obergeschoss mit Ausblick auf City und Stadtwald.
Das bereits im Wettbewerbsentwurf intendierte thermodynamische Energiekonzept, das bis ins Detail das Erscheinungsbild des Gebäudes bestimmt, ermöglicht durch den intelligenten Einsatz alternativer Energien eine natürliche Be- und Entlüftung des Hauses. **Auer + Weber + Architekten**

Innenansicht ▴

Projektname: Prisma-Haus **Standort:** Hahnstraße 55, Frankfurt am Main **Bauherr:** Hochtief Projektentwicklung GmbH, Eschborn **Architekten:** Auer + Weber + Partner, Stuttgart; Partner Götz Guggenberger **Projektleitung:** Frank Schäfer **Fotograf:** Roland Halbe, Stuttgart **Tragwerksplanung:** Mayr + Ludescher, Stuttgart **Landschaftsplanung:** Auer + Weber + Partner, Stuttgart mit Gesswein, Henkel + Partner, Ostfildern **Elektroplanung:** Gackstatter + Partner, Stuttgart **Energiekonzept:** Transsolar Energietechnik, Stuttgart **Haustechnik:** Rentschler + Riedesser, Stuttgart

▲ Gesamtansicht
Ansicht Fassade ▸

Hentrich-Petschnigg & Partner

Allianz-Kai, Theodor-Stern-Kai, Frankfurt am Main (1997 – 2002)

12

Die Architektenpartnerschaft HPP ist eines der ältesten, der erfahrensten und der erfolgreichsten Architekturbüros in Deutschland. Und sie hat einen Klassiker vorzuweisen, der wie kein zweites Gebäude das bundesdeutsche Wirtschaftswunder symbolisiert: das 1960 fertig gestellte Dreischeibenhaus für Phoenix Rheinrohr, später Thyssen in Düsseldorf. Der im Juni 2002 bezogene Neubau für die Allianz-Versicherung am Frankfurter Theodor-Stern-Kai steht in dieser Tradition. Der ausgreifende Komplex an der Friedensbrücke mit einem kristallinen Hochhaus als „point de vue" markiert ein einprägsames Tor zur Innenstadt. Als „Stadt in der Stadt" konzipiert, schließt das Gebäude mit einer Lochfassade an die südliche Wohnbebauung an, während es sich zum Main mit fünf transparenten Fingern öffnet. Sein Rückgrat bildet eine haushohe „Magistrale", die sowohl zur Erschließung wie auch als abteilungsübergreifender Kommunikationsmittelpunkt dient. Gemeinsam mit Innenhöfen und Dachterrassen bietet die in Glas gehüllte „Hauptstraße" eine Vielzahl an Möglichkeiten zur zufälligen Begegnung und zu beiläufigem Plausch, die nach jüngsten Studien Kreativität und Ideenreichtum der hier versammelten 2.500 Mitarbeiter steigern. Das Besondere an dem Gebäude sind das Ineinandergreifen aller Teile und seine opulente Gliederung, die stets alternierende Perspektiven und Situationen beschert. Lichtfülle, Großzügigkeit, Atem, all dies gehört zu den besonderen Qualitäten dieses Bauwerks, das ein hervorragendes Beispiel für eine zwar in den Dimensionen mächtige, nicht jedoch maßstabssprengende und deshalb stadtverträgliche Großstruktur gibt. **Enrico Santifaller**

Eingangshalle ▴

Projektname: Allianz-Kai **Standort:** Theodor-Stern-Kai 1, Frankfurt am Main **Bauherr:** Allianz Lebensversicherungs AG, vertreten durch Allianz Immobilien GmbH, Stuttgart **Architekt/Planer:** HPP Hentrich-Petschnigg & Partner KG, Düsseldorf **Fotograf:** H.G. Esch, Hennef

▲ Innenhof

Gesamtansicht ▲

Architekten Schweger + Partner

Main Tower, Frankfurt am Main

13

Mit einem innovativen Konzept und der markanten Auflösung eines Schafts in Quadrat und Kreis als Dualität von Stadt- und Parkseite gewann das Architekturbüro Schweger + Partner 1991 den internationalen Wettbewerb der Hessischen Landesbank. In der Optimierungsphase wurde aus dem Tower II der Helaba der zweihundert Meter hohe Main Tower. Ansprüche und Ziele wurden neu definiert, Funktionen, Erschließungssystem, Tragwerk, Fassade und Gebäudetechnik verändert. Die Anforderungen an ein unverwechselbares Erscheinungsbild, langfristige Vermietbarkeit, geringe Betriebskosten und an ein ökologisches, soziales und humanes Bauen wurden erreicht durch den Bau eines „Niedrigenergiehauses".

Im Bereich der Sockelgeschosse wird die denkmalgeschützte Sandsteinfassade der Vorgängerbauten integriert und strukturell um den Neubauteil ergänzt. Der quadratische Teil der Turms erhält eine Fassade aus Baubronze, die im Laufe der Jahre patiniert. Der runde Turmteil kontrastiert dazu mit gläserner Offenheit. Das neuartige Konzept der einschaligen Glasfassade mit zu öffnendem Fenster wird mit Perfektion umgesetzt. Von der Spitze des Rundturms bieten ein Restaurant, eine öffentliche Aussichtsplattform und ein Studio des Hessischen Rundfunks auf dem höchsten öffentlich erreichbaren Aussichtspunkt Frankfurts einen fantastischen Rundblick auf City und Umgebung. **Architekten Schweger + Partner**

Projektname: Main Tower **Standort:** Neue Mainzer Straße 52, Frankfurt am Main **Bauherr:** Helicon Verwaltungsgesellschaft mbH & Co., Immobilien OHG, München **Architekt/Planer:** Architekten Schweger + Partner, Hamburg, Prof. Peter P. Schweger, Hartmut Reifenstein, Bernhard Kohl, Wolfgang Schneider, Prof. Wilhelm Meyer **Fotografen:** Bernhard Kroll, Hamburg; Frank-Heinrich Müller, Leipzig **Tragwerksplanung:** Ingenieurbüro Förster, Sennewald, Linse, München **Landschaftsplanung:** Büro Udo Kummer, Hamburg **Lichtplanung:** Schlotfeldt Licht GmbH, Hamburg **Fassadenplanung:** IFFT Institut für Fassadentechnik, Frankfurt am Main **Haustechnik:** IC-Ingenieur Consult, Frankfurt am Main

Novotny Mähner Assoziierte

Hochhaus „Gallileo", Frankfurt am Main

14

Für die Stadt Frankfurt ist die Nahtstelle zwischen City und Bahnhofsviertel von großer städtebaulicher Bedeutung. In den Jahrzehnten nach dem Zweiten Weltkrieg bis 1995 war die Ecke Kaiserstraße/Wallanlagen durch den „Zinserturm" gestört, auch wenn sich die Frankfurter daran gewöhnt hatten. Der geplante Neubau bot die Chance einer grundsätzlichen Verbesserung. Deshalb wurde die Traufe der Westseite der Kaiserstraße aufgenommen, um die bestehende Blockrandbebauung zu ergänzen bzw. an der Wallanlage mit der Ausbildung eines Kopfbaus abzuschließen. Das Hochhaus, das aus drei Bauteilen besteht, wurde gegenüber dem Blockrand zurückgesetzt und aus der städtebaulichen Situation entwickelt (Differenzierung, Höhenbegrenzung, Abstaffelung der Höhen zum Main und Aufnahme der Hauptrichtungen der umgebenden Straßenzüge). Licht, Luft und Leichtigkeit waren die Grundkriterien für die Gestaltung. Hauptziel war es, das Hochhaus trotz seiner begrenzten Höhe gut zu proportionieren bzw. zu vertikalisieren. Beim Regelgrundriss wird zwischen den beiden verschieden hohen, transparenten Büroteilen des Hochhauses und dem massiven Kernbereich unterschieden. Die Öffnung des Kernbereichs im Zentrum ergibt Transparenz an der Nahtstelle der verglasten Hochhausteile und ermöglicht attraktive Ausblicke nach Osten und Westen aus den Wartebereichen vor den Aufzügen. Im Flachbaubereich sind in der Eingangsebene, im ersten und zweiten Obergeschoss Bereiche mit öffentlichkeitsbezogenen Nutzungen angeordnet. Auch im ersten und zweiten Untergeschoss wird durch das „English Theatre" ein Beitrag zur Verbindung von öffentlichen Nutzungen mit den Büroflächen in einem Hochhaus geleistet. **Fritz Novotny**

Projektname: Hochhaus „Gallileo", Wettbewerb 1. Preis 1997 **Standort:** Gallusanlage 7, Frankfurt am Main **Bauherr:** Dresdner Bank AG Frankfurt, vertreten durch GVP Grundwert Verwaltungs- und Projektentwicklungs-GmbH, Frankfurt am Main **Architekt/Planer:** Prof. Fritz Novotny, Arthur Mähner mit Klaus Schmidt, Offenbach **Mitarbeit:** Ulf Bambach, Nader Garshasebi, Hermann Adam, Jan Klucar **Projektleitung:** Bele Hornung **Innenraumsimulation:** B.C. Horvath, Frankfurt am Main **Computersimulationen:** F.A. Hild, Offenbach **Modell**: Jan Lesniewski, Denise Graf, Sven Marx, Offenbach

◂ Visualisierung

Lageplan ▸

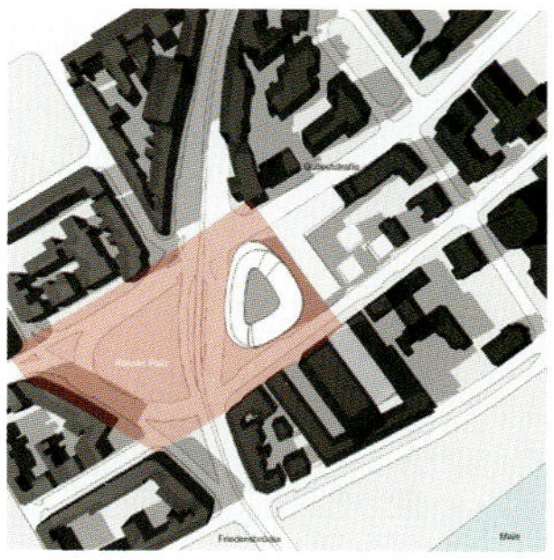

AS & P-Albert Speer und Partner/ Scheffler + Partner Architekten

15

Baseler Platz, Frankfurt am Main

Der Baseler Platz, in privilegierter Lage unweit des Hauptbahnhofes und der Friedensbrücke, entbehrt mit seinen verkehrsumtosten Blumenrabatten jeglicher Aufenthaltsqualität. Dass hier etwas geschehen muss, ist allen lange klar. Bereits 1998 erarbeitete AS & P eine städtebauliche Studie zur Neuordnung von Teilen des Baseler Platzes, der aufgrund seiner prominenten Lage an der zentralen südlichen Stadteinfahrt einen besonderen Stellenwert im Stadtraum einnimmt. Nahe Westhafen und in unmittelbarer Nachbarschaft zum „Main Forum“ entstehen nun das „Oval“ und die „Arkaden“ von AS & P sowie eine Wohnbebauung von Scheffler + Partner.
Durch das aus einem kooperativen Gutachterverfahren hervorgegangene ovale Geschäfts-, Büro- und Wohngebäude werden die Raumkanten des Baseler Platzes nach Osten verschoben. In dem Entwurf werden, abweichend von allen früheren Ansätzen, die Platzwände nicht mit dem Verlauf der Baseler Straße gleichgesetzt, sondern nach Osten verschoben. Der Baseler Platz erweitert sich, der Baukörper isoliert sich vom Gefüge der umgebenden Häuserblöcke und wird so gleichsam Bestandteil des Platzes. Die eigenwillige Form sowie die Glas-Stein-Fassade lösen sich aus den Zwängen einer streng aus dem Umfeld abgeleiteten Gestaltung, das Haus spielt sich frei. Die ab dem siebten Geschoss angeordneten Wohnungen staffeln sich in drei Ringen zur südöstlichen Gebäudeecke hin. Alle der über dreißig verschiedenen Typen besitzen großzügige Dachterrassen, die einen Blick über die Skyline und bis in den Taunus bieten. Unter den auskragenden Obergeschossen an der Nordseite öffnet sich die repräsentative zweigeschossige Empfangshalle, die sich wiederum zum sechsgeschossigen Atrium öffnet. Den strengen „Arkaden“ kommt so die Aufgabe zu, die neue Platzwand zu definieren. Als Gegenpol zum Solitär entsteht ein geometrisches Gebäude, das in der Übereck-Ansicht vom Baseler Platz geschlossen und kompakt wirkt, sich zur Wohnbebauung an der Wilhelm-Leuschner-Straße jedoch öffnet. Die Fassade zum Platz bildet einen klaren Abschluss, um dem Solitär den nötigen Halt zu geben. Durch eine zweigeschossige Arkade zum „Oval“ wird der Haupteingang akzentuiert; die ebenfalls zweigeschossige Eingangshalle und das benachbarte Restaurant geben großzügige Durchblicke in den begrünten Gartenhof frei und betonen die Durchlässigkeit und Transparenz der eng miteinander verwobenen Gesamtstruktur, von Arbeiten und Wohnen.
Die drei Punkthäuser von Scheffler + Partner an der Wilhelm-Leuschner-Straße zitieren als freistehende Solitäre auf einem gemeinsamen Gewerbe-Sockel die Typologie der gründerzeitlichen Villenarchitektur, die prägend für das Stadtviertel war, im Blockinneren steht frei das dritte Haus. Hier finden sich vierzig Mietwohnungen hohen Standards. **Christof Bodenbach**

Projektname: Drei Punkthäuser am Baseler Platz **Standort:** Gutleutstraße 87, Frankfurt am Main **Bauherr:** FAAG Frankfurter Aufbau AG **Architekt/Planer:** Brigitte Scheffler, Prof. Ernst Ulrich Scheffler, Frankfurt am Main **Mitarbeiter:** Peter Söhngen, Marion Seeburger **Visualisierung:** berendt+männchen, Frankfurt am Main **Tragwerksplanung:** Engelbach+Partner, Frankfurt am Main **Landschaftsplanung:** Freiraum x, Frankfurt am Main **Haustechnik:** Lemon Consult, Zürich; Reuter Rührgartner, Rosbach v.d.H.

Baseler Arkaden, Frankfurt am Main

▲ Baseler Arkaden

Projektname: Baseler Arkaden **Standore:** Gutleutstraße/Wilhelm-Leuschner-Straße **Bauherr:** FAAG Frankfurter Aufbau AG **Architekt/Planer:** AS&P-Albert Speer und Partner GmbH, Frankfurt am Main, verantwortlicher Geschäftsführer Dipl. Ing. Gerhard Brand **Projektarchitekt:** Jens Jakob Happ, Partner **Visualisierungen:** behrendt + männchen, Frankfurt am Main **Tragwerksplanung:** Engelbach + Partner, Frankfurt am Main **Landschaftsplanung:** Freiraum x, Frankfurt am Main **Haustechnik:** Lemon Consult, Zürich; Reuter Rührgartner, Rosbach v.d.H.

Oval am Baseler Platz, Frankfurt am Main

Ansicht Nacht ▲

Projektname: Oval am Baseler Platz **Standort:** Gutleutstraße/Baseler Straße/Wilhelm-Leuschner-Straße **Bauherr:** BGA Allgemeine Immobilienverwaltungs- und Entwicklungsgesellschaft mbH **Architekt/Planer:** AS&P, verantwortlicher Geschäftsführer Gerhard Brand **Projektarchitekten:** Michael Nowak, Dirk Kahl **Tragwerksplanung:** Bollinger + Grohmann, Frankfurt am Main **Fassadenplanung:** IFFT, Institut für Fassadentechnik, Frankfurt am Main **Haustechnik:** HL-Technik AG, Frankfurt am Main **Außenanlagen:** Sommerlad Haase Kuhli, Gießen **Visualisierungen:** behrendt + männchen, Frankfurt am Main

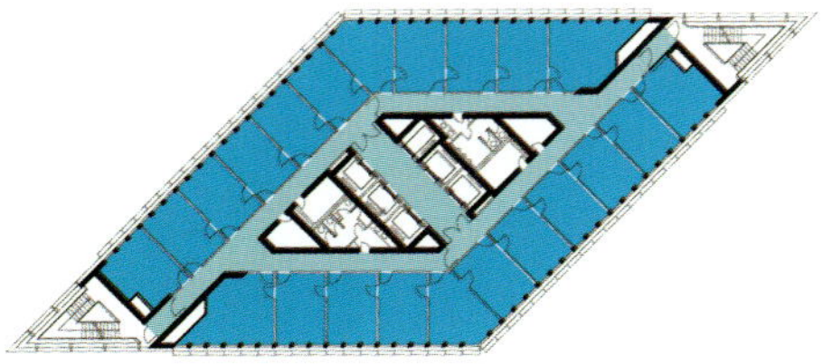

Ansicht ▸
◂ Grundriss
▾ Ansicht

AS & P- Albert Speer und Partner

Victoria-Turm, Mannheim

Ein Haus mit zwei Gesichtern
Schon von weitem sichtbar, steht unmittelbar am Mannheimer Hauptbahnhof ein Hochhaus, das gleich zwei Superlative in sich vereint: Die Landmarke Victoria-Turm ist mit knapp einhundert Metern nicht nur das höchste Haus Mannheims, sondern auch der am schnellsten realisierte Wolkenkratzer seiner Größenordnung. Im März 1999 ging der Bauherr auf Grundstückssuche, schon zwei Jahre später zog man ein! Die lang gezogene gläserne Raute ragt imposant aus dem Grün des Schlossgartens und präsentiert sich, je nach Standort des Betrachters, als breite Scheibe oder schlanker Turm. Der ungewöhnliche Grundriss reagiert städtebaulich auf die Achsen des Bahnhofsvorplatzes und der Hauptstraße des Stadtteils Lindenhof und nimmt dem Bau die Wucht. Die Verglasung der frei auskragenden Treppenhäuser in den beiden nadelspitzen Ecken und das oberste Geschoss bilden gemeinsam mit der Sockelzone eine Ebene; die vorspringende doppelschalige Glasfassade vor dem kleinteiligen Büroraster wirkt dadurch wie eine riesige Tafel, um die sich ein lichter, bei Dunkelheit beleuchteter Rahmen legt. Im Inneren hingegen gibt man sich bescheiden: Die ein- bis dreiachsigen Büros sind zurückhaltend ausgestattet; die 25 Regelgeschosse sind konventionell teilbar und bieten vom Zellen- bis zum Großraumbüro alle Möglichkeiten. **Christof Bodenbach**

Projektname: Victoria-Turm **Standort:** Am Victoria-Turm 2, Mannheim, **Bauherr:** Internationales Immobilien-Institut GmbH, handelnd für iii-Immobilien-Spezialfonds der Victoria Lebensversicherung AG, vertreten durch MEAG Real Estate Management GmbH, München **Architekt/Planer:** AS & P – Albert Speer und Partner GmbH, Frankfurt am Main; verantwortlicher Geschäftsführer: Gerhard Brand **Projektarchitekt:** Dipl.-Ing. Jens Jakob Happ, Partner **Fotografen:** Claus Bury, Frankfurt am Main; Rainer Drexel, Frankfurt am Main; Prof. Dieter Leistner, Mainz; Waltraud Krase, Frankfurt am Main **Tragwerksplanung:** König + Heunisch, Beratende Ingenieure, Frankfurt am Main **Fassadenplanung:** IFFT Institut für Fassadentechnik, Frankfurt am Main **Haustechnik:** Fachgebiet Bauphysik und Technischer Ausbau, Fakultät für Architektur, TH Karlsruhe **Lichtplanung:** Uli Jetzt Beleuchtungen GmbH, Backnang

Scheffler + Partner Architekten

16

Deutsche Schule, Budapest (1996 – 2001)

Das Werk des Frankfurter Büros Scheffler + Partner sticht durch besondere Beachtung des Kontextes hervor. Ob die eher postmoderne Erweiterung des Liebieghauses (1987 – 1990), ob die baulich sehr differenzierte Siedlung Zeilsheim (1990 – 1996) oder der disziplinierte Neubau für die Lampebank im Frankfurter Westend (1999 – 2001), die Entwürfe des Büros gehen stets sehr sorgfältig mit dem Bestand und der Umgebung um. Und das wird nicht durch eine aufdringliche Geometrie, auch nicht durch devote Unterordnung, sondern durch Zurückhaltung in sensibler Solidarität mit dem Ort und den in ihm gespeicherten Erinnerungen erreicht.

Projektname: Deutsche Schule Budapest **Standort:** Cinege ut 8/c, Budapest **Bauherr:** Bundesamt für Bauwesen und Raumordnung (Entwurfsphase); Stiftungsrat der Deutschen Schule Budapest (Ausführungsphase) **Architekt/Planer:** Brigitte Scheffler, Prof. Ernst Ulrich Scheffler, Thomas Warschauer, Ruprecht Hausmann, Frankfurt am Main **Mitarbeiter:** Vera Schermuly, Benjamin Schümer, Gösta von Törne, Dieter Müller **Kontaktarchitekten/Bauleitung:** Bánáti + Hartvig mit Istvan Matus, Budapest **Fotografin:** Andrea Häider, Budapest **Tragwerksplanung:** Prinz + Pott, Bielefeld; Méry + Gyuris, Budapest **Landschaftsplanung:** Karl Bauer mit Gabriele Rimbach-Ganter, Karlsruhe **Haustechnik:** Hans Baumgartner, Mörlenbach; Dobay, Glavatity, Budapest

▾ Treppenraum

Als Beispiel hierfür kann auch der Neubau der deutschen Schule in Budapest gelten, der durch eine äußerst gelungene Integration in das Gelände besticht. Auf einem 36 Hektar umfassenden Waldgrundstück im noblen XII. Bezirk, in dem zu DDR-Zeiten Erich Honecker auf die Jagd ging, bauten die Architekten nach einem Wettbewerbsgewinn ein Gebäude in Form eines Kreissegments für ein zweizügiges Gymnasium und restaurierten das ehemalige Jagdhaus, in dem nun eine Grundschule untergebracht ist. Der Hauptbaukörper folgt mit einem sanften Bogen dem Verlauf der Höhenlinien des abfallenden Grundstücks, während Aula und Sporthalle tief in den Hang eingegraben sind. Ihre Dächer dienen als Sportplatz und Schulhof. Eine zum Tal hin verglaste Schulstraße verbindet alle Bereiche und bietet einen wunderbaren Ausblick über die Stadt. Die mit warmer Seekiefer verkleideten

Teilansicht ▾

Klassenräume im Obergeschoss sind zu überschaubaren, über eigene Treppen erschlossenen Einheiten aus jeweils zwei Jahrgangsstufen zusammengefasst. Die weiß geputzten Fachklassen im Erdgeschoss haben einen direkten Zugang ins Freie. Mittelpunkt der Schule ist eine zweigeschossige, raumhoch verglaste Eingangshalle, an der zentrale Einrichtungen wie Bibliothek, Aula und Verwaltung angegliedert sind. Der Bau überzeugt durch seine spannungsreiche Balance zwischen Identifizierbarkeit der einzelnen Bereiche und der Einheit gebietenden Großform, die den Ort überhöht. **Enrico Santifaller**

Transparenz,
Konsequenz,
Reduktion,
Inspiration,
Kreativität,
Vision.
Oder haben Sie
eine andere
Reihenfolge?

*Transparency,
consistency,
reduction,
inspiration,
creativity,
vision.
Or do you have
a different
order?*

Dr. Peter Wesner
Vorstand KPMG
Board of Directors of KPMG

Frick.Reichert Architekten

Wohn- und Bürohaus Hansaallee, Frankfurt am Main

17

Das Leistungsangebot des Architekturbüros spiegelt sich in der Auffassung – Gestalten als Gesamtleistung – wider. Es verfolgt in den Bereichen Corporate Design, Interior Design und Building Design einen ganzheitlichen Architekturansatz. Hierbei verstehen die Architekten sich als Generalisten und begleiten die Projekte vom Hochbau bis zur Möbelentwicklung aus einer Hand.
Ein Wohnhaus für das Frankfurter Westend zu entwickeln bedeutet, ein Gebäude mit ausgewogenen und eindeutigen Proportionen zu schaffen. Basis – Körper – Kopf. Die Nutzungen Büro und Wohnen werden vertikal differenziert und geben dem kompakten Gebäude sein deutlich ablesbares und prägnantes Erscheinungsbild. Büro – Wohnen – Penthouse. Gegenüber dem Sockel und der Kubatur der Obergeschosse springt das transparente Erdgeschoss mit der Büronutzung um einen halben Meter zurück. Der rubinrote Kubus der vier Obergeschosse beinhaltet Wohnungen unterschiedlicher Größe, Typologie und Orientierung. Den Kopf des Gebäudes bilden Penthouse-Maisonette-Wohnungen umgeben mit großzügigen Dachterrassen. Die insgesamt 22 Großwohnungen haben Loggien, an der Südfassade mit signifikanten Sonnenschutz-Schiebeelementen gestaltprägend zusammengefasst, sowie Balkone, die den Raum jeder Wohnung nach außen erweitern. Die tief nach unten gezogenen Fenster ermöglichen ab dem dritten Obergeschoss den freien Blick auf Frankfurts Skyline. Gleichzeitig erhalten die Bäder durch die großzügige Verglasung Tageslicht über das hinterleuchtete Glasoberlicht der „Badschiene“.
Frick.Reichert Architekten

◂ Ausschnitt Fassade
Teilansicht ▸

Projektname: Wohn- und Bürohaus Hansaallee **Standort:** Hansaallee 32a und 32b, Frankfurt am Main **Bauherr:** Frankfurter Haus & Liegenschafts GmbH **Architekt/Planer:** Frick.Reichert Architekten, Frankfurt am Main **Fotograf:** Jean-Luc Valentin, Frankfurt am Main **Tragwerksplanung:** Ingenieurbüro Lenz Weber, Frankfurt am Main **Landschaftsplanung:** Ipach und Dreisbusch, Frankfurt am Main **Elektroplanung:** Sineplan, Frankfurt am Main **Haustechnik:** Planungsgemeinschaft DUO, Wiesbaden

Stefan Forster Architekten

Stadtumbau

18

In Leinefelde, dessen Einwohnerzahl sich von 1960 bis 1990 verneunfachte, wurde zwischen Altstadt und den Plattensiedlungen in der Südstadt 1974 ein „Versorgungszentrum" mit Läden, Bücherei und Stadthalle gebaut. Das zweigeschossige Foyer der Obereichsfeldhalle wurde dergestalt umgebaut, dass es nun nicht nur als eigenständiger Veranstaltungsort, sondern auch als veritable Stadtloggia fungiert, die beide Teile Leinefeldes verbindet. Glasfassaden öffnen das bisher beklemmend düstere Foyer. Auch die ebenso plastische wie ästhetische, aber bis dato nicht sichtbare Dachkonstruktion aus Fertigteilschalen wurde freigelegt. Das Interieur des Foyers ist elegant und raffiniert, bestícht mit sparsam eingesetztem, doch hochwertigem Material. Höhepunkt ist die Wendeltreppe, die in fast atemberaubendem Schwung zu einer stilvollen Bar auf der Galerie führt. Ein flaches Stahldach verbindet Foyer und gegenüberliegende Bibliothek, während Platanenreihen zwischen die Ladenzeilen gepflanzt wurden. Das vordem reichlich disparat wirkende Versorgungszentrum erhielt ein Gefüge mit großer Aufenthaltsqualität. **Enrico Santifaller**

Projektname: Umbau Foyer der Obereichsfeldhalle **Standort:** Leinefelde/Thüringen **Bauherr:** Stadt Leinefelde **Architekt/ Planer:** Forster und Schnorr Architekten (seit 2000: Stefan Forster Architekten), Frankfurt am Main **Mitarbeiterin:** A. Bader-Hardt **Fotograf:** Jean-Luc Valentin, Frankfurt am Main

Wohnanlage Voltastraße, Frankfurt am Main (im Bau)

An die großen Wiener Wohnhöfe erinnert das Konzept, mit dem Stefan Forster mit Projektpartner Karl Richter ein Gutachterverfahren im Herbst 2001 gewinnen konnte. Die mächtige vier- bis sechsgeschossige Anlage in Form eines langschenkligen U nimmt kalkuliert Anleihen bei der gründerzeitlichen Blockrandbebauung. Die kraftvolle Klinkerfassade, die mit den eher zarten Geländern kontrastiert, weckt bewusst Assoziationen an die Fabrikarchitektur der Umgebung, die aus den Anfängen des 20. Jahrhunderts stammt und nach und nach verschwindet. Wenige, aber klar gesetzte Vor- und Rücksprünge, betonte Laibungen und tiefe Dacheinschnitte geben dem Karree eine verhaltene Plastizität. Nicht nur in Bezug auf das Erscheinungsbild, sondern auch in Sachen Nutzerfreundlichkeit versucht das Wohnensemble Maßstäbe zu setzen. Fünfzehn Wohnungen pro Treppenaufgang, drei Mieteinheiten pro Geschoss sorgen für übersichtliche Größe, die gut proportionierten Grundrisse für Flexibilität. Und: Details wie stehende Fenster, großzügige Loggien oder Hochparterrewohnungen werden der Anlage eine ebenso urbane wie noble Anmutung geben, die im geförderten Wohnungsbau ausgesprochen selten anzutreffen ist.
Enrico Santifaller

Visualisierung ▲

Projektname: ABG Siedlung, Voltastrasse **Standort:** Frankfurt am Main **Bauherr:** ABG Frankfurt Holding, Frankfurt am Main **Architekt/Planer:** Stefan Forster Architekten mit Karl Richter, Frankfurt am Main **Mitarbeiter:** I. Duchrow, R. Mayer **Perspektive:** Attila Bata, Frankfurt am Main

Sozialer Wohnungsbau, Leinefelde (1996 – 2002)

Die Plattenbausiedlungen in den neuen Bundesländern sind eine der gefährlichsten Hypotheken des wiedervereinigten Deutschland. Angesichts der sozialen Erosion und ökonomischen Depression bedroht, kommt der Korrektur dieser Verhältnisse ein Rang zu, an dem sich – als einer unter mehreren – das Wohl und Wehe der Republik entscheidet. Auch wenn die Aufgaben ebenso zahlreich wie vielfältig sind und kaum zu bewältigen scheinen.
Eher zufällig, dann aber mit großem Engagement, hat sich Stefan Forster (ehemals Forster + Schnorr Architekten) nach einem Wettbewerbsgewinn 1996 der Verbesserung der Plattenbauten verschrieben. Im thüringischen Städtchen Leinefelde hat der Architekt in drei Bauabschnitten bislang 220 Wohnungen umgebaut – mit erstaunlichem Ergebnis: Die Leerstandsquote ist gleich null, während auf dem Gebiet der ehemaligen DDR insgesamt rund eine Million Wohnungen auf neue Mieter warten.
Statt auf die übliche „Pinselsanierungspraxis" zu setzen, wurden – bei denkbar knappem Budget – individuelle Wohnverhältnisse verbessert. Etwa fünfzig Grundrissvariationen entwickelten die Architekten. Bäder und Küchen wurden erweitert, Türen verbreitert, größere Fensterformate eingesetzt. Insgesamt entstanden großzügigere und hellere Räume, darüber hinaus neue Wohnungstypen wie etwa Maisonettes. Wintergärten, Balkone und Loggien tragen zur Steigerung der Wohnqualität bei. Neue Farben – frisches Blau für den Rauputz, sattes Rot für die Balkone, bald metallisch schimmernde, bald anthrazitfarbene Geländer – behübschen nicht eine Oberfläche, sondern sprechen vom tief greifenden Wandel der ehedem grauen (Wohn-)Realität.
Bei seinen Um- und Rückbauten ließ sich Forster vom „neuen Frankfurt" und dessen Siedlungen inspirieren. Der Architekt verfolgt ein Gartenstadtkonzept, bei dem ein Teil der indifferenten Außenräume privatisiert, ein anderer intensiv begrünt wird. Der plattenübliche, eineinhalb Meter hohe Sockel wurde aufgeschüttet, die stets benachteiligten Erdgeschosswohnungen erhielten auf diese Weise klinkergeschützte „grüne Zimmer". Zwei Blöcke wurden um je zwei Geschosse reduziert. Ein weiteres Projekt sieht vor, in einer Plattenzeile den jeweils zweiten Aufgang komplett abzubrechen und die verbliebenen Häuser zu Stadtvillen umzubauen.
Enrico Santifaller

Gesamtansicht 1. Bauabschnitt ▲

Projektname: Umbau Büchnerstrasse, 1. BA + 2. BA **Standort:** Leinefelde/Thüringen **Bauherr:** Leinefelder Wohnungsbaugenossenschaft **Architekt/Planer:** Stefan Forster Architekten, Frankfurt am Main **Mitarbeiter:** P. Freymüller, R. Mayer **Fotograf:** Jean-Luc Valentin, Frankfurt am Main

◂ Gesamtansicht vor dem Umbau
Gesamtansicht 2. Bauabschnitt ▾

Büro: Stefan Forster Architekten, Frankfurt am Main **Projektname:** Umbau Lessingstraße 12-32 **Standort:** Leinefelde/Thüringen **Bauherr:** Leinefelder Wohnungsbaugenossenschaft **Architekt/Planer:** Forster und Schnorr Architekten (seit 2000: Stefan Forster Architekten), Frankfurt am Main **Mitarbeiter:** H. Pfeifer **Fotograf:** Jean Luc Valentin, Frankfurt am Main

Dietz Joppien Architekten

Wohnanlage, Wiesbaden-Sauerland (1999 – 2000)

19

In seiner *Deutschen Baukunst* ordnet Goethe zierliche Pretiosen den Italienern, monumentale Größe den Franzosen zu. Albert Dietz und Anett-Maud Joppien sind in diesem Sinne perfekte Südländer, sie haben die eine wie auch die andere Qualität bewiesen. Ihr raffinierter Zeitungskiosk am Schweizer Platz in Frankfurt, ein je nach Bedürfnis wandelbarer, mal transparenter, mal geschlossener Baukörper, hat sogar in Japan Eindruck gemacht. Die Max-Schmeling-Halle in Berlin dagegen mit ihrer zweihundert Meter langen Nordfassade und einem skulpturalen Dach, das zwischen Schiebermütze und edler Beschirmung changiert, nimmt eine städtebauliche Funktion wahr und verbindet mit dem Prenzlauer Berg und Wedding Ost- und Westberlin. Schlagzeilen machte das Büro auch mit verschiedenen Wettbewerbsbeiträgen, die zwar nicht immer den 1. Preis davontrugen, stets aber prämiert wurden und wie bei der Konkurrenz um einen Neubau für die Hochtief AG oder für die Lufthansa von großer Eindringlichkeit und enormer architektonischer Kraft waren.

Südlich der Kernstadt von Wiesbaden wurde im vergangenen Jahrzehnt das reine Wohngebiet „Sauerland" errichtet. Trotz Beauftragung verschiedener Architekten entstand ein recht monotones Areal, der Block von Dietz Joppien ist einer der wenigen überzeugenden Versuche, in eine monofunktionale Struktur Individualität und kollektive Identität, Vielfalt und variable Räume zu implantieren. Der aus zwei L-förmigen Baukörpern bestehende Block zeichnet sich durch kräftige Farben, präzise Materialverwendung, eine eigenständige Anmutung und Flexibilität im Inneren aus. Den Bewohnern werden identifizierbare Wohnungen angeboten, die auf die verschiedenen Bedürfnisse der jeweiligen Lebensentwürfe, des Tagesablaufs wie auch des Generationswechsels reagieren können. Weit auskragende Balkone und durchlaufende Loggien mit verschiebbaren Sonnensegeln und Geräteboxen schaffen zusätzlich nutzbare Raumschichten, die je nach Gebrauch auch ihre Erscheinung wandeln. **Enrico Santifaller**

Projektname: Wohngebiet Wiesbaden-Dotzheim, Sauerland Neubau von 70 Mietwohnungen **Standort:** Juisterstraße, Wiesbaden-Dotzheim **Bauherr:** GWH, Frankfurt am Main **Architekt/Planer:** Dietz Joppien Architekten, Frankfurt am Main **Fotograf:** Markus Becker, Frankfurt am Main **Tragwerksplanung:** Ingenieurbüro Rack, Frankfurt am Main **Landschaftsplanung:** GWH, Frankfurt am Main **Haustechnik:** Firma Dörflinger, Allendorf; Firma Wilfling, Offenbach

Solitäre 7 und 8, Frankfurt am Main (1998/99 bzw. 2000/01)

Die Umwidmung des ehemaligen Schlachthofareals in ein Wohn- und Bürogebiet dient – als eine unter mehreren städtebaulichen Maßnahmen – der Wiedergewinnung des Mainraumes für die Bevölkerung. Die insgesamt elf Solitäre, die in Fortführung der Uferpromenade direkt am Fluss gebaut wurden, befinden sich sicherlich in bester Wohnlage, auch wenn ausgerechnet die Nordseite die zum Main gewandte ist. Das Büro Dietz Joppien versuchte mit den Solitären 7 und 8 diesen Nachteil mittels Durchstecken der Wohnungen auszugleichen. Festgelegte Servicezonen und nutzungsneutrale Räume schaffen zusammen mit einer zweischichtigen Fassade individuell aneigen- und bespielbare Wohneinheiten, die sowohl einen Ausblick zum Main wie auch bis in den Odenwald bieten. Die Fassaden – graugrüner Schiefer beim Solitär 7, Sandstein beim Solitär 8 – erhalten mit durchgehenden Loggien und verschiebbaren Sonnenschutzelementen eine individuelle, der Nutzung angepasste Note. Insgesamt können beide Gebäudekuben als hervorragende Beispiele urbanen Mehrgeschosswohnungsbaus gelten.

Enrico Santifaller

Projektname: Solitär 7, Solitär 8 **Standort:** Deutschherrnufer 47 + 48, Frankfurt am Main **Bauherr:** Schöner Wohnen Gesellschaft für modernen Wohnungsbau mbH **Architekt/Planer:** Dietz Joppien Architekten, Frankfurt am Main **Fotograf:** Thomas Ott, Darmstadt (Solitär 7), Eibe Soennecken, Frankfurt am Main (Solitär 8) **Tragwerksplanung:** BGS Ingenieursozietät (Solitär 7+8), Frankfurt am Main **Haustechnik:** GET Planungsgesellschaft (Solitär 7), Frankfurt am Main; Ingenieurbüro Klöffel (Solitär 8), Bruchköbel

A
A

Lichtbahnhof Flughafen, Hannover (1996 – 1999)

Von der Freiheit über den Wolken in die drangvolle Enge des Tunnels: ein alltägliches Gefühl bei Fluggästen, die irgendwo landen und dann eine Untergrund-Bahn betreten. Nicht so in Hannover. Der von Dietz Joppien umgebaute S-Bahnhof unterhalb des Terminals C vermittelt mit seinen dynamischen Lichtinstallationen ein suggestives Erlebnis. Das computergesteuerte Zusammenspiel zwischen der Bahnsteigbeleuchtung und Lichtwänden erzeugt eine unwirkliche, dennoch sinnlich-aufregende Atmosphäre. Den Wartenden empfängt eine warme, eher ruhige Lichtstimmung. Mit der Einfahrt des Zuges, der farbiges Licht gleichsam vor sich herschiebt, ändert sich die Situation komplett: Die Bahnsteigkanten und die Zugflanken werden nun beleuchtet, ein ebenso heller wie klar begrenzter Raum entsteht. Die teils diffundierenden, teils reflektierenden Gläser an den Lichtwänden ermöglichen großflächige Farbfelder, plötzliche Farbwechsel und pulsierende Farbveränderungen. Sie können auch für Projektionen etwa von Bildern zur Fahrgastinformation eingesetzt werden. **Enrico Santifaller**

Projektname: Lichtbahnhof Flughafen Hannover **Standort:** Flughafen Hannover, Terminal 2 **Bauherr:** Deutsche Bahn AG Station und Service, Hannover; NPZ Expo 2000, Hannover **Architekt/Planer:** Dietz Joppien Architekten, Frankfurt am Main **Bauleitung:** Kahl + Haßdenteufel Architekten BDA, Frankfurt am Main **Fotograf:** Markus Becker, Frankfurt am Main **Tragwerksplanung:** Obermeyer Planen und Beraten, Hannover **Lichtplanung:** Luna Lichtplanung, M. Friedrich, Karlsruhe **Haustechnik:** Obermeyer Planen und Beraten, Hannover

◂ Auffahrt Parkdeck
Gesamtansicht ▾

Auffahrt Parkdeck Nachtaufnahme ▾

Retourenabwicklung Neckermann AG, Frankfurt am Main (1999 – 2002)

Konstruktive Fantasie und soziale Empathie, Stichworte, die das vielfältige Œuvre des Büros charakterisieren, sind auch für den Neckermann-Neubau – einen Wettbewerbserfolg – kennzeichnend. Hinter dem Versandgebäude von Egon Eiermann wurde die städtebaulich heterogene Situation mit einer markanten Großform – eine Hochhausscheibe und einen angegliederter Flachbau – neu geordnet. Die zweigeschossige, mit ausgestanzten Innenhöfen zusätzlich belichtete Halle fungiert als eigentliche Retourenabwicklung. Obwohl technische Anlagen dominieren, wurden hochwertige Arbeitsplätze mit Außenbezug geschaffen. Die Fassaden – mal transparent, mal transluzent, mal geschlossen, mal offen – gehen nicht nur effizient mit Energie um, sondern rhythmisieren die Baukörper zu einem stimmigen Bild. Die auffallende Spirale im Hochhaus schließlich, mit der Autos von Mitarbeitern auf das als Parkplatz dienende Dach des Flachbaus geführt werden, setzt zusammen mit der an Eiermann erinnernden Eingangsrampe einen weiteren kräftigen Akzent. **Enrico Santifaller**

Projektname: Logistikabteilung der Neckermann VAG **Standort:** Adam-Opel-Str. 16-18, Frankfurt am Main **Bauherr:** Neckermann Versand AG, Frankfurt am Main **Architekt/Planer:** Dietz Joppien Architekten, Frankfurt am Main **Fotograf:** Eibe Soennecken, Frankfurt am Main **Tragwerksplanung:** BGS Ingenieursozietät, Frankfurt am Main **Landschaftsplanung:** KKW, Kronberg/Taunus **Fassadenplanung:** Ingenieurbüro Tauber, Offenbach **Haustechnik:** R + R, Rosbach v.d.H.

Ansicht Hof ▸
◂ ▾ Gesamtansichten

BRT Architekten Bothe Richter Teherani

Carré Mainzer Landstraße, Frankfurt am Main

20

Der neue Bürokomplex und das Wohngebäude befinden sich im erweiterten Bereich des Frankfurter Bankenviertels. Das Quartier ist städtebaulich durch eine heterogene Straßenrandbebauung geprägt und zeichnet sich durch eine Mischung von Arbeiten, Wohnen und Gewerbe aus. Das Bürogebäude besteht aus sechs räumlich voneinander getrennten Baukörpern (Units). Die vier zentral angeordneten Baukörper bilden ein Quadrat. Sie gruppieren sich windmühlenartig um einen Innenhof, mit einer freien Fuge zum nächsten Baukörper an der Längs- und an der Stirnseite. Die Stirnseiten der Units haben jeweils versetzt entweder zweigeschossige geschlossene Umfassungswinkel oder Grünräume. So entstehen mäandernde, gegeneinander versetzte Büroriegel mit großzügigen Wintergärten. Das Bürogebäude nimmt die Straßen- bzw. Baufluchten der Mainzer Landstraße und der Gutenbergstraße auf. Die Stirnseite endet an der Frankenallee. Zwischen diesem Gebäudeabschluss und der vorhandenen Wohnbebauung liegt das neue Wohngebäude mit Maisonettewohnungen, das sich im Norden zu einer öffentlichen Grünfläche öffnet. **Bothe Richter Teherani**

Projektname: Carré Mainzer Landstraße **Standort:** Mainzer Landstraße 178-190, Frankfurt am Main **Bauherr:** DWI Grundbesitz GmbH, Hamburg **Architekt/Planer:** BRT Architekten Bothe Richter Teherani, Hamburg **Renderings:** Erik Recke, Datenland, Hamburg **Tragwerksplanung:** Ingenieurbüro R. Bergmann, Lüneburg **Landschaftsplanung:** Breimann & Bruun, Hamburg **Lichtplanung** Peter Andres, Beratende Ingenieure für Lichtplanung, Hamburg **Fassadenplanung:** PBI Planungsbüro für Ingenieurleistungen GmbH, Wertingen **Haustechnik:** Ingenieurgesellschaft Ridder und Meyn mbH, Hamburg

BUNDESMINISTERIUM FÜR
BILDUNG UND FORSCHUNG

◂ Ansicht Fassade
Kantine im Dachgeschoss (Architekt Hans Scharoun, 1949) ▾

Jourdan & Müller PAS

21

Bundesministerium für Bildung und Forschung, Berlin

Die vorhandenen Altbauten (Fertigstellung als Kaserne 1914, Wiederaufbau als Institut für Bauwesen ab 1947, Dachgeschoss durch Hans Scharoun 1949) umfassen mit den Nachbargebäuden und einem Brandwandgiebel an drei Seiten einen Hof. Dort liegt der zweigeschossige Pavillon aus den Siebzigerjahren. Winkelförmig zum straßenbegleitenden Altbau vervollständigt der Neubau den Hof. Der Kopf des neuen Flügelbaus nimmt den Haupteingang auf und wird skulptural besonders ausgebildet. Der neue Baukörper des Ministeriums für Bildung und Forschung setzt Ideen der Moderne fort und formt mit seinem schwebenden Volumen eine Bildhaftigkeit, die die Zukunftsorientierung und den Aufbruch in ein neues Jahrhundert veranschaulicht. Im Spiel von Licht und Schatten entstand mit der Auskragung ein Tor zum entsiegelten Gartenhof. Die disparate Stadt wurde im Fragmentarischen der neuen Anlage zu einem neuen Ganzen gefügt. Das vielschichtige Baudokument, Zeugnis der Geschichte beider deutscher Staaten, wurde denkmalpflegerisch erhalten. **Jochem Jourdan**

Projektname: Bundesministerium für Bildung und Forschung **Standort:** Berlin **Bauherr:** Bundesamt für Bauwesen und Raumordnung **Architekten:** Jochem Jourdan, Bernhard Müller mit Eso Abduli, Gabriele Kettler, Jens Kleiner, Birgit Roth, Nicolai Steinhauser, Frankfurt am Main **Fotografin:** Waltraud Krase, Frankfurt am Main

Innenansicht ▸

City Point Kassel, Fassadengestaltung

Das neue „Shop in Shop" Kaufhaus City Point steht klar und selbstverständlich in sich ruhend am Königsplatz, einem der bedeutenden öffentlichen Plätze Kassels. Das Kaufhaus wird von vier Haupteingängen erschlossen. Im Inneren entsteht ein Wegekreuz, das durch einen über alle Geschosse reichenden ellipsoiden Luftraum ein übersichtliches, lichtdurchflutetes, kommunikatives Zentrum, eine vertikale Piazza erhält. Der Baukörper wird durch die markante, in die Kreisfigur des Platzes eingefügte Fassade geprägt und von den strahlenförmig auf den Platz zulaufenden Straßen gefasst. Die Ecken zum Platz sind leicht gerundet. Ziel war ein schwebender Eindruck der Baumassen, der durch die leicht gespannte membranartige Fassade aus Glas verstärkt wird. Der Aufbau der Fassade ist mehrschichtig angelegt. Auf der Glasebene sind nach dem Konzept des Künstlers Thomas Bayrle Motive mit fraktalen Bildinformationen aus der Stadt Kassel rasterartig aufgedruckt. Zu den Abend- und Nachtstunden erscheint der Baukörper als Lichtarchitektur. **Jochem Jourdan**

Projektname: City Point, Fassadengestaltung **Standort:** Kassel, Königsplatz **Bauherr:** TARUS Beteiligungs-GmbH & Co., Objekt Kassel KG, vertreten durch ECE Projektmanagement GmbH & Co. KG, Hamburg, NL Berlin **Architekten:** Jochem Jourdan, Bernhard Müller, mit Claus-Peter Koller, Holger Kostmann, Frankfurt am Main **Fotograf:** Dieter Leistner, Mainz **Künstlerische Gestaltung:** Thomas Bayrle, Frankfurt am Main **Lichtplanung:** Bartenbach Lichtlabor GmbH, Aldrans, Österreich **Fassadenplanung:** IFFT Institut für Fassadentechnik, Frankfurt am Main; Michael Lange, Beratender Ingenieur VBI, Hannover, Berlin, Hamburg

Altana AG, Herbert-Quandt-Haus, Bad Homburg v.d.H.

Das Gebäude ist wie eine Schrift der Landschaft. Die leicht gewellten Höhen des Vordertaunus werden zum architektonischen Topos – eingebettet in einen Park mit altem Baumbestand fügt sich das neue Herbert-Quandt-Haus in die Umgebung ein und setzt die Landschaft fort. Die beiden Gebäudeflügel umfassen einen Gartenhof und sind durch einen Wintergarten verbunden. Nach Osten, der aufgehenden Sonne zugewendet, fangen die beiden Flügel den Blick in die Landschaft über Wiesen und Felder ein. Ein Wasserbecken umgibt das Hauptgebäude. Betritt man die beiden Gebäudeflügel, kommt man in eine lichtdurchflutete Halle mit umlaufenden Galerien, die die Büros erschließen. Diese Halle kann für festliche Anlässe der Altana AG genutzt werden. Ein Kunstprojekt gestaltet das Raumerlebnis. Es entsteht ein Gebäude, das für die Weltoffenheit und Leistungsfähigkeit des Unternehmens steht und eine große, soziale Qualität für alle Mitarbeiterinnen und Mitarbeiter bietet. **Jochem Jourdan**

Projektname: Altana AG, Herbert-Quandt-Haus **Standort:** Bad Homburg v.d.H. **Bauherr:** Altana AG, Bad Homburg v.d.H. **Architekten:** Jochem Jourdan, Bernhard Müller, Benjamin Jourdan, mit Dr. Claus-Peter Koller, Mario Badagliacca, Jörg Höfer, Stefan Kohn, Ulrich Lilge, Dirk Maier, Lutz Mehlig, Frankfurt am Main
3-D-Modelling: Benjamin Jourdan, Frankfurt am Main

Wohnhaus mit Arztpraxis, Offenbach

In einem Villenviertel mit altem Baumbestand entwickelt sich das Raumgefüge des Wohnhauses mit Arztpraxis auf einem schmalen rechteckigen Grundstück. Die jeweils vollverglasten Vorder- und Rückfronten sind durch einen Vorhof und einen Garten blickgeschützt und vermitteln Privatheit und Offenheit. Ein Betonsockel nimmt das Konzept des Piano Nobile der in der Nachbarschaft gelegenen Gründerzeitvillen auf. Der Sockel bildet den geometrischen Rahmen der darüber liegenden Geschosse. Im umlaufenden Stahlträger zeichnet sich dieser Rahmen ab und gliedert die Gebäudeebenen. Diese minimalistische Setzung der Gebäudegrenzen ist durch Einschnitte, Auskragungen und Eckverglasungen weiter aufgelöst. Der Wechsel von geschosshohen Glas- und Betonpaneelen rhythmisiert die Seitenfassaden. Im Inneren setzt sich die Verwendung großflächiger Materialstrukturen fort, die im Spiel von offenen und geschlossenen Modulen, Innen und Außen, einen großzügigen Raumeindruck entstehen lassen. **Ursula Schöndeling**

Projektname: Wohnhaus mit Arztpraxis **Standort:** Offenbach am Main **Architekten:** Jochem Jourdan, Bernhard Müller, Felix Jourdan, Frankfurt am Main
Fotograf: Christoph Kraneburg, Darmstadt/Köln

Olympia 2012, Frankfurt am Main

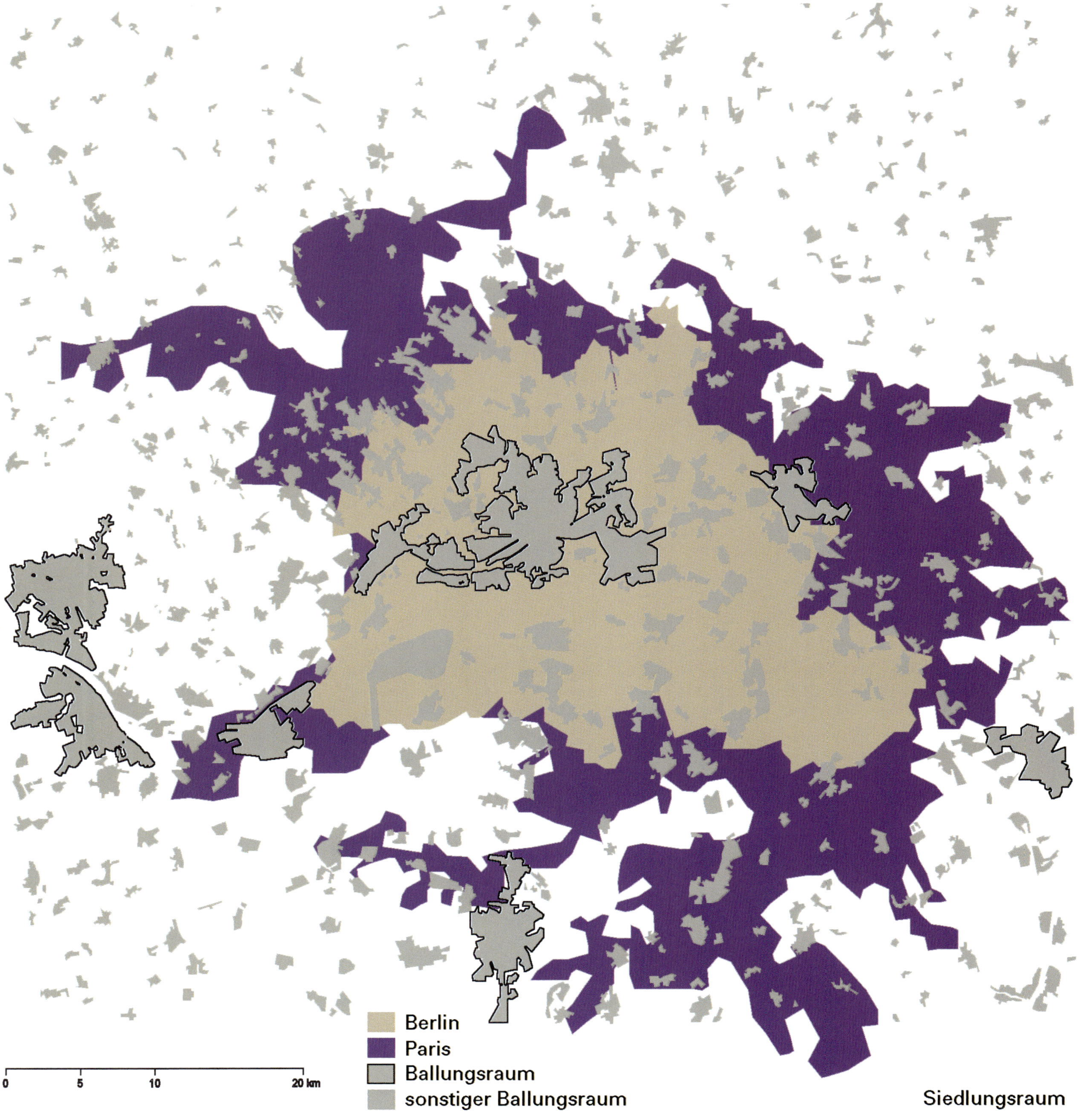

Spielstätten Olympia 2012 ▾

Ansicht der Gesamtanlage Olympia 2012 (Rebstockgelände) ▸

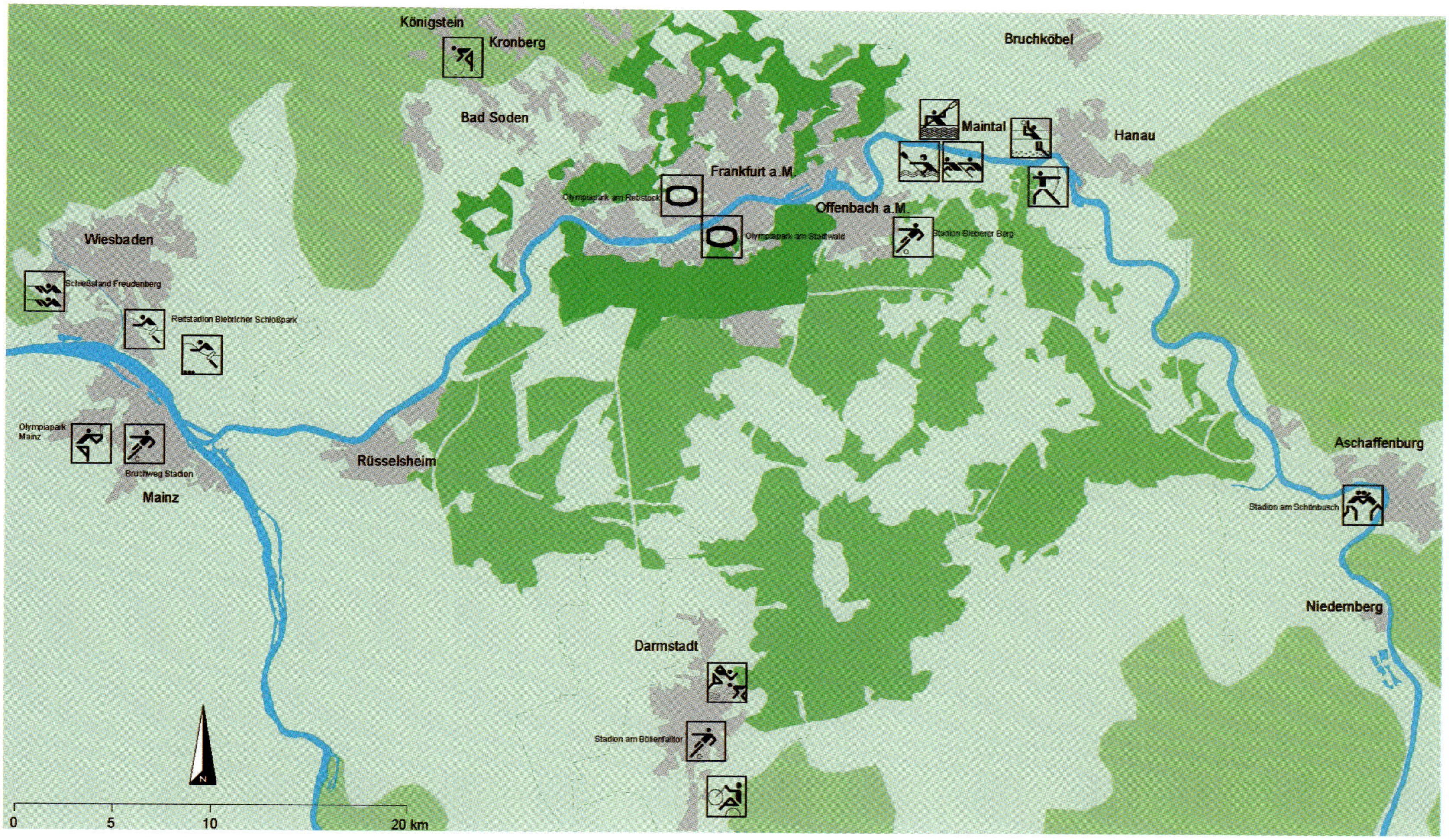

STADT – LAND – FLUSS –
eine Metapher für die Vision der Spiele in Frankfurt Rhein Main 2012. Frankfurt Rhein Main, eine der bedeutenden Metropolregionen Europas, bewirbt sich um die Olympischen Spiele 2012. „Unterhalb des Kronoshügels, wo Kladeos und Alpheios zusammenfließen", der antiken Beschreibung Pausanias zur Lage Olympias folgend, sollen 2012 an den Taunushängen, wo Main und Rhein zusammenfließen, Olympische Spiele stattfinden. Mit Olympia Frankfurt Rhein Main 2012 entsteht die Vision einer polyzentrischen regionalen Stadt, einer Stadt, die über drei Ländergrenzen hinweg die Gastgeberstadt Frankfurt am Main und die Olympiaparks Wiesbaden, Mainz, Sulzbach, Offenbach, Maintal, Hanau und Aschaffenburg zusammenfasst. Die Region Frankfurt Rhein Main verkörpert schon jetzt einen neuen Typus einer Weltstadt. Mit ca. 4,8 Millionen Einwohnern, 2,2 Millionen Arbeitnehmern und 11.000 Quadratkilometern Fläche ist Frankfurt Rhein Main eine Metropolregion, die Berlin, Paris oder London gleicht. Die Überlagerung der Flächenausdehnung der Stadtpläne macht dies deutlich. Doch die Verkehrsverbindungen sind in Frankfurt Rhein Main schneller als bei vergleichbaren Entfernungen innerhalb Paris oder Berlins. Der entscheidende Unterschied ist jedoch, dass Frankfurt Rhein Main, durchzogen von breiten Landschaftsbändern des Regionalparks, eine grüne Stadt ist. Dieses in die Landschaft gebaute Stadtmodell macht Frankfurt zur Innenstadt einer Metropole und ist durch die Autonomie und Besonderheiten seiner vielen Zentren, die die unterschiedlichsten Bilder der historischen europäischen Stadt als Nukleus in sich tragen, gekennzeichnet. Sie werden auch in Zukunft bestehen und sind Ferment der Region. Sie bilden das pulsierende Feld der neuen Stadtlandschaft, verknüpft durch den Verbund der Verkehrsnetze, das Gravitationsfeld der Finanz- und Wirtschaftskräfte, die Pendlerströme der Beschäftigten, die vielfältigen kulturellen Institutionen, die Kunsträume und Landschaften. **Jochem Jourdan**

Projektname: Olympia Frankfurt Rhein Main 2012, Bewerbung beim Nationalen Olympischen Komitee Deutschland **Standort:** Region Frankfurt Rhein Main **Auftraggeber:** Frankfurt Rhein Main 2012 GmbH, Frankfurt am Main **Architekten:** Jochem Jourdan, Bernhard Müller, Felix Jourdan mit Alexia Bamberg, Achim Bilger, Carsten Eustermann, Birgit Fach, Benjamin Jourdan, Vincenzo Marchese, Ursula Schöndeling, Andrea Steiner, Nicolai Steinhauser **3-D-Modelling:** Benjamin Jourdan, Frankfurt am Main **Landschaftsplanung:** Projektbüro Stadtlandschaft, Kassel; Planungsgruppe Natur und Umwelt, Frankfurt am Main; Hytrek, Thomas, Weyell & Weyell, Flörsheim **Verkehrsplanung:** Zentrum für integrierte Verkehrssysteme, Darmstadt

„Ich bin ein Frankfurter!“ oder: Der Frankfurter Ossi

Ardi Goldman, bisweilen als (Lebens-)Raumgestalter tituliert, ist ein Investor. Und zwar einer, der sein Geschäft versteht. Mit seiner Arbeit will der Mann mit dem unkonventionellen Habitus nicht nur gutes Geld verdienen, sondern auch gute Häuser bauen. Die Qualität, die Goldman dabei vorschwebt, lässt sich nicht mit anonymen Finanztransfers von A nach B bewerkstelligen. Persönlicher Einsatz, gute Kontakte und die Identifikation mit dem Produkt „Immobilie“ sind vonnöten, Identifikation mit der Stadt, dem Viertel, der Straße, dem Umfeld, der Atmosphäre, dem Gelände, den Nachbarn. Die Schlussfolgerung für den gebürtigen Frankfurter, der durchaus familiär vorbelastet ist – schon sein Vater, dem in den Sechzigerjahren das noch immer berühmte Paramount-Hotel downtown Manhattan gehörte, war im Immobiliengeschäft tätig – ist daher eindeutig: Nach Lehr- und Wanderjahren in Berlin und New York arbeitet Goldman seit Jahren ausschließlich in Frankfurt, genauer: im Frankfurter Osten, noch genauer: an der Hanauer Landstraße. Schon als Kind streifte der Investor durch die Stadt, entdeckte stille Winkel, trieb sich auf Schrottplätzen herum: „Die Stadt war mein Abenteuerspielplatz.“ Goldman ist stolz auf seine Stadt, sieht sie als Stadt für den zweiten Blick, als Stadt, die mit ihren Fehlern und Macken viele Chancen bietet: „Schönheit kann sehr langweilig sein, eine schöne Stadt ist fertig, macht Experimente schwer. In der Hässlichkeit stecken viele Potenziale.“

Nach kleineren Bauten, die heute nicht mehr unbedingt seinen inzwischen fortentwickelten Qualitätsansprüchen genügen, realisierte Goldman gemeinsam mit dem Architekten Michael Landes das vom Start weg erfolgreiche Projekt Union, ein ehemaliges Brauereigelände, das in seiner Vielfalt beeindruckt und durch die Verbindung von Arbeit und Freizeit, Tag und Nacht, mit seinen Geschäften, Büros, Bars und Clubs zu einem lebendigen Quartier am ehemals toten Standort wurde. Goldman, der auch an der Hanauer wohnt, sieht sich ausdrücklich nicht als Weltbürger, er liebt seine Heimatstadt Frankfurt. Er schätzt es, sich auszukennen, und will hier bleiben, arbeiten, wohnen, leben. Deshalb, so sagt er, will er Verantwortung übernehmen, sich seinen Lebensraum eben selbst gestalten. „Die Hanauer lag da wie eine schlafende Prinzessin, alle möglichen Chancen aufgereiht wie an einer Perlenschnur. Das hab´ ich gesehen, begriffen – und dann auch gemacht!“ Im Umsetzen, (sich) Entwickeln (lassen) sieht Ardi Goldman eine Qualität für sich. „Man muss Visionen haben. Nachdenken. Und dann machen.“ sagt er. Also los! Mit Jo. Franzke baut Goldman die ehemalige Jade-Fabrik um, ebenfalls in Fechenheim wächst auf dem Ex-Allibert-Gelände das UFO (Unbekannter Frankfurter Osten) und am Güterbahnhof Ost soll mit dem StadtWerk Goldmans bisher größtes Projekt realisiert werden: auf dem 43.000 Quadratmeter großen Grundstück entsteht gut dreimal so viel Fläche für eine lebendige Mixtur à la Union, auch ein Hotel und Wohnungen wird es hier geben. Neben Michael Landes sind hier auch die Architekten KSP Engel und Zimmermann (die nach gewonnenem Wettbewerb den Masterplan erstellen), Christoph Mäckler, Ortner & Ortner sowie Allmann, Sattler, Wappner mit im Boot. Rund 125 Millionen Euro sollen bis 2004 verbaut werden: Goldgräberstimmung im (Frankfurter) Osten! **Christof Bodenbach**

Landes & Partner

Union Gelände, Frankfurt am Main

22

Unsere kleine Stadt
„Die Hanauer", eine Straße ganz im Osten, vielen Frankfurtern nur als staubelastete Ausfallstraße bekannt, hat einiges zu bieten. Ein besonderer Glücksfall ist das Union-Gelände, ursprünglich von einer Brauerei genutzt. Nach langem Dornröschenschlaf kam der Kuss, der die „Union" schließlich zu neuem Leben erweckte, von Ardi Goldman, einem Investor, der bereits bei drei Objekten im Frankfurter Osten Erfahrungen mit der Umnutzung alter Industriebauten gesammelt hatte. Gemeinsam mit dem Architekten Michael Landes ging er daran, das Gelände zu revitalisieren. Die beiden „Projektentwickler", selbst Anlieger der „Hanauer", verwandelten die „Union" zu einem urbanen Quartier im Quartier, das nun Einzelhandel und Gewerbe, Büroflächen und Künstlerateliers, Gastronomie und Jazzclub, Friseur und Diskothek, Weinhändler und Maßschneider vereint. Goldman und Landes ist es gelungen, den Charakter der Gebäude zu erhalten: Rund um die Piazza, Herzstück des Ensembles mit seinen alten Kastanien, stehen neue und alte Gebäude unterschiedlichster Facetten. Nicht der einzelne Bau steht im Vordergrund, sondern das Ensemble und sein (öffentlicher) Raum. Eines der stärksten Motive, vom italophilen Landes äußerst wirksam in Szene gesetzt, ist das der Bühne: Überall gibt es Möglichkeiten, zu sehen und gesehen zu werden. Auf den Treppen, die zum Sitzen einladen, vor und hinter den großen Fenstern, auf der Loggia der „Union-Halle" oder der Galerie des „King Kamehameha". **Christof Bodenbach**

Projektname: Union Gelände, Frankfurt am Main **Standort:** Hanauer Landstraße 184-198, Frankfurt am Main **Bauherr:** Benjamin Goldman Nachlaß, Frankfurt am Main **Architekt/Planer:** Michael A. Landes Architekt BDA, Frankfurt am Main **Fotografen:** Eicken/Mack/Ott, Mühltal; Ivan Nemec, Frankfurt am Main/Berlin **Tragwerksplanung:** Thürauf & Partner, Phaidon Kostic, Frankfurt am Main **Landschaftsplanung:** Landes & Partner, Frankfurt am Main **Fassadenplanung:** IBS, Wolfgang Schäfer, Gießen **Haustechnik:** Planungsbüro Röhrig GmbH, Frankfurt am Main

DOLZER

◄ Ansicht Fassade
◄ Eingang Union Gelände
Lageplan Union Gelände ►

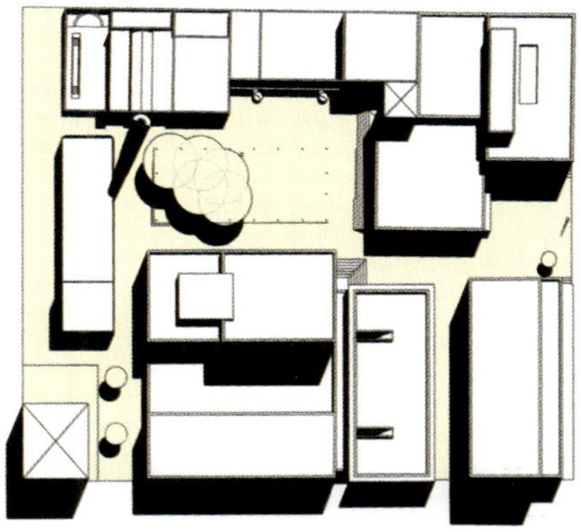

Ansicht Hof ▲

Romanfabrik
Henninger

◂ Ansicht Fassade
Ansicht von der Hanauer Landstraße ▾

Seitenansicht Forum Messe ▸

KSP Engel und Zimmermann Architekten

23

Forum Messe Frankfurt, Frankfurt am Main

Jung und erfahren
Zwei Namen, drei Buchstaben, fünf Standorte, zweihundert Mitarbeiter: KSP Engel und Zimmermann gehört zu den großen und traditionsreichen Architekturbüros der Bundesrepublik. Hervorgegangen aus dem renommierten Büro KSP (Kraemer, Sieverts & Partner), arbeiten Engel und Zimmermann seit 1990, dem Todesjahr Friedrich Wilhelm Kraemers, zusammen. Fünf Bürostandorte in Deutschland – Berlin, Braunschweig, Frankfurt, Köln und München – ermöglichen eine gezielte und flexible Projektabwicklung und -steuerung, ein internationales Netzwerk erweitert das Arbeitsspektrum über die Grenzen Deutschlands und Europas hinaus. Grundlage der Arbeit von KSP Engel und Zimmermann ist der frühe Dialog, ein Planungsprozess, der auf die Integration vieler Partner und Disziplinen setzt und dabei innovative Technologien selbstverständlich einbezieht. Für die beiden Gesellschafter, Jürgen Engel und Michael Zimmermann, reichen die Tätigkeitsfelder des Architekten, durchaus klassisch, „vom Löffel bis zur Stadt"; Produktentwicklungen gehören dabei ebenso zum Leistungsbild des Büros wie Städtebau, Projektentwicklung und Generalplanung. Eine neue Büroleuchte oder ein Stehpult können so entstehen, aber auch die Planung der Songjiang University City im chinesischen Schanghai oder ein Stadtquartier im französischen Metz. Auch als ehemalige Studenten der TU Braunschweig fühlen sich Engel und Zimmermann den Idealen von Friedrich Wilhelm Kraemer verpflichtet; die gedankliche Konsequenz sowie die Leichtigkeit und Eleganz seiner Bauten sind für sie noch immer beispielhaft.

Schwungvoller Auftakt
Die Messe Frankfurt ist eine der wichtigsten Deutschlands, sie steht im internationalen Wettbewerb. Nicht nur die Hallen von Oswald Mathias Ungers, Helmut Jahn und Nicholas Grimshaw sorgen da für Standortvorteile, auch die altehrwürdige Festhalle von Friedrich von Thiersch wird gern genutzt. Was fehlte, war ein Entree, ergänzt um einen Bankett- und Festsaal für bis zu 2.000 Personen und eine zusätzliche Multifunktionshalle. Den 1998 ausgelobten Wettbewerb gewannen KSP Engel und Zimmermann mit einem zeichenhaften Entwurf. Die leichte Konstruktion mit ihrer transparenten Hülle schafft einen Kontrapunkt zur Massivität der Festhalle; stützenfreie Räume auf beiden Hauptebenen ermöglichen vielfach wandelbare, temporäre Nutzungen. Mit dem Konferenzzentrum und dem zentralen Messerestaurant ist das Forum zum Dreh- und Angelpunkt des Messegeländes geworden, vielfältige Blickbeziehungen im Inneren sorgen für Abwechslung. Die Lage im Schnittpunkt der Hauptwege garantiert hohe Besucherzahlen an Messetagen, das Forum kann aber auch separat genutzt werden.
Christof Bodenbach

Caféteria ▸

Projektname: Forum Messe Frankfurt **Standort:** Frankfurt am Main **Bauherr:** Messe Frankfurt GmbH **Architekt/Planer:** KSP Engel und Zimmermann Architekten, Frankfurt am Main **Innenausbau Caféteria:** INDEX Exner + Musa Architekten, Frankfurt am Main; Bredt + Partner, Darmstadt **Fotografen:** Stefan Schilling, Köln; Christoph Lison, Frankfurt am Main

Forum

Ansicht Innenhof ▸
▾ Lageplan
▾▾ Ansicht Haupteingang

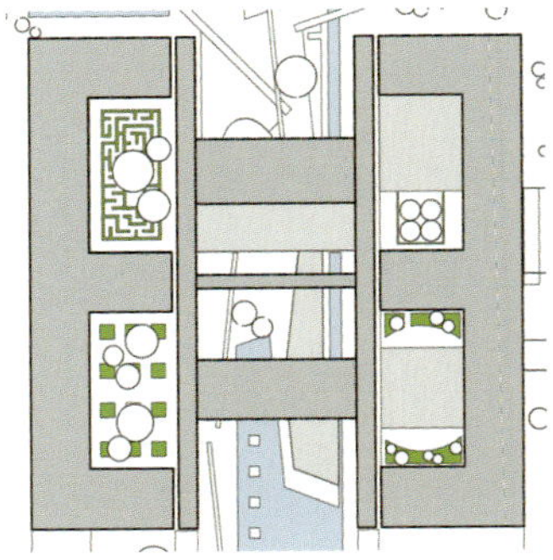

Deutsche Flugsicherung GmbH, Langen

Double E
Am Himmel ist die Hölle los! Angesichts des auch nach dem 11. September 2001 weltweit stetig zunehmenden Flugverkehrs erweitern sich die Aufgaben der Deutschen Flugsicherung kontinuierlich. Mit dem Neubau der Hauptverwaltung versuchen KSP Engel und Zimmermann nun, im bislang heterogen bebauten Langener Gewerbegebiet einen städtischen Raum entstehen zu lassen. Zwei parallele Bürokämme sind mit Baukörpern verbunden, die sich wie Brücken über die zentrale Achse spannen. Die quadratische Grundform des Gebäudekomplexes setzt nach außen einen ruhigen Akzent; im Inneren jedoch entfaltet sich eine offene, transparente Struktur mit aufgeständerten Verbindungstrakten, einem elliptischen Flachbau, mit Wasserläufen, begrünten Innenhöfen und zwei gläsernen Treppenhäusern, die die Mittelachse flankieren. Alle Gebäudeteile sind über kurze Wege erreichbar, autarke Büroeinheiten sind problemlos zu verwirklichen. Schon im Wettbewerbsbeitrag hatten die Architekten großen Wert auf die Qualität der Zwischen-Räume gelegt. Die 1.200 Mitarbeiter wissen das zu schätzen!
Christof Bodenbach

Projektname: Hauptverwaltung Deutsche Flugsicherung **Standort:** Langen **Bauherr:** DFS Deutsche Flugsicherung GmbH **Architekt/Planer:** KSP Engel und Zimmermann Architekten, Frankfurt am Main **Fotograf:** Jean-Luc Valentin, Frankfurt am Main

◂ Ansicht Nacht
Gesamtansicht ▾

Lichtinstallation ▸

Servicezentrum der Nassauischen Sparkasse, Wiesbaden

Kleinod am Stadtrand
Die Nassauische Sparkasse hat in jüngster Zeit vorbildliche architektonische Aktivitäten entwickelt. Dazu gehört auch das neue Servicezentrum in einem Gewerbegebiet am südlichen Stadtrand von Wiesbaden. Hier wurden alle Einrichtungen ohne Kundenverkehr, bisher auf zehn Standorte verteilt, konzentriert. Dem von der Sparkasse erworbenen Bürogebäude wurde ein fünfgeschossiges „Büroregal" für ca. 200 Mitarbeiter hinzugefügt, dem eine gläserne Halle und ein frei stehender Konferenzraum vorgelagert sind.

Auf den Geschossen stehen frei unterteilbare Flächen für Kombibüros, Gruppenräume und Sondernutzungen zur Verfügung. Die imposante Glashalle erschließt den Neubau, ist der Ort für informelle Begegnungen und von wesentlicher Bedeutung für das innovative Energiekonzept. Der Baukörper, der demnächst möglicherweise um einen weiteren, identischen ergänzt werden soll, wurde bewusst skulptural gestaltet, der Weg zum Haupteingang im Zentrum des Ensembles aus Alt- und Neubau führt entlang eines großen Wasserbeckens. **Christof Bodenbach**

Projektname: Servicezentrum der Nassauischen Sparkasse **Standort:** Wiesbaden **Bauherr:** Nassauische Sparkasse **Architekt/Planer:** KSP Engel und Zimmermann Architekten, Frankfurt am Main **Fotograf:** Frank Springer, Bielefeld **Lichtinstallation:** Thomas Emde, Frankfurt am Main

Geldmuseum, Frankfurt am Main

Geld Macht Spaß!
Der Gebäudekomplex der Deutschen Bundesbank am Frankfurter Alleenring sollte um zusätzliche Büroflächen, eine Bibliothek und ein Geldmuseum erweitert werden. Die Architekten konzipierten einen Neubau aus Kubus und Riegel, dessen helle Fassaden offen, leicht und transparent wirken. Während der aufgeständerte Riegel die gewünschten flexiblen Büroflächen enthält, beherbergt der von einem Bücherregal abgeleitete Kubus die öffentlichen Bereiche Bibliothek, Museum und Vortragsraum. Über einen kleinen Platz betritt man das Atrium; von hier schweift der Blick hinauf in die Bibliothek und hinüber in die Ausstellung. Für KSP Engel und Zimmermann war es eine besondere Herausforderung, auch die Konzeption, Didaktik und Architektur der Dauerausstellung zu übernehmen. Die vergleichsweise komplexen und abstrakten Themen des Geldmuseums wurden in eine Ausstellung übersetzt, die Spaß macht, alle Sinne der jungen und alten Besucher anspricht und sowohl den allgemeinen Rundgang als auch die individuelle Vertiefung ermöglicht. **Christof Bodenbach**

Projektname: Geldmuseum mit Verwaltung und Bibliothek der Deutschen Bundesbank **Standort:** Frankfurt am Main **Bauherr:** Deutsche Bundesbank
Generalplanung: KSP Engel und Zimmermann Architekten, Frankfurt am Main **Fotograf:** Stefan Schilling, Köln

Korea Institute of Science and Technology, Saarbrücken

Korea klassisch
Das Korea Institute of Science and Technology gründete 1997 seine erste europäische Niederlassung auf dem Gelände der Universität Saarbrücken. Das leicht abfallende Gelände und die Bäume des umgebenden Waldes gaben den Ausschlag für ein Konzept, das den verschiedenen Funktionen des Instituts – Laboratorien, Büros, Technikum – eigenständige Gebäude zuordnet, die untereinander und mit der Eingangshalle verbunden sind. Während die nördlichen, straßenabgewandten Höfe als grüne, naturnahe Außenräume gestaltet wurden, ist der Bereich zur Straße hin steinern, sprich: städtisch, interpretiert. Neben dem auskragenden Kopf der Eingangshalle setzt das untergeschobene rote Oval eines Konferenzraums einen farbigen Akzent, ein Zeichen zur Orientierung. Der weiß verputzte, aufgeständerte Büroriegel zitiert mit seinen Fensterbändern die klassische Moderne; im großen Luftraum des Inneren verbindet eine einläufige Treppe alle Geschosse miteinander: Der Weg durch das Gebäude ist zugleich Ort der Kommunikation. **Christof Bodenbach**

Projektname: Korea Institute of Science and Technology Europe **Standort:** Saarbrücken **Bauherr:** Korea Institute of Science and Technology Europe Forschungsgesellschaft mbH **Architekt/Planer:** KSP Engel und Zimmermann Architekten, Frankfurt am Main **Fotograf:** Stefan Schilling, Köln

Helaba

Hochhaus Neue Mainzer Straße 57 – 59, Frankfurt am Main

Made in Frankfurt
Am Kreuzungspunkt zweier orthogonaler Stadtraster, die den Richtungswechsel der historischen Wallanlagen nachzeichnen, soll ein neues Hochhaus, knapp 200 Meter hoch, den Reigen der Frankfurter Wolkenkratzer ergänzen. In unmittelbarer Nähe zu „Maintower" und Commerzbank gelegen, ergänzt der Entwurf das Ensemble der Himmelsstürmer um zwei schlanke, leicht gegeneinander versetzte Türme mit 55 Geschossen. Einstimmig vergab die Wettbewerbsjury im Februar 2000 den 1. Preis und bescheinigte dem Haus aus Frankfurt für Frankfurt mit seinen immerhin 80.000 Quadratmetern Bruttogeschossfläche hohe Eleganz und Schönheit. Aus unterschiedlichen Blickrichtungen zeigt das Gebäude wechselnde Gesichter, die Gliederung des Volumens in zwei sich abtreppende Schäfte lässt einen ruhigen, zurückhaltenden und dennoch markanten Eckpunkt am Park entstehen. Die geplante Passage zwischen Junghofstraße, Neuer Mainzer Straße und den Wallanlagen integriert das neue Haus ins städtische Geschehen, ein öffentliches Restaurant ganz oben verbindet zudem Gaumenfreuden und Augenschmaus. **Christof Bodenbach**

▴ Visualisierung

Projektname: Hochhaus Neue Mainzer Straße 57-59 **Standort:** Frankfurt am Main **Bauherr:** Frankfurter Sparkasse und Württemberger Hypothekenbank AG
Architekt/Planer: KSP Engel und Zimmermann Architekten, Frankfurt am Main **Visualisierungen:** KSP Engel und Zimmermann Architekten, Frankfurt am Main

Tower 24, Frankfurt am Main

Ein würdiger Nachfolger
Im Juli 2001 lobte die HTP Hochtief Projektentwicklung einen europaweiten Wettbewerb aus, um den zwischen 1966 und 1968 nach Entwürfen von Egon Eiermann entstandenen (und schon vier Jahre später durch Aufstockung recht verhunzten) Hochtief-Firmensitz zu ersetzen. KSP Engel und Zimmermann gewannen mit zwei sechsundzwanziggeschossigen Gebäuden auf rhombenförmigem Grundriss, die leicht gegeneinander verdreht sind und die Flucht der Bockenheimer Landstraße und der Wöhlerstraße aufnehmen. Das Ensemble öffnet sich so nach Osten, zur Alten Oper und zur Innenstadt. Die vollverglasten, gewölbten Fassaden sollen das Gebäude schlanker erscheinen lassen, der fünfgeschossige Sockel vermittelt zum angrenzenden gründerzeitlichen Westend. Jurymitglied Edwin Schwarz, Frankfurter Stadtplanungsdezernent, sieht in dem Siegerentwurf einen „würdigen Nachfolger, der den Vergleich mit dem großen Vorgänger nicht zu scheuen braucht".
Christof Bodenbach

Visualisierungen ▲

Projektname: Tower 24 **Standort:** Frankfurt am Main **Bauherr:** Hochtief Projektentwicklung GmbH, Frankfurt am Main **Architekt/Planer:** KSP Engel und Zimmermann Architekten, Frankfurt am Main **Fotografen:** KSP Engel und Zimmermann Architekten, Thomas Ott, Frankfurt am Main

Presse- und Informationsamt der Bundesregierung, Berlin

Ergänzen, verwandeln, erneuern
Im Presse- und Informationsamt der Bundesregierung arbeiten 550 Mitarbeiter in Archiven, Bibliotheken, Büros und dem Presse- und Besucherzentrum. Das im Wettbewerb 1995 vorgegebene, seit der Mitte des 19. Jahrhunderts heterogen gewachsene Konglomerat musste instand gesetzt, restauriert, neu strukturiert und erweitert werden. Die auffälligsten Neubauten sind der 120 Meter lange, siebengeschossige Riegel mit seiner dunklen Glasfassade, den die Architekten vor die Brandwand des ehemaligen Postscheckamts setzten, und der natursteinverkleidete Quader des Presse- und Besucherzentrums, der, sicherheitstechnisch sinnvoll und semiotisch eindrücklich, offen und für jedermann sichtbar auf dem Präsentierteller der Terrasse am Reichstagufer steht. Ein WBS70-Plattenbau aus den späten Achtzigerjahren des 20. Jahrhunderts an der Dorotheenstraße konnte vollständig umgestaltet werden und erstrahlt nun in kräftigem Orangerot; die komplett verloren gegangene Neorenaissancefassade des hundert Jahre älteren Markthallenkopfbaus nebenan wurde auf Wunsch des Bauherrn aufwendigst rekonstruiert. **Christof Bodenbach**

Rekonstruktion Markthallenkopfbau ▴

Projektname: Presse- und Informationsamt der Bundesregierung **Standort:** Reichstagufer, Berlin **Bauherr:** Bundesrepublik Deutschland, vertreten durch das Bundesministerium für Verkehr, Bau- und Wohnungswesen und das Bundesamt für Bauwesen und Raumordnung **Architekt/Planer:** KSP Engel und Zimmermann Architekten, Berlin **Fotografen:** Stephan Klonk, Berlin; Frank Springer, Bielefeld; Friedemann Steinhausen, Braunschweig

▾ Zugang Presse- und Besucherzentrum

Ansicht vom Bahnhof Friedrichstraße ▼

Jean Prouvé /
Charles & Ray Eames
Le mobilier construit
vitra.
Möbel als Konstruktion Vitra und Neuhaus zeigen Jean Prouvé in Frankfurt
Constructive furniture. Vitra and Neuhaus present products by Jean Prouvé in Frankfurt
www.neuhaus.de
www.vitra.com

Planungsgemeinschaft Kalmbacher & Ludwig/ KSP Engel und Zimmermann Architekten

Polizeipräsidium, Frankfurt am Main

WYSINWYG – What you see is not what you get
Die dringlich benötigte, zeitgemäße Unterbringung der Frankfurter Polizei sorgte 1995 für einen europaweit ausgeschriebenen Wettbewerb für ein neues Polizeipräsidium, den Kalmbacher & Ludwig mit einem prägnanten Entwurf gewannen. Ihr städtebaulicher Ansatz stellt den voluminösen, breit gelagerten Solitären am Alleenring eine weitere Großform zur Seite. Auf dem Gelände des ehemaligen US-Shoppingcenters entstand so, gemeinschaftlich geplant von Kalmbacher & Ludwig und KSP Engel und Zimmermann, ein klarer, kompakter Bau, dessen lineare Ziegelfassade keine Rückseiten entstehen lässt. Die Uni-Form des robusten Äußeren signalisiert die Bauaufgabe, die unterschiedlichen Innenfassaden um die je individuell gestalteten Höfe spiegeln die vielfältigen Nutzungen wider. Eine kleine Stadt in der Stadt ist entstanden; Büros, Pressezentrum, Restaurant und Caféteria, Sporthalle, Werkstätten und Hubschrauberlandeplatz sorgen für überraschende Vielfalt und Einblicke in den Alltag der 2.500 Mitarbeiter.
Über die „Berliner" Architektur des neuen Hauses ist viel diskutiert worden; für die Frankfurter Architekten – und die Wettbewerbsjury – war die Umsetzung der (wirtschaftlich, organisatorisch, sicherheitstechnisch, ...) strengen Anforderungen in ein strenges Gebäude die einzig richtige Antwort.
Christof Bodenbach

Projektname: Polizeipräsidium Frankfurt am Main **Standort:** Adickesallee, Frankfurt am Main **Bauherr:** Land Hessen **Wettbewerb:** Kalmbacher & Ludwig Architekten BDA **Architekt/Planer:** Planungsgemeinschaft Kalmbacher & Ludwig Architekten BDA/KSP Engel und Zimmermann Architekten, Frankfurt am Main **Projektsteuerung:** Drees & Sommer, Frankfurt am Main **Fotografen:** Ivan Nemec, Frankfurt am Main; Jean-Luc Valentin, Frankfurt am Main **Tragwerksplanung:** Thürauf + Partner GbR, Frankfurt am Main **Landschaftsplanung:** Ipach und Dreisbusch, Neu-Isenburg **Fassadenplanung:** Ingenieurbüro Langkau, Arnsberg **Haustechnik:** Ingenieursgesellschaft HSP, Hamburg

◂◂ Kantinenhof
◂ Ansicht Fassade
Hubschrauberlandeplatz ▸

▴ Eingangshof

Dreifeldsporthalle ▸

Kantine ▴

Kalmbacher & Ludwig Architekten

Mainterrassen, Theodor-Stern-Kai, Frankfurt am Main

24

◂ Teilansicht Südfassade

„Wohnen und Arbeiten am Fluss", ein urbanes Projekt mit vielfältiger Nutzungsmischung sowie verschiedensten Wohnungstypologien, ergänzt die Aufreihung der Villen am Mainufer durch sieben Wohnsolitäre sowie einen Büroriegel.
Die Bebauung ist von hoher Dichte, ohne die Offenheit des Ortes, den Bezug zum Wasser und die Orientierung zur Stadtkrone zu verbauen. Das serielle Prinzip der Häuser mit präziser Setzung und Nutzungsmischung erinnert an Hafenbebauung, signalisiert städtische Vielfalt, fasst Wohnen, Arbeiten und Erholen zu einem Lebensraum zusammen.
Die jeweils zum Ufer oder zum Stadtwald ausgerichteten großen durchlaufenden Balkone erweitern die Wohnräume mit Blick auf die Stadtsilhouette im Nordosten beziehungsweise den Stadtwald im Südwesten. Der Büroriegel am Carl-von-Noorden-Platz definiert die Raumkante.
Der Platz wird durch ein Restaurant mit Außenterrasse belebt. Insgesamt entsteht ein in hohem Maße ortsbezogenes Ensemble als Abschluss der Sachsenhausener Mainsilhouette. **Kalmbacher & Ludwig Architekten**

Projektname: Mainterrassen Wohnen und Arbeiten am Fluss, Frankfurt am Main **Standort:** Theodor-Stern-Kai, Frankfurt am Main **Bauherr:** Frankfurter Aufbau AG, Frankfurt am Main; Realgrund AG, Ulm; Theodor-Stern-Kai Projekt GmbH, Frankfurt am Main **Architekt/Planer:** Kalmbacher & Ludwig Architekten BDA, Frankfurt am Main **Fotograf:** Kalmbacher & Ludwig Architekten BDA, Frankfurt am Main **Tragwerksplanung:** Dipl.-Ing. Hartwig Euler, Hanau **Landschaftsplanung:** Sommerlad-Haase-Kuhli, Gießen **Haustechnik:** Waldemar Paulus, VDI & Partner, Hanau/Großauheim

◂ Teilansicht Pavillon
Gesamtansicht ▸
▾ Detail Fassade

Ingenhoven Overdiek und Partner

25

Audi AG Pavillon, Frankfurt am Main, Tokio, Detroit, Genf, Paris

Architektur, Konstruktion, Fahrzeugpräsentation, Licht- und Projektionstechnik prägen den ganzheitlichen Messeauftritt. Ein sphärischer Körper bildet vielfache Richtungswechsel aus leuchtenden, konvex und konkav gekrümmten Schalen. Gestaltreiche Variationen aus filigranen Strukturen, transparenten Schichten und Licht sind die Mittel: Äußere Gitter als Systeme aus gebogenen Edelstahlrohren, Zwischenzonen aus Knoten und hauchdünnen Seilverspannungen stabilisieren eine innere Hülle als Glashaut, zusammengesetzt aus einer Unzahl von Dreiecken, bilden Räume und Gegenräume, Inneres und Äußeres in skulpturalem Wechsel, formen ein regelhaft-unregelhaft geprägtes Raumkontinuum. Die Transparenz der Glashülle gewährt wechselseitige Blickbeziehungen im technologischen „Eiskanal", in der Wirbelkammer der Reflexe, im „Loop": eine Insel im ästhetischen Niemandsland der Messe. Eine Erlebniswelt baut sich aus Objekten, Farben, Bildern und Klängen auf. Separees fokussieren den Blick auf die Objekte der Begierde. **Reinhart Wustlich**

Projektname: Audi Pavillon Internationaler Wettbewerb 1. Preis 1998, 1999-2001 **Standort:** Frankfurt am Main, Tokio, Detroit, Genf, Paris **Bauherr:** Audi AG, Ingolstadt **Architekt:** Ingenhoven Overdiek und Partner, Düsseldorf **Fotografen:** Hans-Georg Esch, Hennef; Andreas Keller, Kirchentellinsfurt **Kommunikation:** KMS Team, München **Tragwerksplanung:** Werner Sobek Ingenieure GmbH, Stuttgart **Lichtplanung:** Werning Tropp Schmidt, Feldafing **Ausstellungs- und Effektlicht:** Four to one, Köln **Lichttechnik:** Showtec, Köln **Personenstromanalyse:** Durth Roos Consulting GmbH, Darmstadt **Messebau:** Ambrosius Messebau, Frankfurt am Main; George P. Johnson Company, Michigan; A & A Expo International BV, Wijk bij Duurstede **Werkstattplanung:** Alfa Plan GmbH Techniker & Ingenieure, Etringen-Kirchen **Glasverarbeitung:** Andreas Oswald GmbH Metallbau/Konstruktiver Glasbau, München **Audiovisuelle Medientechnik:** Michael Nicht & Partner, Schlichting

Neue Verwaltungsgebäude Lufthansa AG, Frankfurt am Main

Moderne internationale Großflughäfen werden als Standorte für gute Architektur unterschätzt. Das neue Verwaltungsgebäude der Lufthansa AG knüpft als signifikante Großform wie als modulare Struktur an Prototypen mit weit gespannter Silhouette an. Abwechslungsreiche Raumfolgen und -beziehungen entstehen unter einer leicht ansteigenden Folge von Dachsegmenten und Glaskappen. Kammartig versetzte, sechsgeschossige Bürofinger wechseln sich mit großen gläsernen Atrien ab. 1650 Arbeitsplätze entstehen im ersten Bauabschnitt. Als offenes Rückgrat bildet eine zentrale Achse nahezu landschaftsähnliche, durch Licht-und-Schatten-Wechsel geprägte Decks. Sie erleichtern Orientierung und Vernetzung zwischen den „Heimatbereichen" der Teams, bieten Verbindung zu und Ausblick in intensiv begrünte Gartenzonen. Ein Klima- und Energiekonzept ist in die Anlage so inkorporiert, dass es die Dynamik der großen Glashallen für passiven Energiegewinn, natürliche Lüftung und die Abschirmung gegen Schall- und andere Immissionen nutzt. **Reinhart Wustlich**

Projektname: Neue Verwaltungsgebäude Lufthansa AG Internationaler Wettbewerb 1. Preis 1999, 2000 – 2004 **Standort:** Frankfurt am Main **Bauherr:** MARDU Grundstücksverwaltungsgesellschaft mbH & Co. KG, Grünwald, vertreten durch Deutsche Lufthansa AG, Frankfurt am Main **Architekt:** Ingenhoven Overdiek und Partner, Düsseldorf **Fotograf:** Holger Knauf, Düsseldorf **Projektsteuerung:** AYH Homola GmbH & Co., Frankfurt am Main **Tragwerksplanung und Sonderstatik:** Werner Sobek Ingenieure GmbH, Stuttgart **Technische Gebäudeausrüstung:** HL-Technik AG, München; Brendel Ingenieure GmbH, Frankfurt am Main **Fassadenplanung:** DS-Plan, Stuttgart **Bauphysik:** DS-Plan, Stuttgart; Institut für Bauphysik Horst Grün, Mülheim an der Ruhr **Lichtplanung Tageslicht:** Bartenbach Lichtlabor GmbH, Aldrans/Innsbruck **Lichtplanung Kunstlicht:** Werning Tropp Schmidt, Feldafing **Büroorganisation:** Quickborner Team, Hamburg **Fördertechnik:** Jappsen & Stangier GmbH, Oberwesel **Interior:** Ingenhoven Overdiek und Partner, Düsseldorf **Freiraumplanung:** Ingenhoven Overdiek und Partner, Düsseldorf mit Weber Klein Maas Landschaftsarchitekten, Meerbusch

City West Tower, Frankfurt am Main

Hochhäuser bilden den Strukturwandel des Urbanen ab. Die typologischen Entwicklungen sind komplex. Traditionelle Formen werden modernisiert, neue Erscheinungen erschlossen. Konstruktive, konzeptionelle, materielle und klimaenergetische Lösungen bedingen neue Erscheinungsformen. Eine Doppelgestalt, die auf einen H-förmigen Grundriss zurückgeht, bildet die Struktur des neunzehngeschossigen City West Towers. Sie erreicht 75 Meter Höhe, modernisiert eine typologische Doppelkontur und ordnet leicht aus der Parallelität geschwenkte, schlanke Volumen zu einem schmetterlingsförmigen Grundriss mit anpassungsfähigen Nutzflächen. Ein funktionaler, aussteifender Kern zentriert das durch Rundstützen gebildete Tragwerk, das in schallbelasteten Zonen hinter einer Doppelfassade steht. Flachdecken bilden sich horizontal in der Fassade ab, die raumhohe Verglasung betont die Schichtung der Geschosse, filigrane Profile und Öffnungsflügel gliedern jedes zweite Feld. Die Attika wird durch einen geschosshohen Überstand transparent aufgelöst. **Reinhart Wustlich**

Projektname: City West Tower 2001 – 2003 **Standort:** Theodor-Heuss-Allee, Frankfurt am Main **Bauherr:** THA Immo Verwaltungs GmbH & Co. Immobilien KG, Frankfurt am Main **Projektentwicklung:** Achilles Real Estate Development GmbH, Berlin **Architekt:** Ingenhoven Overdiek und Partner, Düsseldorf **Illustration:** Archimation, Berlin **Tragwerksplanung:** König, Heunisch und Partner, Frankfurt am Main **Technische Gebäudeausrüstung:** HL-Technik AG Beratende Ingenieure, Düsseldorf **Fassadenplanung:** Emmer Pfenniger Partner AG, Münchenstein (CH) **Büroorganisation:** Quickborner Team, Hamburg **Freiraumplanung:** Weber Klein Maas Landschaftsarchitekten, Meerbusch **Kosten- und Terminplanung:** gcpm-Gesellschaft für Construction und Bauprojektmanagement, Berlin

Nicholas Grimshaw & Partners

Messehalle 3, Frankfurt am Main

26

Nicholas Grimshaw & Partners haben im Oktober 1999 einen Wettbewerb für die Gestaltung einer neuen Halle für die Messe in Frankfurt gewonnen. Die Messe ist international renommiert, inmitten des Stadtzentrums und somit nicht in einem Randbezirk gelegen. Das Gebäude schließt eine Lücke in der südlichen Peripherie des „Agora“ genannten großen Platzes.
Um der Fassade eine möglichst spektakuläre Struktur zu verleihen, wurde die Längsseite des Gebäudes akzentuiert. Strukturierende Stahlteile bilden auf einer Ebene ein einzelnes durchgehendes Raster mit deutlich unterscheidbaren Druck- und Zugbereichen.
Die Dachabdeckung besteht aus sehr großen Stahlpaneelen, die aus zwei miteinander vernieteten Schichten bestehen und deren Rinnen in gegensätzlicher Richtung verlaufen. Aufgrund der strukturellen Geometrie werden diese mit einer innen liegenden Verdrehung hergestellt. Der Ausstellungsbereich umfasst 40.000 Quadratmeter und erstreckt sich über zwei Stockwerke. Die Empfangs- und Eingangsbereiche sind über zwei vierstöckige Blöcke verteilt und jeweils auf der kürzeren Seite positioniert. Es wurde sorgfältig darauf geachtet, dass die riesigen A-förmigen Stahlrahmen, die das Dach tragen, deutlich zu sehen sind und von der Bodenkonstruktion des Foyers, sowohl innen als auch außerhalb dieses Bereiches, getrennt erscheinen. Das Frankfurter Messegelände verfügt über mehrere Verbindungsgänge für Fußgänger auf unterschiedlichen Geschossebenen, auf die die Doppeldeckenstrukturen, die die Trennung der oberen und unteren Hallen bilden, zurückgreifen. Von einer Loggia lässt sich der quadratisch angelegte, öffentliche Platz überblicken. Das verstärkt den Eindruck, dass es sich hier um ein öffentliches Gebäude innerhalb eines lebendigen Stadtzentrums handelt. **Nicholas Grimshaw & Partners**

Projektname: Messehalle **Standort:** Frankfurt am Main **Bauherr:** Messe Frankfurt GmbH, Frankfurt am Main **Architekt/Planer:** Nicholas Grimshaw & Partners, London **Hauptverantwortlich:** Neven Sidor **Projektleitung:** Ingrid Bille **Fotografen:** Edmund Sumner, London; Nicholas Grimshaw & Partners, London; Waltraud Krase, Frankfurt am Main **Tragwerksplanung:** Ove Arup & Partners, London **Technischer Ingenieur:** Kuehn Bauer und Partner Beratende Ingenieure GmbH, München/Berlin/Hamburg/New York **Brandschutztechnische Beratung:** BPK Brandschutzplanung, Wuppertal **Bauphysik/Akustik:** Müller BBM, Planegg

◀ ◀ Detailansicht Tragwerk
◀ Innenansicht
Gesamtansicht Nord ▶

▲ Gesamtansicht Süd

Ansicht Dach ▲

ABB Architekten mit Bernhard Franken

27

BMW IAA 1999 – The Bubble

Eine Ausstellung zu entwerfen ist eher eine Frage der Kommunikation als eine der Architektur. Die Entwürfe sind hier nicht Behälter für Information, sondern selbst Kommunikation. CleanEnergy ist eine Initiative der BMW Group, Wasserstoff als Antriebsstoff für die Zukunft des Fahrens zu verwenden. Auf der Agora des Frankfurter Messegeländes wird dieses Thema durch einen begehbaren „Wassertropfen" und einen Park von erneuerbaren Energieerzeugern, der „Solarcloud" symbolisiert.
Um ein Gebäude als „Wassertropfen" erscheinen zu lassen, muss seine Form den Zustand des labilen Gleichgewichts von innerem Druck und Oberflächenspannung ausdrücken. Für die Erzeugung dieser Form wurde ein Computerprogramm benutzt. Die Konstruktion besteht aus Aluminiumspanten mit einer Acrylglashülle. Es entsteht eine zweisinnig gekrümmte Schale, welche die Tropfenform perfekt abbildet. Ermöglicht wurde dies durch durchgängige Digitalisierung, vom Entwurf bis zur Fertigung. Die Gestalt der „Solarcloud" wurde durch eine Partikelsimulation mit Kraftfeldern ermittelt. Es entsteht eine komplexe Ordnungsstruktur, die ihre Herkunft aus dem Ort verborgen und doch spürbar in sich trägt.
Bernhard Franken

Projektname: BMW IAA 1999 – The Bubble **Standort:** Internationale Automobilausstellung, Frankfurt am Main **Bauherr:** BMW Group **Architekt/Planer:** ABB Architekten mit Bernhard Franken, Frankfurt am Main **Fotograf:** Fritz Busam, Berlin **Kommunikation:** Interbrand, Zintzmeyer & Lux, Zürich/Köln/Hamburg/München **Tragwerksplanung:** Bollinger + Grohmann, Frankfurt am Main **Lichtplanung:** Fischer Licht Management, München

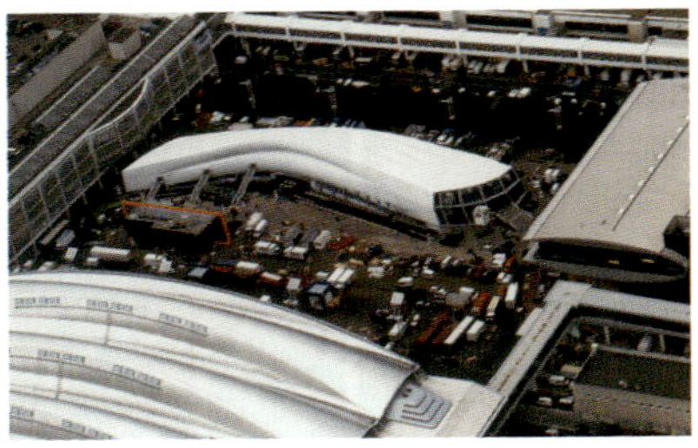

ABB Architekten und Bernhard Franken

BMW IAA 2001 – Dynaform

Die Agora als zentraler Platz des Frankfurter Messegeländes wird von der monumentalen Messehalle 3 und dem neuen Forumsgebäude dominiert. Diesen Hallen wurden zur Formgenerierung in einer Animationssoftware abstoßende Kräfte zugeschrieben. Ein mit einem weiteren Kraftfeld gekoppelter BMW fährt durch ein räumliches Raster, das durch die Kräfte analog zum Dopplereffekt verformt wird und so als „gekrümmter Raum" die Master-Geometrie zu dem Entwurf der dynaform liefert.
Die dynaform wirkt geradezu reduziert und minimalistisch in ihrer Außenerscheinung. Als freie Skulptur verweigert die dynaform sich allen architektonischen Kategorien und ist deswegen eher ein Objekt als ein Gebäude. Sie besteht aus einer topologischen Oberfläche, die sich vom Boden über die Decke zurück zum Boden faltet.
Umso überraschender ist für den Besucher die Innengestaltung. Das lineare Durchschreiten des Ausstellungsbereichs namens dynafloor von Ost nach West macht diesen zu einem szenographischen Erlebnis. Der Rhythmus der frames, die Überlagerung durch die Kurve im Grundriss und die Wölbung des Bodens beschleunigen den Raum um diese Fahrzeuge visuell und physisch. **Bernhard Franken**

Projektname: BMW IAA 2001 – Dynaform **Standort:** Internationale Automobilausstellung, Frankfurt am Main **Bauherr:** BMW Group **Architekt/Planer:** ABB Architekten und Bernhard Franken, Frankfurt am Main **Fotografen:** Fritz Busam, Berlin; Jörg Hempel, Aachen **Kommunikation:** Interbrand, Zintzmeyer & Lux, Zürich/ Köln/Hamburg/ München **Tragwerksplanung:** Bollinger + Grohmann, Frankfurt am Main **Partner-Architekt:** Büro für Messeplanung **Lichtplanung:** Service für Showtechnik, Sulzbach **Audiovisuelle Medien:** ICT, Kohlberg **Haustechnik:** Kuehn Bauer Partner, München/Berlin/Hamburg

Franken Architekten

Klöpp – Ministeriumsgebäude in Reykjavik

28

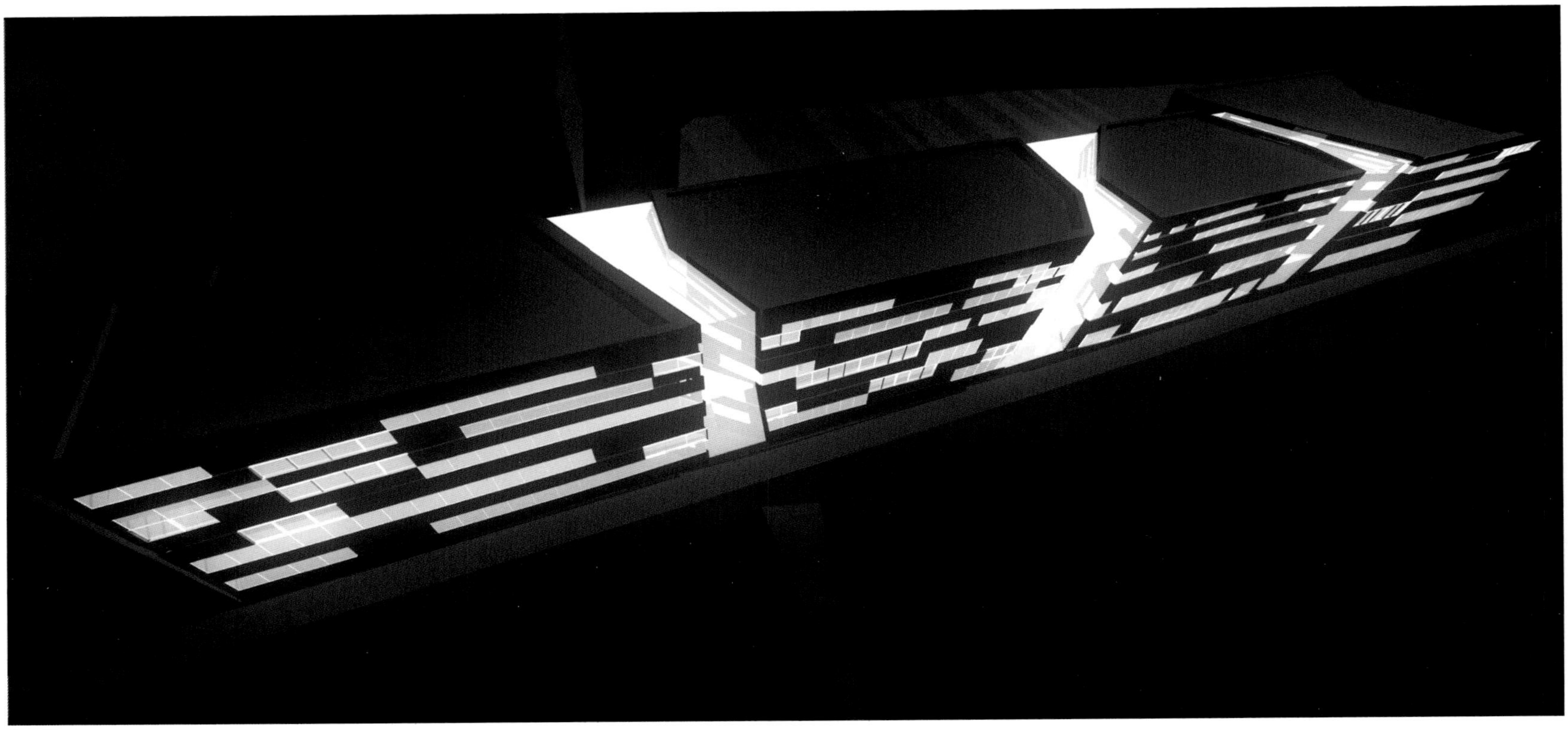

Die drei Ministerien werden gleichsam aus einem archaischen Basaltblock herausgeschält. Der Monolith nimmt Bezug auf den vulkanischen Ursprung Islands und drückt durch seine Form und Materialität gleichzeitig Kontinuität und ständigen Wandel aus. In der Fassade ist der Block in abwechselnd vor- und rückspringende horizontale Gesteinsschichten segmentiert. Drei Spalten teilen die homogene Masse des Monolithen in vier Teile.
Die Lage und Form der Spalten werden aus einer Kraftfeldsimulation im Computer ermittelt. Den Höfen der beiden gegenüber liegenden Gebäudeblöcke sind anziehende Kräfte zugeordnet. Eine weitere anziehende Kraft wirkt von einer geschützten Gesteinsformation aus. Die Einflüsse der Umgebung erzeugen die Form.
Die Spalten bringen eine besondere Aufenthaltsqualität in die Ministerien. Jeder Spalte ist ein typisch isländisches Element zugeordnet: Wasser, Erdwärme und einheimische Vegetation. Die Blöcke sind über die Spalten mit Glasstegen verbunden. Zusätzlich sind geschossweise wechselnd Glasebenen als Aufenthaltsflächen eingehängt. **Bernhard Franken**

Projektname: Klöpp – Ministeriumsgebäude Reykjavik **Standort:** Reykjavik, Island **Bauherr:** The Aime Minister's Office, Reykjavik **Architekt/Planer:** Franken Architekten GmbH, Frankfurt am Main **Partnerarchitekt:** Arkis chf, Reykjavik **Tragwerksplanung:** o.s.d. – Office for Structural Design, Darmstadt **Lüftungstechnikplanung:** Almenna verkfræðistofan hf, Reykjavik **Elektrotechnikplanung:** Rafteikning hf, Reykjavik

„Architektur spricht für sich.
Design spricht für sich.
Schuhe sprechen für Sie.
Architecture speaks for itself.
Design speaks for itself.
Shoes speak for you.“

Harald Neisser
Ariston-Nord-West-Ring

Foto: **Klaus Weddig**

Wandel Hoefer Lorch + Hirsch

Synagoge Dresden

29

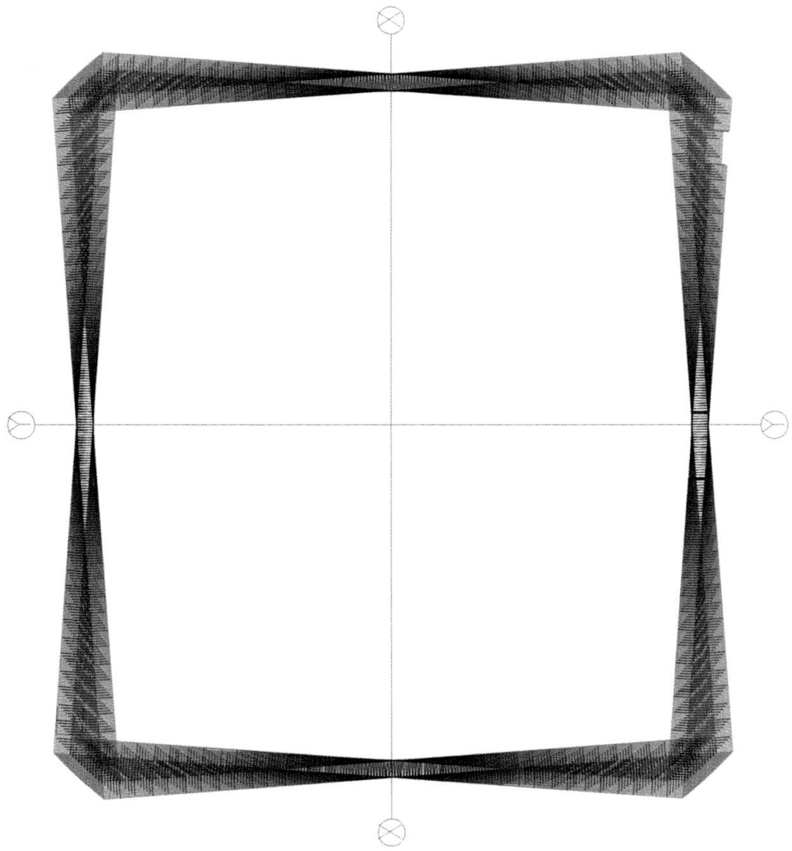

In Dresden hat eine doppelte Zerstörung stattgefunden: jene der semperschen Synagoge am 9. November 1938 und jene der Dresdner Altstadt am 13. und 14. Februar 1945. Die Zerstörungen sind zwar historisch miteinander verknüpft, die Reaktionen auf das Verschwinden der Bauten könnten jedoch kaum unterschiedlicher sein. Mit der Rekonstruktion der Frauenkirche und anderer, tief im kollektiven Gedächtnis verwurzelter Bauten wird der Versuch unternommen, die Kontinuität zwischen Vergangenheit und Gegenwart wieder herzustellen. Die neue Synagoge in Dresden steht dagegen im Spannungsfeld zwischen Stabilität und Fragilität, zwischen dauerhaften und provisorischen Zuständen.

Auf die veränderten Bedingungen eines historischen Orts, der zur Schnittstelle zwischen rekonstruierter Altstadt und sozialistischer Nachkriegsmoderne geworden ist, reagiert der Entwurf mit zwei autonomen Baukörpern, welche die ganze Länge des Grundstücks ausnutzen und damit vom integrierten Typus des Gemeindezentrums abweichen. Eine öffentliche Freifläche bringt die unterschiedlichen Nutzungen von Synagoge und Gemeindehaus in einen räumlichen und materialen Zusammenhang.

Bezug nehmend auf das Begriffspaar „Tempel und Zelt" als den beiden architektonischen Grunderfahrungen des Judentums, ist die Synagoge geprägt durch den Gegensatz zwischen dauerhaften und provisorischen Zuständen: einerseits die Massivität der äußeren Hülle, andererseits ein fragiles Gewebe im Inneren. Aus der orthogonalen Geometrie des Grundstücks heraus verdreht sich der Baukörper der Synagoge kontinuierlich nach Osten. Die komplexe, zweifach gekrümmte Form basiert auf einer schrittweisen Rotation orthogonaler Mauerwerksschichten aus Betonwerksteinen, die sich aufgrund ihrer natürlichen Zuschlagstoffe und Oberflächenstrukturen in den Kontext der Dresdner Altstadt und ihrer Elbsandsteinbauten einfügen. Im Gegensatz zur Massivität des verdrehten Baukörpers ist der innere Raum durch ein Metalltextil geprägt, das an das Motiv des portativen Gotteshauses anknüpft. **Wandel Hoefer Lorch + Hirsch**

Projektname: Synagoge Dresden **Standort:** Dresden **Bauherr:** Jüdische Gemeinde Dresden **Architekten/Planer:** Wandel Hoefer Lorch + Hirsch, Saarbrücken/Frankfurt am Main **Fotograf:** Norbert Miguletz, Frankfurt am Main **Tragwerksplanung:** Schweitzer Ingenieure, Saarbrücken **Haustechnik:** Zibell, Willner & Partner, Köln

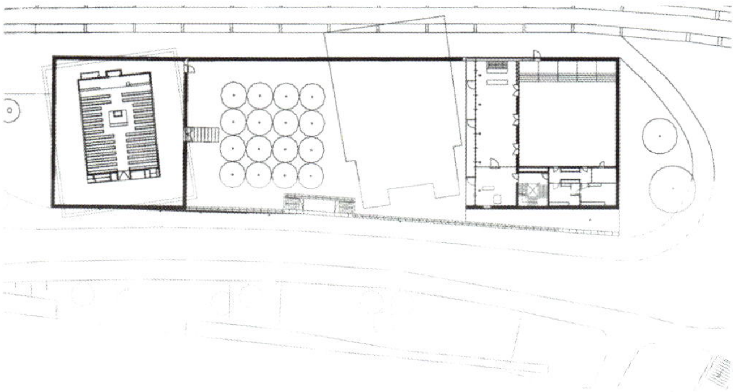

▲ Gesamtansicht
◂ Grundriss

Fassade Gemeindehaus ▲

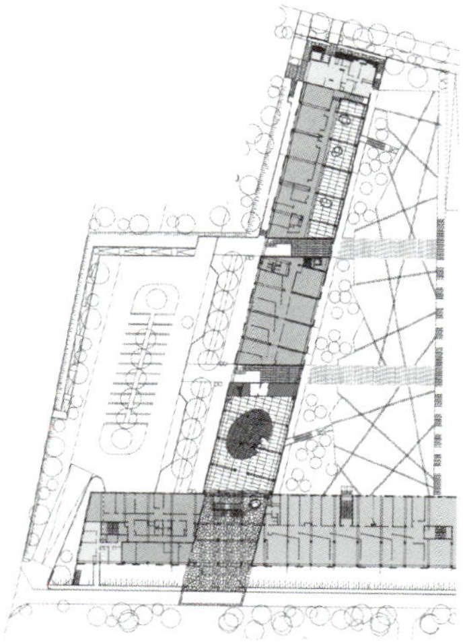

◂ Grundriss

CR Architecture Costantini & Regembal

Lycée Français Victor Hugo de Francfort

30

Das Lycée Français Victor Hugo de Francfort in Frankfurt-Rödelheim vereint Vorschule, Grundschule und Gymnasium. Das Gebäude setzt sich aus einem Quer- und einem Längsriegel zusammen. Im Längsriegel sind Grund- und Vorschule untergebracht, die über jeweils getrennte Eingangsbereiche verfügen. Im Querriegel befindet sich das Gymnasium mit seinen Unterrichts- und Verwaltungsräumen. Durch eine Brücke sind die beiden Baukörper miteinander verbunden. Die Brücke mündet in eine Halle im Querriegel, die von den Schülern des Lycée Français und von Schülern der benachbarten Liebig-Schule als Begegnungs- und Aufenthaltsraum genutzt wird. Zudem gibt es überdachte Pausenräume und eigene Terrassen. Bei der Materialwahl dominieren Stahl und Glas, hinzu kommen Holzpaneele und voroxidiertes Kupferblech. **Costantini & Regembal**

Längsriegel ▴
◂ Brücke zum Haupteingang

Projektname: Lycée Français de Francfort **Standort:** Frankfurt am Main **Bauherr:** Französisches Außenministerium
Architekt/Planer: CR Architecture – Claude Costantini & Michel Regembal, Paris **Fotos:** Michel Denancé, Archipress, Paris **Bauleitung:** OTH, Paris

Haupteingang ▸
▾ Südterrasse

INDEX Architekten Exner + Musa

Büro-Atriumgebäude Sysgo, Klein-Winternheim bei Mainz (1999 – 2000)

31

Ob es sich um stadträumliche, architektonische oder innenarchitektonische Aufgaben handelt, immer steht bei den Arbeiten von Ulrich Exner und Sigrun Musa, die seit 1990 das gemeinsame Büro INDEX Architekten führen, das Atmosphärische und Sinnliche im Mittelpunkt. Für das Architektenteam bedeutet Architektur denn auch, Orte zu gestalten, die ihre ureigene Schwingung haben und den Menschen anrühren. Kontextuell nennen sie ihr Denken, wahrnehmungspsychologisch ist ihr Ansatz. Die haptische und klangliche Qualität eines Materials, die Stimmung, die eine Farbe erzeugt, oder die Konnotationen, die eine gewisse Raumfolge beim Betrachter wachruft, diese am Rande der Planbarkeit liegenden Dinge sind ihnen ebenso wichtig wie die rein pragmatische, konstruktiv-technische Lösung bei einer Bauaufgabe. Ob es sich um den Entwurf eines Wohnhauses, den Bau eines Bürogebäudes, die Gestaltung eines Restaurants, den Umbau einer Bankzentrale oder die Aufstockung einer Kindertagesstätte handelt, INDEX Architekten schaffen Räume, die alle einmalig sind und doch von einer gemeinsamen, persönlichen Haltung zeugen. Neben ihrer Tätigkeit als freischaffende Architekten mischen sich Exner und Musa in die öffentliche Architekturdebatte ein – als Herausgeber einer Zeitschrift, als Leiter einer Architekturgalerie oder im Vorstand des BDA. Ihr Engagement ist von der Überzeugung getragen, dass Architektur und Stadt uns alle angehen.

Ein wenig trostlos wirkt das Gewerbegebiet von Klein-Winternheim nahe bei Mainz mit den wahllos zusammengestellten Baracken. Doch an seinem äußersten Rand, direkt an weite Felder angrenzend, trifft der Besucher plötzlich auf ein architektonisches Kleinod, den Firmensitz der Sysgo.
Das Gebäude hat die lebendige Kreativität der jungen Softwarefirma in bauliche Gestalt eingefangen. Quer zur Straße gestellt, erweist sich der Bau als einfache, hölzerne Box, die nichts repräsentieren soll, nur präsentieren – den Baracken und Garagen gleich, aus denen sich die Softwarekultur entwickelt hat. Doch die funktionale „Arbeitskiste" ist dem Boden entrückt und schwebt scheinbar über ihm. Dieses Abgehobensein und Nachinnenkonzentriertsein – trotz raumhoher Verglasung der langen Seitenfronten – vermittelt den Mitarbeitern der Firma eine besondere Verbundenheit. Es interpretiert die Arbeitsweise als Team. Tatsächlich ist das Besondere an diesem Bau die Konzentration nach innen auf einen gemeinsamen Mittelpunkt. Dieser stellt sich nicht etwa als große, beeindruckende Halle oder leeres Atrium dar, sondern als luftiger Garten, in dem man gerne ein wenig verweilt. Alle Büros sind um diesen Garten herum angeordnet. Es trennt sie nur eine gläserne Schiebetür, die meist den ganzen Tag offen steht.
Petra Hagen-Hodgson

Projektname: Büro-Atriumgebäude **Standort:** Mainz **Bauherr:** SYSGO Real-Time Solutions GmbH **Architekt/Planer:** INDEX Architekten Exner + Musa BDA, Frankfurt am Main **Fotograf:** Christoph Lison, Frankfurt am Main **Haustechnik:** Planungsgruppe Umwelt/PTU, Gießen

Bunker-Aufstockung/Atelierräume, Frankfurt am Main (Fertigstellung 2003)

Die Umgestaltung des Osthafens zählt in Frankfurt zu den größten städtebaulichen Herausforderungen der nächsten Jahre. Während das Gebiet um die Großmarkthalle längst vom Strukturwandel ergriffen ist, befindet man sich weiter abseits der Hanauer Landstraße in einer anderen Welt. Zwischen Schutthalden, Bergen von Recyclingprodukten und Containern steht hier ein als Wohnhaus getarnter Bunker aus der Zeit des Zweiten Weltkriegs. Auf der Suche nach günstigem Raum für künstlerische Zwecke entstand die geniale Idee, diesen Bunker zu einem kulturellen Ort werden zu lassen, ihn als Motor für städtische Transformation zu definieren. Der schwere Betonkern mit Übungsräumen für Musiker bleibt weiterhin erhalten. Auf ihn aufgesattelt wird eine sparsam berechnete, hölzerne Box, die Künstlerateliers und das Institut für Neue Medien beherbergen wird. Eine umlaufende Erschließung fasst die leichte Holzschachtel, kehrt die Gemeinschaftszone nach außen zum Dialog mit der Stadt und dient zugleich als Fluchtweg für die Ateliers. Quer gestellte Wandscheiben regulieren den Sonneneinfall und beleben zugleich die Fassadengestaltung. **Petra Hagen-Hodgson**

Projektname: Bunker-Aufstockung/Atelierräume **Standort:** Frankfurt am Main **Bauherr:** Amt für Wissenschaft und Kunst, Frankfurt am Main **Architekt/Planer:** INDEX Architekten Exner + Musa BDA, Frankfurt am Main **Projektmanagement:** Hochbauamt, Frankfurt am Main **Fotografen:** INDEX Architekten Exner + Musa BDA, Frankfurt am Main **Tragwerk:** Wagner + Zeitler, Wiesbaden **Haustechnik:** Hochbauamt Frankfurt am Main

Zur Insel
Zur Insel

Prof. Günter Pfeifer in pfeifer roser kuhn

Kirche mit Gemeindezentrum in Frankfurt am Main/Nieder-Erlenbach

32

Mit Rücksicht auf die Identität des Ortes mit seinen Gehöften und Gassen entstand ein gehöftähnliches Territorium, das den exterritorialen Raum des Ortes bezeichnet. Der Baukörper bildet ein geschlossenes Geviert, in dem sich die Baumassen unterschiedlicher Raumhöhen verschränken.
Die Eigenheiten des Ortes sind strukturell und räumlich in die Art der Verknüpfung zweier Materialien eingeflossen, mit einer tragenden Betonkonstruktion und einer tragenden Holzkonstruktion in annähernd gleichen Teilgrößen. Das Sinnbild der Gemeinde ist die Interdependenz. Jeder dieser Teile ist selbstständig, aber keiner kann allein stehen. Dieser Grundsatz ist in der Durchdringung der Holz- und Betonbauteile bis ins Detail durchgehalten.
In der Kirche gibt es Zonierungen, die von unterschiedlichen Lichtqualitäten bestimmt sind. Die Taufkapelle ist ein zwölf Meter hoher Raum mit einer Grundfläche von drei mal drei Metern, in den das Licht ungefiltert von Süden und Westen fällt. Die kleine Kapelle mit dem Tabernakel wird mittels einer Öffnung zur Ostseite belichtet, wobei das Tabernakel frei schwebend eingebaut ist. Der Kirchenraum wird zur Ostseite nur durch das Licht des Kreuzes in der Apsis beleuchtet. Jeder dieser Raumzonierungen sind ausgeprägte Lichtdramaturgien zugeordnet. Durch die Raumgeometrie hat sich ein dreiteiliges Kirchenschiff ergeben.
Die Decke des Gemeindesaals und des Jugendhauses besteht aus einer Brettstapelkonstruktion, die sichtbar bleibt. Diese ruht auf selbstständigen einfachen Fachwerkskonstruktionen, auf denen die Fensterelemente aufgesetzt wurden. Das Verhältnis von Holz und Betonflächen ist ein proportioniertes. Alle anderen Wände bleiben roher glatter Beton, die mit einer perfekten Oberfläche und präzisen Kanten in heller Farbe erhalten wurden.
Günter Pfeifer

Kirchenraum ▴

Projektname: Katholische Kirche mit Gemeindezentrum **Standort:** Frankfurt am Main/ Niedererlenbach **Bauherr:** Katholische Gemeinde St. Jakobus und Bruder Konrad, Frankfurt am Main/Harheim **Architekt/Planer:** Prof. Günter Pfeifer in pfeifer roser kuhn architekten, Freiburg im Breisgau **Bauleitung:** Hamm + Kowalewsky, Mainz **Fotografin:** Francesca Giovanelli, Weiningen (CH) **Tragwerksplanung:** Lachenmann, Vaihingen/Enz **Lichtplanung:** Licht im Raum, Düsseldorf **Haustechnik:** Sand, Mainz **Kybernetik:** Delzer, Lörrach

▲ Ansicht Ost

Ansicht Nord ▲

Christl + Bruchhäuser

Neubau Hessische Landesvertretung in Berlin

33

Dem Konzept der Stadtvilla verpflichtet, präsentiert sich der Neubau der Hessischen Landesvertretung an kulturhistorisch wichtiger Stelle im Zentrum Berlins mit einer differenzierten und bewegten Silhouette, die in allen Ebenen durch Auskragungen und Rücksprünge gegliedert ist. Anstatt die Räume auf eine Halle als gemeinsamen Mittelpunkt auszurichten, orientiert sich das Gebäude nach außen zum Tageslicht. Alle Büros und Veranstaltungsräume werden durch geschosshohe Fenster natürlich belichtet und belüftet. Die Fassade ist mit einem hessischen Quarzsandstein verkleidet. Dachterrassen, Balkone und ein Lichthof im zweiten und dritten Obergeschoss stellen abwechslungsreiche Beziehungen nach außen her. Vorgelagerte Wasserbecken tragen zur natürlichen Klimatisierung des Gebäudes bei und dienen als Tageslichtreflektoren für die dahinter liegenden Räume. Eine passive Nachluftspülung kühlt das Gebäude im Sommer. Über die zweigeschossige, holzvertäfelte Eingangshalle mit der großen Freitreppe, die bis in das zweite Obergeschoss zum Büro des Ministerpräsidenten führt und dem großzügigen dreigeschossigen Durchblick in den Garten gelangt der Besucher in das offene und repräsentative Gebäude. Interne und öffentliche Bereiche liegen in der Landesvertretung dicht beieinander. Die Abstufungen zwischen Privatsphäre und Öffentlichkeit sind fein, sie reichen vom Dienstschlafzimmer des Ministerpräsidenten im vierten Obergeschoss bis zur Hessenstube und öffentlich zugänglichen Cafeteria im Erdgeschoss.
Christl + Bruchhäuser Freie Architekten BDA

Projektname: Hessische Landesvertretung Berlin **Standort:** In den Ministergärten 5, Berlin **Bauherr:** Land Hessen, vertreten durch das Staatsbauamt Wiesbaden **Architekt/Planer:** Christl + Bruchhäuser Freie Architekten BDA, Frankfurt am Main **Fotografen:** Sven Fiebig, Berlin; Andreas Muhs, Berlin; Florian Selig, Berlin **Tragwerksplanung:** Prof. Pfeifer, Darmstadt **Landschaftsplanung:** Latz-Riehl-Schulz, Kassel **Haustechnik:** Fischer-Consult, Wehrheim/Taunus

Gesamtansicht ▲
◀ Detail Fassade

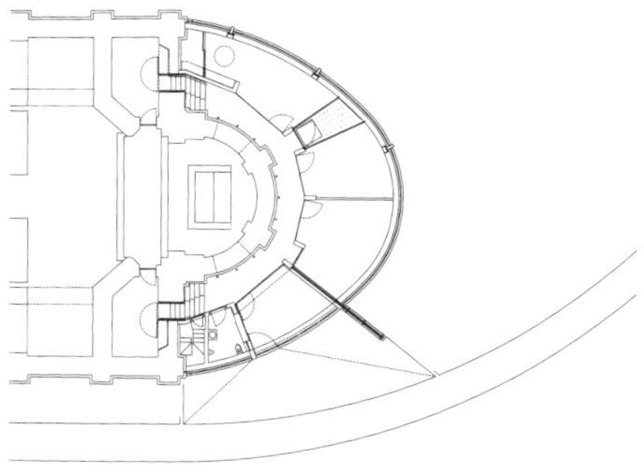

Turkali Architekten

Sakristei Mariae Namen, Hanau (1998 – 2000)

34

Eine Sakristei ist ein Raum des Übergangs: von der Straße zur Kirche, vom Profanen ins Sakrale, vom Alltag zur Feier der Messe. Der eingeschossige Anbau, der sich um die Apsis der Kirche Mariae Namen schmiegt, ist freilich kein unverbindlicher transitorischer Ort, sondern ein Raum der Vorbereitung, der Konzentration und Sammlung. Drei Elemente charakterisieren das kleine Baujuwel: Obwohl ihr Außenbezug sehr reduziert ist, atmen die eher kargen Räume durch Glaswände, Oberlichter sowie einen Innenhof mit sprudelndem Wasser Großzügigkeit. Zum Zweiten beweist der parabelförmige Grundriss, der nach Rudolf Schwarz und Otto Bartning Gottes ausgebreitete Arme symbolisiert, seine Eignung auch für die Konfessionsgemeinschaften, für die das Gotteshaus ursprünglich gar nicht gebaut wurde. Und zum Dritten kann die ungemein lebendige, aus Kuben von fünfzehn Zentimeter Kantenlänge aufgebaute Fassade als Musterbeispiel dafür gelten, wie mit dem in der Region häufigen, in flächigen Platten jedoch sehr strukturlosen Sandstein umzugehen ist. Der Mauervorsprung schließlich, der auf das Anfang 2003 zu eröffnende Pfarrzentrum verweist, befreit die Kirche städtebaulich von ihrer – im Sinne des 2. Vatikanischen Konzils problematischen – Inselsituation und verzahnt sie mit der Gemeinde der Gläubigen. **Enrico Santifaller**

▲ Grundriss
◀ Ansicht Fassade
Detail Umgang ▶

Projektname: Sakristei Mariae Namen **Standort:** Hanau **Bauherr:** Katholische Kirchengemeinde Mariae Namen, Hanau **Architekt/Planer:** Prof. Zvonko Turkali, Frankfurt am Main **Fotografin:** Barbara Staubach, Wiesbaden

Caféhaus im Palmengarten, Frankfurt am Main, Wettbewerbsgewinn (2002)

▲ Ansicht West

Ansicht Ost ▾

Der Entwurf bezieht seinen Reiz aus zwei Überlegungen: Zum einen versteht sich das Café in Fortsetzung der großen Kaffeehäuser in Venedig, Wien und Paris als offener Treffpunkt für Menschen unterschiedlichster Provenienz, Couleur und Lebenssituationen. Zum anderen will das geplante Gebäude – bedingt durch seine Lage – als Vermittlungsinstanz zwischen Stadt und einer ihrer größten grünen Oasen dienen. Der lang gestreckte, gut proportionierte Kubus, der sich im Gastbereich in Richtung Palmengarten erweitert, geht etwa durch eine abgetreppte Terrasse auf dessen Topographie und Wegeführung ein, während die Fassaden mit einem ausgewogenen Anteil geschlossener und offener Flächen auf die Bebauung des Westends reagieren. Eine längs gespannte Decke ohne Stützen sowie eine erhöhte Lichtfuge geben den Blick durch das Café auf das sonst umzäunte Grün frei. Werthaltige, aber nicht unbedingt teure Materialien – beispielsweise Eichenparkett oder Naturstein in warmer Farbe und Textur – schaffen einen sinnlichen, die Zeit verlangsamenden Ort der Begegnung und somit einen – nicht ikonographisch, sondern als städtebauliche Funktion aufgefassten – Steg zwischen zwei städtischen Inseln. **Enrico Santifaller**

Projektname: Caféhaus im Palmengarten, Frankfurt am Main **Standort:** Siesmayerstraße 61, Frankfurt am Main **Bauherr:** Palmengarten Frankfurt am Main **Architekt/Planer:** Prof. Zvonko Turkali, Frankfurt am Main **Landschaftsplanung:** Tobias Mann, Kassel

Ian Shaw Architekten

Wohn- und Geschäftshaus, Obernburg

35

Der Wohn- und Geschäftskomplex in Obernburg in Bayern besteht aus 2.300 Quadratmetern ebenerdiger Ladenfläche, Büroräumen im ersten Stock und Dachwohnungen mit Galerien und Balkonen. Das Volumen des Gebäudes korrespondiert mit dem bestehenden Gefüge: Die Proportionen von Fenstern und Türen harmonieren mit denen der angrenzenden Bauten. Der Schwerpunkt liegt auf Eingang und Treppenschacht und schafft einen optischen Bezug zum nahen Turm der alten Stadtmauer. Das Gebäude aus Stahlbeton ruht auf drei U-förmigen Betonstützen, die sowohl als Träger wie auch als Technikschacht dienen. Dies ermöglicht eine großflächige Raumaufteilung ohne Unterbrechungen, die weitgehend Freiraum bei der Innenraumgestaltung lässt. Der Bau ist eine Collage aus bereits vorhandenen Elementen, die nicht reproduziert, sondern interpretiert werden, um sie zeitlich einzuordnen. So greifen die Fenstereinfassungen der Geschäfte im Erdgeschoss zwar die der umgebenden Geschäfte auf, bestehen aber aus Sichtbeton anstatt aus Stein. Das Gebäude soll Patina annehmen und mit seinem Umfeld verwachsen.

Öffentliche Erschließung

Die Haupthalle dient als Eingangshalle für die Büros im ersten Stock sowie als Lobby für die Wohnungen im Obergeschoss. Zwei glatte weiße Flächen gliedern von außen die Wand zu den Wohnungen und kontrastieren mit dem Beton des Treppenschachts. Die Materialpalette – Beton, Stahl, Glas und lackierter Gips – ist robust und auf ein Minimum beschränkt. Der Handlauf führt als durchgängige Spirale vom Erdgeschoss bis unter das Dach. Der Steg, der die Büroräume verbindet, ist aus einem Guss und wirkt wie eine Klammer, welche die Gebäudehälften zusammenhält. Der Querschnitt des Treppenschachts ist im vorderen Teil quadratisch, während das Volumen des angrenzenden Raums im ersten Stock einem Doppelkubus entspricht.

Innenräume

Ausgangspunkt für die Konzeption ist die Ausrichtung der zwei Stockwerke hohen Wohnräume nach dem Tageslicht. Die Wohnungen sind als flexible, halboffene Räume angelegt, wobei einzig Schlafzimmer und Abstellräume geschlossene Räume bilden. Mit einer maximalen Höhe von sieben Metern nutzen die Wohnräume die Möglichkeiten des Satteldachs aus. Die Wahl neutraler Oberflächenverarbeitungen – Beton, weiße Wände und Holzböden – betont das Spiel mit dem Tageslicht. **Ian Shaw**

Ansicht Fassade ▴

Projektname: Wohn- und Geschäftshaus **Standort:** Römerstraße 8, Obernburg **Bauherr:** M + V Hofmann GbR **Architekt/Planer:** Ian Shaw Architekten BDA/RIBA
Mitarbeiter: Holger Rohs **Fotograf:** Thomas Ott, Darmstadt

Ferdinand Heide Architekt

Wohnhaus, Frankfurt am Main-Fechenheim (2001)

36

Eine „Etüde in Mies" im historischen Umfeld – oder wie man mit bescheidenen Mitteln ein auch höchste Ansprüche zufrieden stellendes Resultat erreichen kann. Diese Worte beschreiben wohl am besten das in seinen Abmessungen eher kleine Haus im alten Fechenheimer Ortskern in Frankfurts Osten. Im Gassengewirr ist das Gebäude, eigentlich ein ebenso schmaler wie lang gestreckter Anbau an ein Fachwerkhaus, kaum zu sehen; betrachtet man es vom Garten aus, wirkt es ausgesprochen großzügig. Die Bruchsteinmauern, die den Garten umschließen, setzen sich im Inneren übergangslos fort, durch raumhohe Glaswände erhält das Haus ein weiteres – grünes – Zimmer. Während das Erdgeschoss weitgehend offen ist und alle Räume einen direkten Zugang zum Garten haben, ist das Obergeschoss eher introvertiert. Belichtet werden Arbeits- und Schlafzimmer fast ausnahmslos durch Oberlichtbänder; die Kinderzimmer erhalten durch ebenfalls raumhohe Holzdrehtüren einen Zugang zum Wintergarten. Klare Linien, flächiges Mobiliar und raffinierte Details prägen die Stimmung der Räume, deren zurückhaltende Eleganz mit dem präzisen Einsatz einfacher Materialien wie Sichtbeton, Basaltlava, Ahorn und farbiger Putzflächen unterstrichen wird. **Enrico Santifaller**

Projektname: Wohnhaus Zernack/Heide **Standort:** Löhnungsgasse 3, Frankfurt am Main **Bauherr:** Prof. Dr. Julia Zernack **Architekt/Planer:** Ferdinand Heide Architekt BDA, Frankfurt am Main **Fotografin:** Jessica Gerlach, Frankfurt am Main **Tragwerksplanung:** Richard Nötzold, Langen

Meixner Schlüter Wendt Architekten

Licht + Luftbad Niederrad, Frankfurt am Main

37

Auf der Maininsel Licht + Luftbad Niederrad in Frankfurt wird von der Werkstatt Frankfurt ein Imbiss- und Kioskgebäude gebaut. Die Insel liegt im Hochwassergebiet. Das Gebäude ist als „Schwimmkörper" konzipiert. Die Form dieses Stahlkörpers ist bildnerisch entwickelt aus der Assoziation mit alltäglichen Gebrauchspontons. Entsprechend dieser Assoziation ist der Stahlkörper tatsächlich schwimmfähig. Dieser auf der Wiese scheinbar angeschwemmte bzw. trockengelegte Schwimmkörper wirkt zunächst paradox – macht jedoch auf den zweiten Blick den Charakter von Insel und Hochwassergebiet erfahrbar. Das Gebäude wird voraussichtlich im Winter 2002 fertig gestellt – das Realisierungsfoto zeigt den von einem Schiffsbauer erstellten Rohbau. **Meixner Schlüter Wendt Architekten**

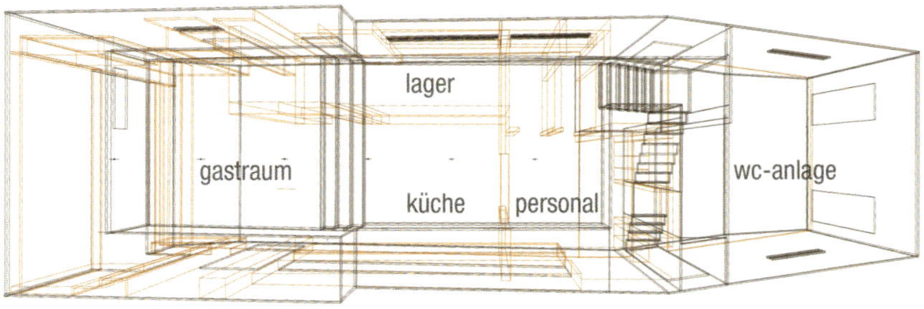

Im Bau ▴ ▴
3D Studie ▴

Projektname: Licht + Luftbad Niederrad, Neubau Imbiss/Ponton **Standort:** Frankfurt am Main **Bauherr:** Werkstatt Frankfurt e.V. **Architekt/Planer:** Claudia Meixner, Florian Schlüter, Martin Wendt, Frankfurt am Main **Fotograf:** Christoph Kraneburg, Köln/Darmstadt **Visualisierung:** Zlatka Damjanova, Frankfurt am Main **Tragwerksplanung:** Ingenieurbüro Schuhmacher, Bornheim

▾ Visualisierung Konzept/Subtraktion

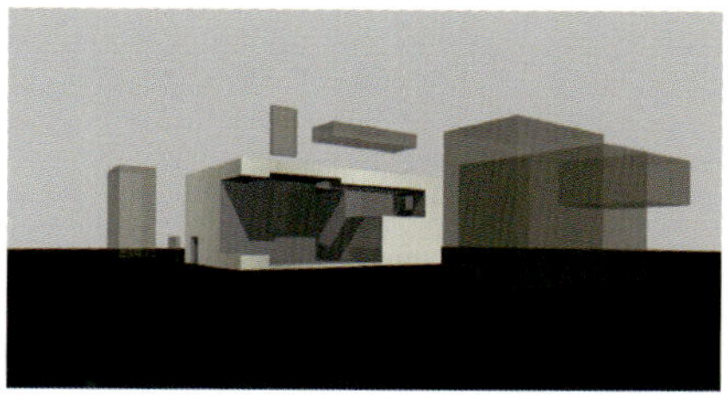

Wohnhaus Schlüter, Karlsruhe

Das Einfamilienwohnhaus in einer offenen Gartenfläche mit Kiefernwald ist als frei stehender Monolith konzipiert. Die Verschmelzung mit dem Außenraum/Garten/Kiefernwald wird durch Substraktionen dieser Monolith-Masse entwickelt. Dabei entstehen offene Zwischenraumbereiche, wie z. B. Loggia/Terrasse und der Eingangsbereich – diese Zwischenraumbereiche setzen sich im Innern fort. Das Wechselspiel von Masse und Raum wird durch die Wahrnehmung von Raum als weggenommener Masse erlebbar (Positiv-Negativ). Die differenzierte Ausbildung der Form ergibt sich aus der wechselseitigen Beziehung der inneren Funktionsbereiche und des Außenraums.
Meixner Schlüter Wendt Architekten

Projektname: Wohnhaus Schlüter **Standort:** Waldstadt/Karlsruhe **Bauherren:** Dr. Insa und Theo Schlüter **Architekt/Planer:** Claudia Meixner, Florian Schlüter, Martin Wendt, Frankfurt am Main **Fotograf:** Christoph Kraneburg, Köln/Darmstadt **Tragwerksplanung:** Hans Gruhn, Frankfurt am Main

◂ Ansicht Fassade
Assoziationsstudien ▾

Wohnhaus Wien, Mühltal/Trautheim

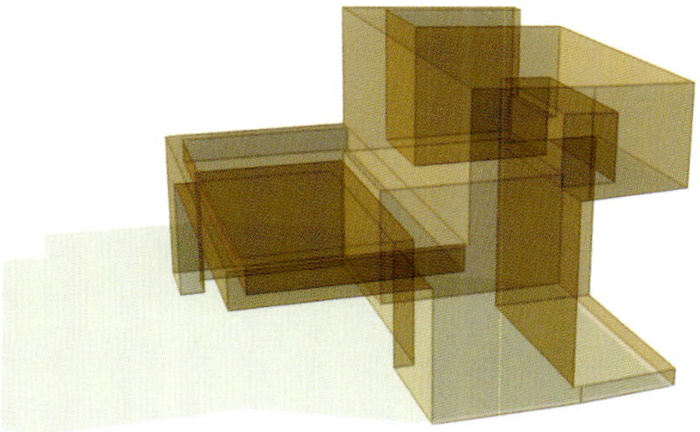

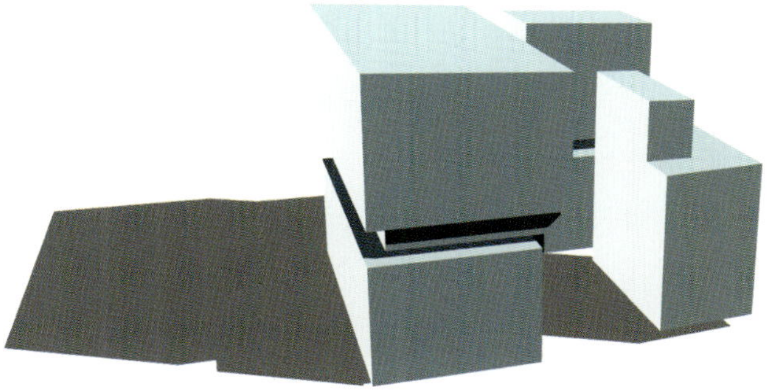

Die kompakte Form dieses Wohnhauses ist aus den Vorgaben der Umgebung abgeleitet. Das assoziative Raumprinzip entwickelt sich aus Beobachtungen bei Abgüssen von Form und Ergänzungsform oder bei Futteralkoffern von Gegenstand (Hauptform) und Futteral (Zwischenform). Für die Haupträume bzw. -nutzungen werden Hauptkörper gebildet und funktional im Raum/Baufeld positioniert. Der Zwischenraum wird mit einer Zwischen- bzw. Ergänzungsmasse ausgefüllt. Diese Zwischenraummasse verbindet die Hauptkörper räumlich und auch funktional mit Erschließungs- und Nebennutzungen. Die Gesamtform wird vervollständigt. Teil und Ganzes, Körperhaftigkeit und räumliche Verschränkung werden wahrnehmbar. Mit der Übertragung eines alltäglichen Raumgefüges in den begehbaren architektonischen Maßstab wird ein neuer Blick eröffnet. **Meixner Schlüter Wendt Architekten**

Projektname: Wohnhaus Wien **Standort:** Mühltal/Trautheim **Bauherren:** Ingrid und Prof. Karl Wien **Architekt/Planer:** Claudia Meixner, Florian Schlüter, Martin Wendt, Frankfurt am Main **Fotograf:** Christoph Kraneburg, Köln/Darmstadt **Tragwerksplanung:** Fäth + Fäth, Darmstadt

Internat

Galerie Michael Neff, 2000, Frankfurt am Main

38

Durch Unterteilen und Auskleiden eines ehemaligen Autosalons im Frankfurter Ostend entsteht eine Galerie zeitgenössischer Kunst. Das Gebäude wird äußerlich nicht verändert. Stattdessen wird der Innenraum als autonomer Einbau entwickelt. Die tief in das Gebäude reichende Raumfolge beginnt mit einem großen Ausstellungsraum, dem das Sekretariat angegliedert ist. Von hier aus ist das einige Stufen höher liegende, abgeschirmte Büro des Galeristen zu erreichen. Die drei Bereiche sind gleichzeitig Präsentationsräume der Kunst, Repräsentation ihrer jeweiligen Nutzung und räumliche Verwertung stereotyper Oberflächen. Der Ausstellungsraum mit Schaufenster bildet den rahmenlosen Rahmen des „White cube", der von homogenen Wand- und Bodenflächen sowie intensivem Deckenkunstlicht definiert wird. Das Sekretariat ist ein potemkinsches Dorf: Die technisch-administrative Organisation ist in einem begehbaren Wandschrank aus unbehandeltem Pressspan konzentriert, dessen Hochglanztüren jedoch mit dem gegenüberliegenden Wandtisch einen grau markierten, mit dem Ausstellungsbereich kommunizierenden Zwischenraum aufspannen. Das Büro des Galeristen ist ein räumlich abgehobenes Kabinett, das durch den Sekretariatsschrank wie ein begehbares Schrankabteil erreicht wird. Die Viererkonstellation aus fragmentarischer Wandverkleidung, geschlossenem Schrank, Präsentationswand und massivem Schreibtisch definiert einen dunkel ausgekleideten Raum im Raum, der den „White cube" szenisch entfremdet. Öffentlicher Raum ist nicht mehr ohne weiteres Stadtraum. Unsere Aufmerksamkeit verschiebt sich von der heroischen Setzung zur kontextuellen Auseinandersetzung und thematisiert die pragmatischen Bedingungen von Öffentlichkeit in sehr unterschiedlichen, auch privaten Räumen. Oberfläche, Wahrnehmung und der strategische Umgang mit Situationen werden wichtiger als Apriori-Wertungen. Orte für die Kunst oder Ausstellungsbedingungen sind aus dieser Sicht kein typologisches Problem, sondern eine Reflexionsebene des gesellschaftlichen Raums. „Die ideale Galerie hält vom Kunstwerk alle Hinweise fern, welche die Tatsache, dass es Kunst ist, stören könnten" (O'Doherty): Kann das gerahmte Tafelbild aufgrund seiner Geschlossenheit in großer Anzahl dicht gehängt werden, destabilisiert sich der Bildrand abstrakter und konkreter Kunst bis zur Aufgabe des Rahmens. Damit greift das einzelne Werk auf Wand und Raum über, die nun ihrerseits zum stereotypen Rahmen einer mittlerweile klassischen Moderne werden: weiß, sockellos, neutral.

Die vermeintliche Neutralität rückt in der Folge selbst in den Mittelpunkt der Auseinandersetzung mit dem Raum. 1952 wird in der Londoner Independent-Group-Ausstellung „Parallel of Life and Art" der Neubeginn nach dem Krieg als Tabula rasa dargestellt, jedoch alles nicht weiß: Die räumliche Collage aus Reproduktionen von „images" ist so dicht und unspezifisch installiert, dass die Eindrücke sich untrennbar verweben. Diese Vorstellung einer beziehungsreichen, nicht aber systematischen Anordnung von Elementen interpretiert Aldo van Eyck mit Bezug auf die weiße Wand, wenn er die Einzelwerke der Amsterdamer CoBrA-Ausstellung 1949 weder dicht noch unabhängig hängt, sondern eine die gesamte Wandfläche thematisierende Konstellation schafft.

Die grundsätzliche Widersprüchlichkeit des „White cube" kommmt 1971 durch eine Arbeit Daniel Burens innerhalb einer Gruppenausstellung demonstrativ zum Ausdruck. Eine gestreifte Stoffbahn, die den Zentralraum des New Yorker Guggenheim besetzt, wird auf Betreiben der Künstler noch vor Ausstellungsbeginn entfernt. Die in der Installation angelegte Konfrontation mit dem Raum Frank Lloyd Wrights führt zur Konfrontation mit den anderen Ausstellungsobjekten und bringt deren fraglichen Wirklichkeitsbezug ebenso ans Licht wie die Konkurrenz der spiralförmigen Ausstellungswand mit den dort hängenden Bildern. Angesichts der genrehaften Ideologie des weißen Ausstellungsraums wie auch seines Gegenteils wird der Entwurf neutraler oder expressiver Räume irrelevant. Die Thematisierung der Oberflächen in sehr unterschiedlichen Konstellationen erweist sich als eigentliches Potenzial. **Frank Boehm/Wilfried Kühn**

Standort: Galerie Michael Neff, Frankfurt am Main **Architektur:** INTERNAT (Frank Boehm/Wilfried Kühn), Wien/Mailand **Bauleitung:** Landes & Partner, Frankfurt am Main **Bauherr:** Galerie Michael Neff GmbH, Frankfurt am Main **Fotograf:** Ulrich Schwarz, Berlin

Umlaufendes Lichtband-Leitsystem mit neuer Kassenanlage ▸
Farbwechsel der EDV-gesteuerten RGB-Lichtwand mit Ausstellungsanzeige ▾

Kühn Malvezzi

Foyer Schirn Kunsthalle, 2002, Frankfurt am Main

39

Einen Eingangsbereich in einen lichten Raum verwandeln, Servicefunktionen zu visuellen Akteuren machen, eine zeichenhafte Architektur schaffen, die Formen des Gebrauchs andeutet: Das neu gestaltete Schirn-Kunsthallen-Foyer von Kühn Malvezzi kleidet den Eingangsbereich in ein ungewohntes Material. Seitenwände, Brüstungen und Informationstableaus erscheinen nicht mehr als eigenständige architektonische Elemente, sondern als ein Zusammenspiel abstrakter Oberflächen, die durch das kalte, gleichförmige Licht immateriell wirken.
Die Architektur lässt sich als Oberflächenspiel wie eine 3-D-Simulation lesen, die Wahrnehmungen und Bilder modellhaft als Repräsentation einer Idee wiedergibt. Kühn Malvezzi realisiert durch Leichtigkeit eine Idee, materialisiert ein Konzept von Architektur ohne figurative Architektursprache. Lichtbänder zwischen den Geschossebenen fungieren als intuitives Leitsystem, das die Besucher ohne kleinteilige Hinweisschilder über zwei Geschosse vom Eingang zu den beiden Ausstellungstrakten geleitet.
Ein computergesteuertes RGB-Lichtsystem hinter fugenlosen transluzenten Diffusionsflächen kann als Active-Light-Wall verschiedenfarbiges Licht erzeugen, das die Eingangshalle zu jeder Ausstellung in eine andere Farbe taucht und ein immer neues Bild des Raums erzeugt.
Alle Foyerfunktionen sind unter einem kontinuierlichen linearen Leuchtkasten entlang des Eingangsbereichs angeordnet. Die leichte Architektur wird zum Träger einer präzisen grafischen Intervention von STANDARD.RAD. Diese entwickeln die Typographie durch einen zeichenhaften Einsatz zum Bild, das figurative Bilder entbehrlich macht, vom neuen Schirn-Logo über die Funktionsbeschriftung auf den Lichtbändern bis zur Ausstellungsanzeige auf den farbigen Active-Light-Walls. Architektur und Grafik treffen sich in der Erzeugung von Oberflächenspannung. **Filippo Romeo**

Architektur: Kühn Malvezzi, Berlin/Wien **Entwurf:** Wilfried Kühn, Simona Malvezzi; Johannes Kühn **Mitarbeit:** Philipp Buxbaum **Grafik:** STANDARD.RAD, Berlin/Frankfurt am Main **Entwurf:** Chris Rehberger mit Barbara Krimm **Bauherr:** Schirn Kulturgesellschaft mbH, Frankfurt am Main **Direktor:** Max Hollein **Fotograf:** Norbert Miguletz, Frankfurt am Main

KASSE

Blick in den vollständig mit Schaumstoff verkleideten Innenraum ▸
▾ Ausschnitt Schriftwand

Nikolaus Hirsch/Michel Müller

Mäander – Raumstruktur für „Frequenzen [Hz]“, Schirn Kunsthalle Frankfurt am Main 2002

40

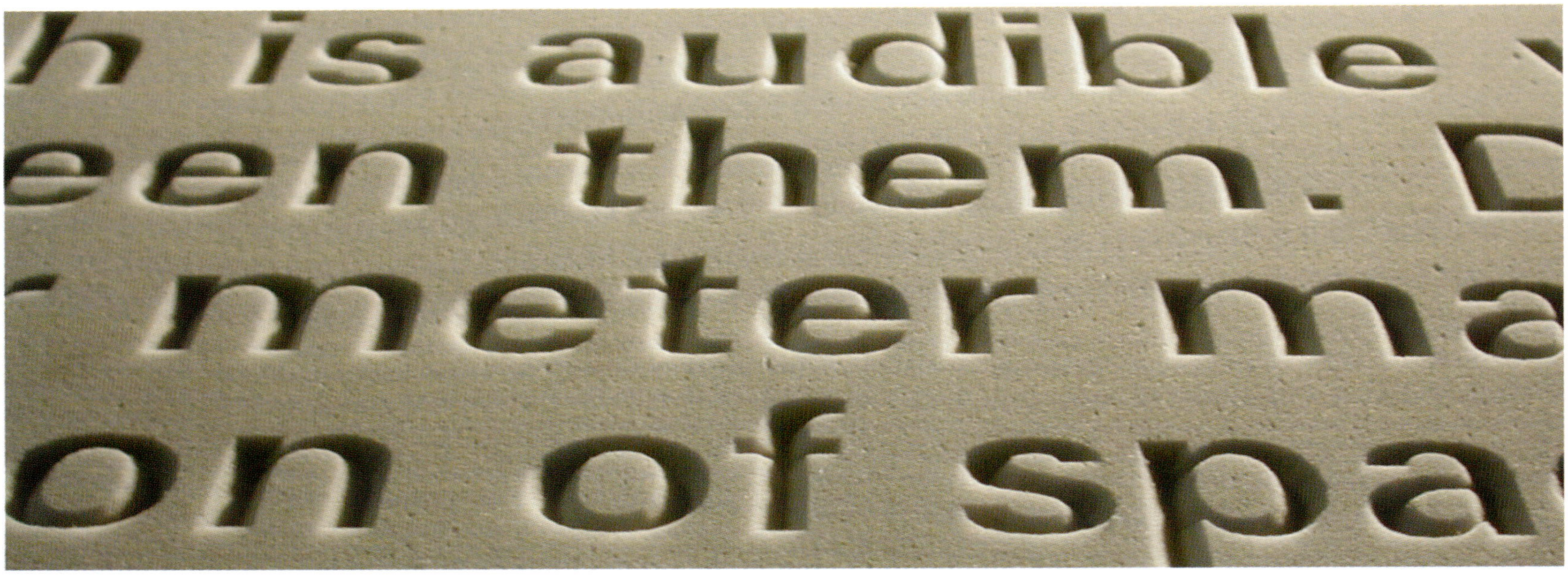

Für die Ausstellung „Frequenzen [Hz]“, in der u.a. Carsten Nicolai, Rioji Ikeda und Angela Bulloch vertreten sind, wurde eine Raumstruktur entwickelt, die sich mit den spezifischen Parametern von Sound Art auseinander setzt. Die Struktur, so Diedrich Diederichsen in seinem Katalogbeitrag zur Ausstellungsgestaltung, vereinigt „mimetische und diegetische Künste, Zeitkünste und Bild- und Raumkünste und kann so auch als ideale Metapher für die ästhetischen Probleme und Strategien jeder Sound Art dienen, also für jeden Versuch, Sound, der ja erst in der Zeit seinen Charakter erhält, als ein Objekt im Raum zu definieren“.
In einem Wechsel von Öffnung und Schließung (Soundschleuse) wird ein Mäander entwickelt, dessen Rhythmus durch die akustischen und visuellen Parameter der ausgestellten Arbeiten determiniert wird. Hierdurch entsteht eine kontinuierliche Raumfigur von 164 Metern Länge, die sowohl die akustische und visuelle Autonomie der künstlerischen Positionen als auch die räumliche Kohärenz der Ausstellung garantiert. Die Abfolge der Raumkompartimente schließt sich zu einem Rundgang (Loop).
Das Material der Raumstruktur wirkt als akustisches Element: Auf Stoß gesetzte Schaumstoffblöcke absorbieren den Schall und reduzieren damit die Interferenzen zwischen einzelnen Bereichen. Darüber hinaus nimmt der Schaumstoff verschiedene Informationsebenen auf: Die Namen der Künstler, die Titel der Arbeiten und ausführliche Texterläuterungen sind mittels CNC-Technik eingefräst und verleihen dem Material seine spezifische Tiefe. Modularer Aufbau und Materialität entsprechen einem komplexen Planungsprozess, der eine definitive Form so lange wie möglich offen halten musste. Der exakte Rhythmus des Mäanders wurde nach 31 räumlichen Permutationen fixiert und anschließend als grafisches und akustisches Logo weiterentwickelt. **Nikolaus Hirsch/Michel Müller**

Name: Mäander – Raumstruktur für „Frequenzen [Hz]“ **Standort:** Schirn Kunsthalle, Frankfurt am Main **Jahr:** 2002 **Musik:** Ekkehard Ehlers **Grafik:** Markus Weisbeck

e15

41

Innenräume, Möbel

Die Innenarchitektur
Die Innenarchitektur von e15 schafft mit wenigen, aber entschiedenen Mitteln luxuriöse Räume. Luxus bedeutet hier: Freiraum und minimale Einmischung. Die von ihnen ausgesuchten Materialien, so ist die Überzeugung des Architekten Philipp Mainzer, sind in der Lage, für sich selbst zu sprechen. Maserung, Beschaffenheit, Farbe – alle wichtigen Informationen sind bereits da und bedürfen nur eines geringen, wenn auch gekonnten Eingriffs und einer zurückgenommenen Gestaltung. Eine gestalterische Maxime von e15 ist, nichts zu verstecken, sondern die Qualität eines jeden Materials bewusst in den Vordergrund zu stellen. Nadelfilz, Sichtbeton, lackierter Doppelboden, Massivholz – das materialbezogene Arbeiten von e15 setzt auf die Konfrontation mit einer ungeschönten Wahrheit, die ihrerseits eine spröde, eigensinnige und gleichzeitig sinnliche Poesie zu entfalten vermag.

Die Möbel
Minimalismus in der Form und Opulenz im Material: Die Möbel von e15 sind gestalterisch prägnant, doch sie zwingen das Holz nicht in ein Designformat. Durchgängiges Leitmotiv ist, die Sprache des Materials zur Geltung kommen zu lassen. Aus dieser Prämisse leiten sich die meisten Gestaltungselemente der massiven Möbel aus Eiche oder Nussbaum ab: Spalten, die dem Holz Bewegung gestatten. Maserungen, die etwas über die Geschichte und die Herkunft des Materials erzählen. Der konsequente Verzicht auf Blenden. Details, die auf traditionelles Handwerk hinweisen. Und der stets gewährte Freiraum, den das Holz zum Arbeiten braucht. Die große Wertschätzung des zu bearbeitenden Stoffs steht dabei nicht im Widerspruch zu einer modernen, flexibel anwendbaren Formensprache. Die Möbel von e15 sind ausstrahlungsstarke Objekte für den Alltag. **Silke Hohmann**

Hocker Backenzahn (1996) ▸
Eingangsbereich, Sign Kommunikations GmbH, Frankfurt am Main (2001) ▸▸

▲ Konferenzraum, Sign Kommunikations GmbH, Frankfurt am Main (2001)

Möbel Tafel (1999/2000) ▸

Kantine, Sign Kommunikations GmbH, Frankfurt am Main (2001) ▴

Morgen

42

◂ Agentur Jung von Matt 1:1, Lounge

Ein Morgen-Produkt ist eine selbstbewusste Linie, die sich im Dreidimensionalen niederlässt, und ein Objekt von größtmöglicher Einfachheit. Im Büro, auf der Bühne oder im Privaten.
Von Morgen sind Sabine Mühlbauer und Thomas Tritsch als Ideengeber, die den Ausdruck eines neuen Orts zu erfassen suchen, um dessen Eigenart in ihrem Entwurf schwingen zu lassen. Blass wäre, einen verabredeten Stil um jeden Preis durchzusetzen. Charakteristisch werden Entscheidungen, weil Routine sich bewusst auf Arbeitsabläufe in den Werkstätten beschränkt: Überall dort, wo er zur Simplifizierung des Produkts beiträgt, ist der schlichte Handgriff dem komplizierten vorzuziehen.
Es geht um Stimmigkeit. Einfach meint auch einfach.
Die Macher von Morgen entscheiden auch im Eigenen so, denn Morgen, das ist ihr Lebensraum, und alle, die Interesse mitbringen, sind eingeladen. Verbündete Clans und Zaungäste, Kunden, Konkurrenten, Künstler mit Gefolge, Stammpublikum, Lokalmatadoren und inkognito Reisende.
Man geht miteinander um. In der typischen Atmosphäre von Zuverlässigkeit und Mutwillen, die für die Macher von Morgen wichtig ist.
Die Morgen-Crew hat im Osten von Frankfurt am Main ihr Quartier.
Phyllis Kiehl

Projekt: Agentur Jung von Matt 1:1 **Bauherr:** Jung von Matt Main 1:1, Offenbach **Fotograf:** Kai Pelka, Wiesbaden
Projekt: Agentur Eisele Communications **Bauherr:** Eisele Communications, Frankfurt am Main **Fotograf** Eisele, Store, Tower: Jean-Luc Valentin, Frankfurt am Main

◂ Tower (1999) ▾

Store Sideboard (1999) ▴

Ian Shaw, Kerstin Schultz Architekten

Centralstation, Darmstadt

43

Centralstation Darmstadt
Die Centralstation war das erste Elektrizitätswerk Darmstadts. Der 1888/89 errichtete Bau steht unter Denkmalschutz. Heute finden hier auf zwei Ebenen kulturelle Veranstaltungen statt. Eine mobile Bar ermöglicht die Zonierung des Raumes auf vier Arten. Im Bodenbelag aus Asphaltplatten, die den raueren Charakter zum Obergeschoss unterstreichen, sind erforderliche Bodentanks für Anschlüsse, Tontechnik und Telefon untergebracht. Die erste Galerie dient als Zuschauertribüne. Eine kastenähnliche Holzbrüstung umgreift die Geschossdecke und ist indirekt beleuchtet, sodass die Unterkante der Decke angestrahlt wird. Eine Lochung auf der der Halle zugewandten Seite ist für akustische Maßnahmen vorgesehen.
Lounge
Die Lounge der Centralstation in der zweiten Galerie ist der ruhende Pol zwischen den Veranstaltungen. Eine Cocktailbar aus braunroten Schaltafeln und Edelstahl steht als Volumen am Rand des flachen, brückenähnlichen Raums. Von hier aus sind der Blick in die Nachbarhalle und der Blick in das Erdgeschoss möglich. Eine Mischung von Intimität und „Dabeisein" bestimmt diesen Ort. Die Edelstahlverkleidung der Technikwand erzeugt tiefe Fensterlaibungen, in denen Holzkästen als Stehboards angebracht sind. Ihr gegenüber ist eine geschosshohe, profillose Verglasung, die die Lounge gegen den Hallenbetrieb akustisch abschirmt. Die abgehängte, mit rotem Teppich bezogene Decke übersteigert die flache Wirkung des Raums und wirkt schallschluckend.
Konzertsaal für Klassik, Dachgeschoss
Das Dachgeschoss erscheint durch das filigrane Dachwerk zeltartig, zwei große Holzschallsegel, der Parkettboden und die Bühnenrückwand aus Holztafeln vermitteln eine festliche Stimmung. An der geschlossenen Brandwand sind Lagerschränke für die Bestuhlung in das Tragwerk integriert. Die Türen lassen sich um 180 Grad aufklappen und wirken bei Veranstaltungen schalldämpfend. Die Innenseite der Schränke ist mit rotem Teppich ausgekleidet. Sichtmauerwerksflächen werden gestalterisch eingesetzt.
Ian Shaw, Kerstin Schultz

Projektname: Centralstation **Standort:** Im Carre 3, Darmstadt **Bauherr:** Stadt Darmstadt; City Bau GmbH & Co Anlagen KG **Architekt/Planer:** Ian Shaw, Kerstin Schultz, Frankfurt am Main **Mitarbeiter:** Werner Schulz, Holger Rohs, Andrea Dung, Mari Duffner **Fotograf:** Thomas Ott, Darmstadt

Mack + Co

190 East, Union Gelände, Frankfurt am Main

44

Hommage an die Siebziger
Klar, puristisch, doch keinesfalls kühl wirkt die Szene-Location 190 East im Osten Frankfurts. Im Sommer 2000 haben sich die DJs Dirk Blisse und Nico Iffland mit dem Designschmuckstück den Traum vom eigenen Club erfüllt. Ihr Vorbild: die Diskothek aus dem Siebzigerjahre-Kultfilm „Shaft".
Das richtige Architekturbüro war schnell gefunden. Der Frankfurter Architekt Kay Mack hatte bundesweit bereits einige Szeneclubs gestaltet. Das 190 East ist Macks Liebling: „Besonders stolz bin ich auf die Transformation der Siebziger in die heutige Zeit – ohne zu kopieren." Auf vierhundert Quadratmetern Kellergewölbe dominieren die klaren Formen der Siebziger. Das ausgeklügelte Lichtdesign sorgt für Kontraste und schafft intime Lichtinseln. Der Raum wird von einer vierzehn Meter langen Theke beherrscht, der behagliche Sitznischen gegenüberliegen. Denn dass Moderne nicht mit Ungemütlichkeit gleichzusetzen ist, beweist der Architekt mit der einladenden Chillout-Zone. Sie fällt durch geschwungene Wandscheiben und Sitzbänke auf. Eine Chaiselongue im Zentrum verstärkt die Dominanz des Runden, die indes durch Lichtkanäle in den Wänden und raffinierte Aussparungen gebrochen wird. **Iris Vollmann**

Projekt: 190 East **Standort:** Union Gelände, Frankfurt am Main **Bauherr:** Dirk Blisse, Nico Iffland, Frankfurt am Main **Architekten/Gestaltung:** Mack + Co Architektur und Gestaltung Kay Mack, Christian Damm, Frankfurt am Main **Fotograf:** Ivan Nemec, Frankfurt am Main/Berlin

Verkaufsraum ▸
▾ Refraktionsraum

Tobias Rehberger

Markus Nikolai Optic, Frankfurt am Main

45

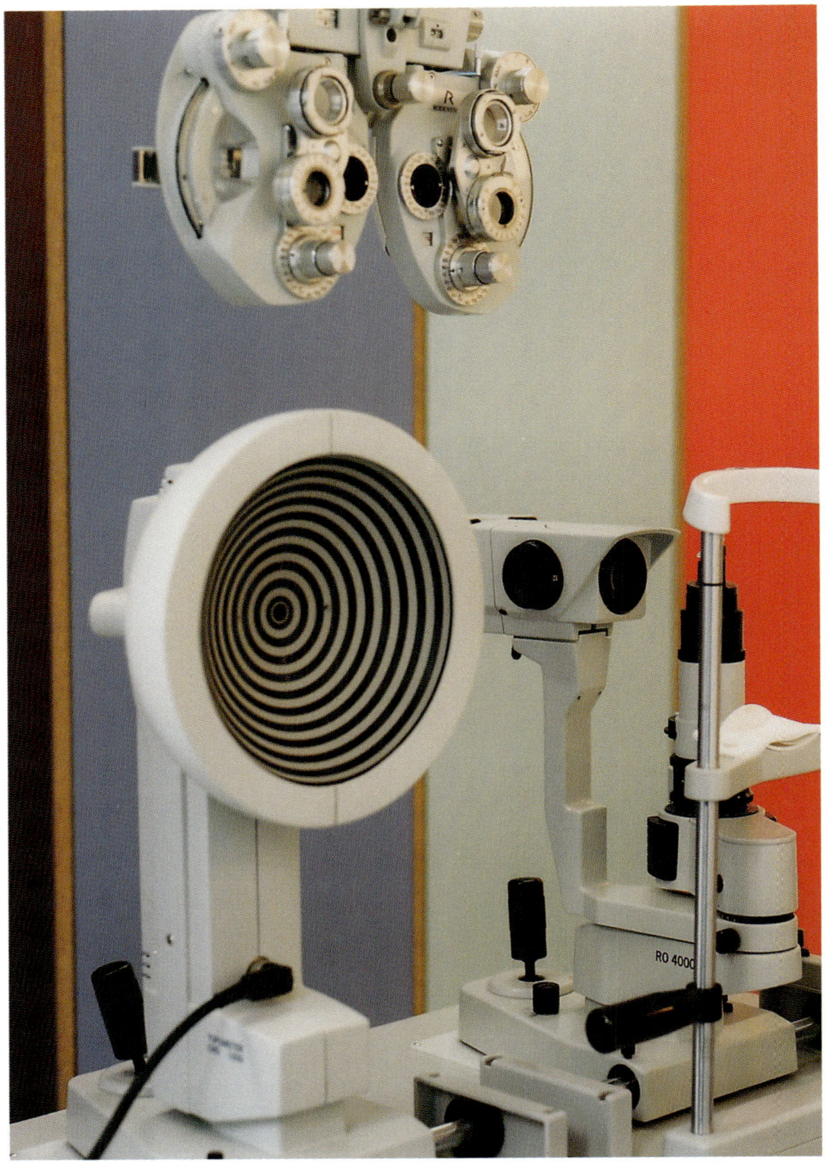

Unscharfe Konturen
Den Reiz des Verborgenen als Präsentationsform zu nutzen wurde zum Konzept eines Optikerladens. Das Geschäft im Erdgeschoss des Frankfurter Roger-Baus liegt ruhig und gleichzeitig zentral. Halbtransparente Vorhänge vor hohen Fenstern bilden die Grenze zwischen dem öffentlichen Raum und dem klar gestalteten Geschäftsraum. Helle Farbtöne bestimmen den offenen, freundlichen Charakter des Verkaufsraums, in dem ein von hinten erleuchteter, die gesamte Wand einnehmender Brillenschrank die Aufmerksamkeit auf sich zieht. Hinter den Milchglastüren sind die Konturen der darin präsentierten Brillen nur unscharf zu erkennen. Eine bis auf einen schmalen Durchgang fast geschlossene rechteckige Holztheke liegt wie eine Insel im Zentrum des Raums. Die sparsame, aber gezielte Verwendung von Farbe verleiht der Einrichtung eine artifizielle Nuance. Wenige, wie Läufer über den Boden gelegte Farbstreifen setzen lineare Akzente, die mit den runden Formen der Deckenbeleuchtung korrespondieren. Die streng kubischen Möbel sind scharfkantig verarbeitet und auf ihren Oberflächenreiz konzentriert.
Einen anderen Eindruck vermittelt die Werkstatt, die mit den bunt gefärbten Pressspanplatten an ein Kinderzimmer erinnert. Zwei völlig verschiedene Geschichten werden erzählt: Dort, wo es um Fragen der Ästhetik geht, betritt der Kunde eine dezente Bühne, die Raum für Konzentration und Eitelkeiten bietet. Der Sehtest und die Arbeit selbst sind hingegen eingebettet in eine durch ihre Farben bestimmte Umgebung.
Das ruhige und konzentrierte Konzept überzeugt und zeigt einen anderen Blick auf das Werken des Optikers. **Claudia Orben**

Projektname: Markus Nikolai Optic **Standort:** Brönnerstraße, Frankfurt am Main **Bauherr:** Markus Nikolai, Frankfurt am Main **Innenarchitektur:** Tobias Rehberger, Frankfurt am Main **Fotografin:** Monika Rehberger, Berlin

„Burkhardt, machen Sie erst alles gerade, schräg wird es von alleine. *Burkhardt, make everything straight. It will go crooked on its own.*"

Ludwig Lücke Lehrchef 1959 von Burkhardt Leitner
Ludwig Lücke *apprenticeship master for Burkhardt Leitner in 1959.*

www.burkhardt-leitner.de

B.A.S.

46

Macken machen schön – zu den Möbelentwürfen von B.A.S.
Als eine Form „kleine Architekturen" versteht Peter Begon von B.A.S. Architekten Möbelgegenstände. Das „Innen" im Sinne von Möblierung und das „Außen", eben die architektonische Hülle, gehören für ihn zusammen. Gemeinsam mit dem Schreiner Willi Notte entwickelte er die Reihe „refacto", bestehend aus Tisch und Hocker. Besonderer Wert wurde auf eine perfekte handwerkliche Verarbeitung gelegt. Nicht die Verfremdung des Materials, sondern vielmehr die dem Werkstoff innewohnenden Eigenschaften möchten Begon und Notte herausarbeiten. Jeder Tisch wird aus den besten Teilen eines einzigen Holzstamms gefertigt. Und so substituiert die Präzision im Detail das Dekor. Alterungsbeständigkeit, ganz im Sinne von „Macken machen schön", ist ebenso wie die offene Nutzung der Möbelstücke Teil der Idee: Der umgelegte Hocker wird zum Kinderstuhl, der aufrecht stehende Hocker wird zum Tisch, zwei Beistelltische bilden einen Esstisch, der Esstisch dient als Schreibtisch. **Claudia Orben**

Produkt: Serie Refacto (2001) **Design:** P. Begon mit Schreinerei Willi Notte **Büro:** B.A.S. Büro für Architektur + Stadt **Fotograf:** Jean-Luc Valentin, Frankfurt am Main

Uwe Fischer

47

▲ Sitzmöbel SINA (1999)

Einfach und da – die Arbeiten von Uwe Fischer
Vielseitig, stapelbar und unkompliziert wie ein klassischer Küchenstuhl gibt sich das Sitzmöbel „Tama", entworfen von Uwe Fischer. Nicht der einmal gefundene Formenkanon interessiert den in Stuttgart lehrenden Design-Professor, sondern die ökonomischen Komponenten der Entwurfsarbeit: angefangen vom Herstellungsprozess bis hin zum fertigen Produkt. Und trotz aller Konzentration haftet seinen Entwürfen immer etwas Spielerisches an. Klar erkennbar in der Typologie des Lounge Chairs stehend präsentiert sich „Sina". Ein unaufdringliches Möbel, eben eine Schale aus Kunststoff, die ein Polster aus Stoff oder Leder birgt, in zwei Höhen erhältlich ist und ein komfortables Sitzen ermöglicht.
Die Idee der Leuchte „Jones" lag darin, „ein vernünftiges Licht" zu bekommen. Das Prinzip der puristischen Stehleuchte mit Aluminiumfuß und einem Schirm aus Glashartgewebe ist einfach: Durch das Betätigen zweier Knöpfe wechselt das Leselicht zum indirekten Deckenstrahler. Dies funktioniert mithilfe eines Seilzugs, der das Leuchtmittel in den Reflektor wandern lässt.
Claudia Orben

Produkt: SINA **Hersteller:** B & B, Novedrate (I), 1999 **Fotograf:** B & B, Novedrate (I)
Produkt: Jones **Hersteller:** Serien, Rodgau, 2000 **Fotograf:** Serien, Rodgau

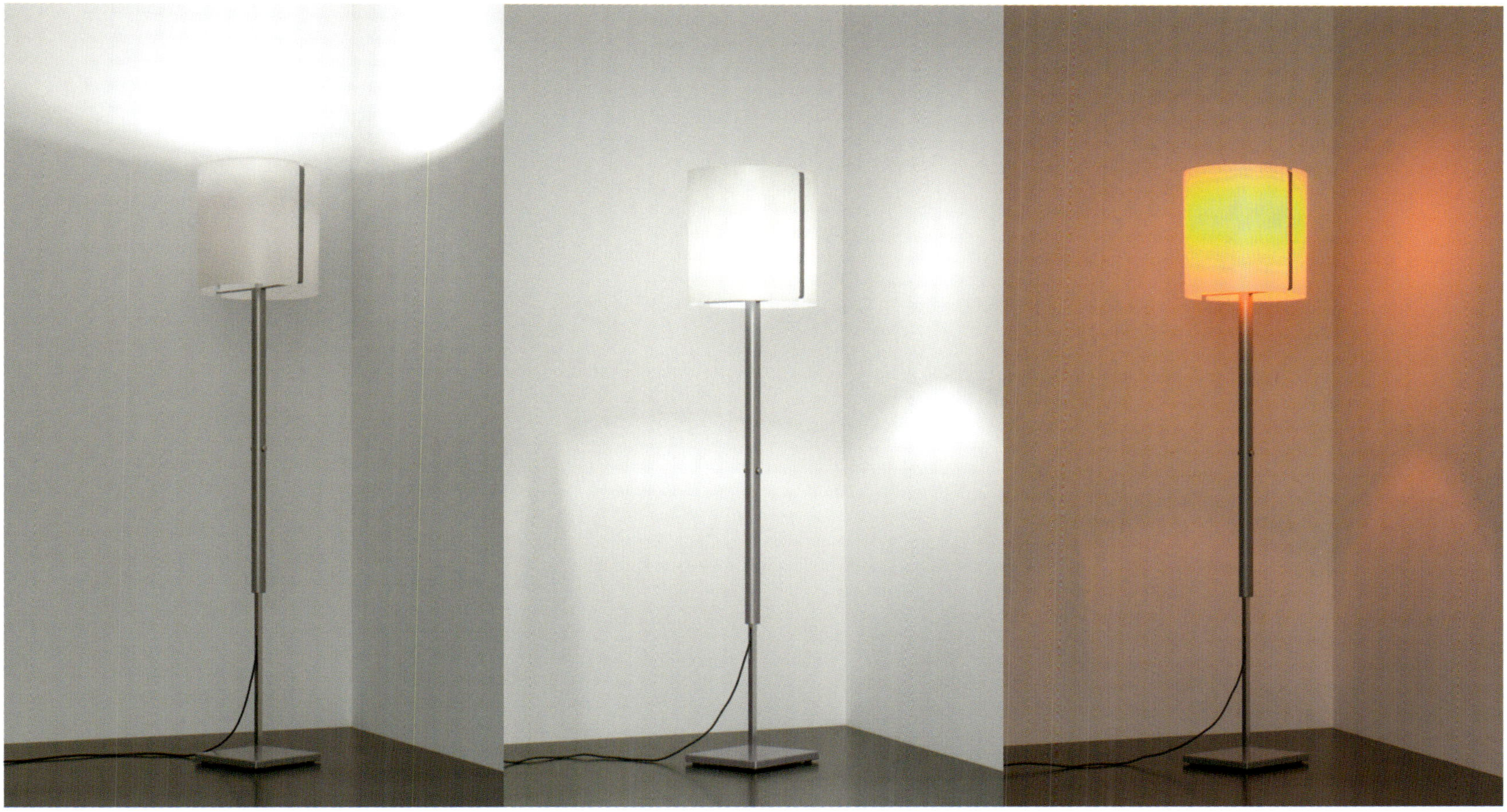

▲ Leuchte Jones (2000)

Titoff Industriedesign Christoph Mäckler

48

Fern aller Moden – Titoff Design
Langlebigkeit, Materialgerechtigkeit, Gebrauchstüchtigkeit beschreiben die Idee von Titoff Design. In Zusammenarbeit mit dem Frankfurter Architekten Christoph Mäckler entstand für den Klinkenhersteller FSB eine solche Kollektion an Beschlägen.
Auf einem runden Drückerhals, der sich durch einen Wulst vom Türschild absetzt, schließt ein auffällig kleiner Griff an, der sich zum Ende hin verbreitert und sich dadurch gut greifen lässt.
Auf Veredlungen wurde verzichtet, um den natürlichen Alterungsprozess zuzulassen. Der Versuch, die Handhabung wieder auf ein nachvollziehbares Muster herunterzudimmen, dokumentiert sich auch in der sichtbaren Verschraubung. Vorbild waren hier die berühmten Drücker am Bauhaus.
Ein verwandter Gedankenansatz – die Kombination aus technischer Perfektion und traditionellen Motiven – findet sich bei der Leuchtenfamilie „Swing", ebenfalls entworfen von Christoph Mäckler.
Eine leichte und mobile Stehleuchte, deren Fuß an einen Notenständer erinnert, kann trotz komplexen Innenlebens, für jeden sofort sichtbar, durch einen einfach Zugschalter aktiviert werden. **Claudia Orben**

▴ Beschlagsystem

Stehleuchte Swing ▴

Produkt: Steh- und Deckenleuchten Swing **Hersteller:** Belux, Nohlen (CH)/Aschau im Chiemgau, 2002 **Fotograf:** Robertino Nikolic, Mainz
Produkt: Beschlagsystem **Hersteller:** FSB, Brakel, 2002 **Fotograf:** Christoph Lison, Frankfurt am Main

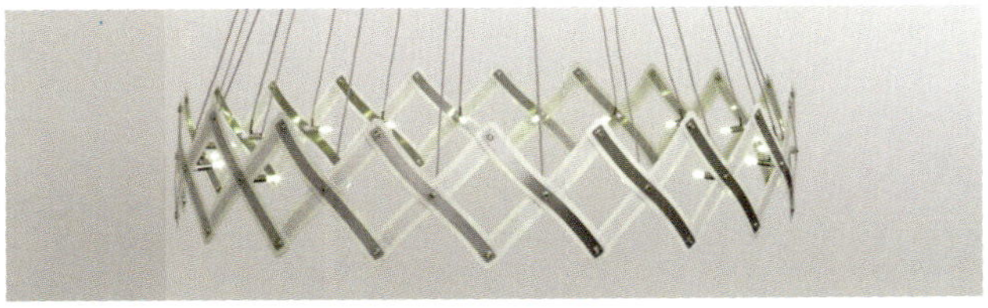

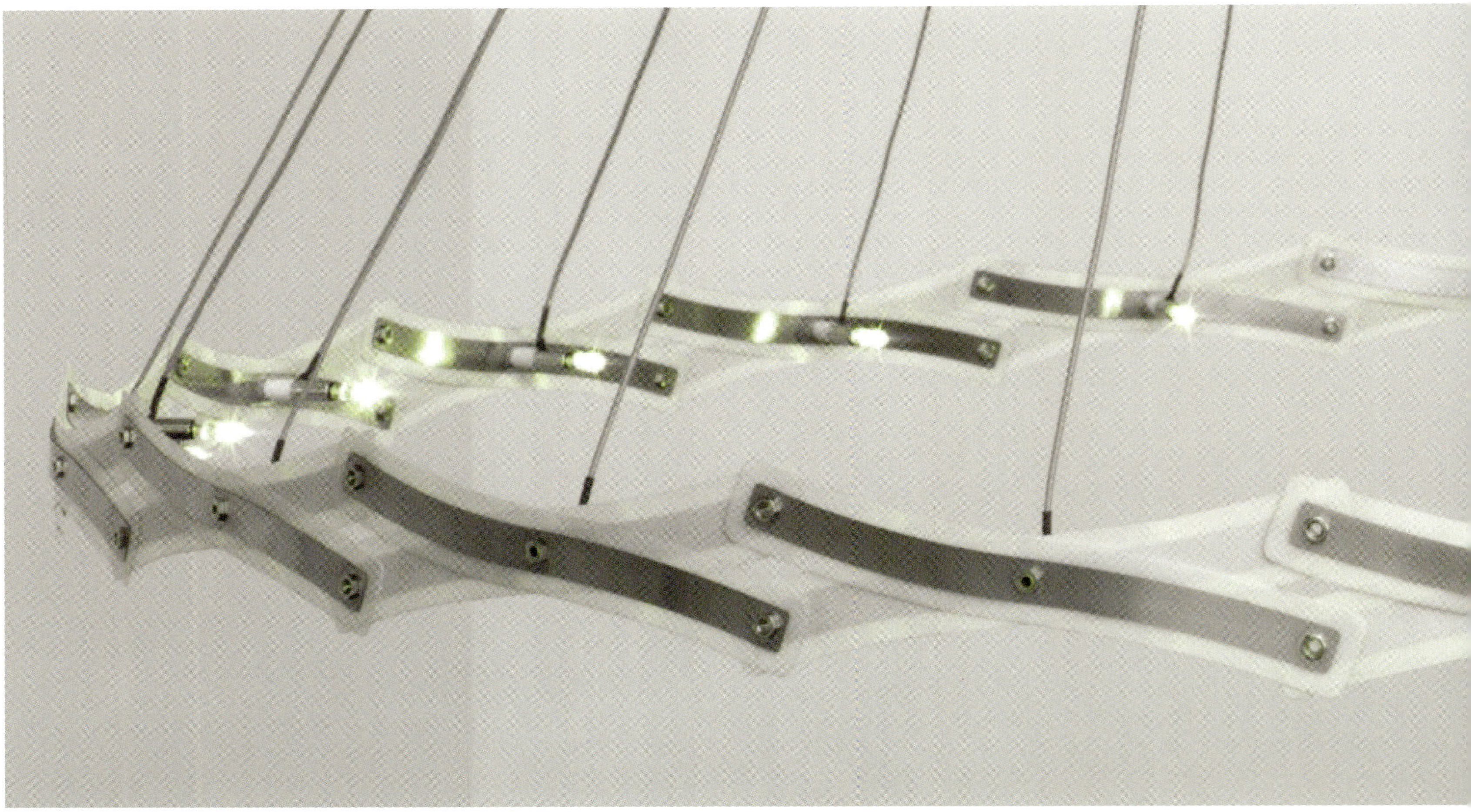

Leuchte Zoom, Scherengitterkonstruktion ▲

Serien

49

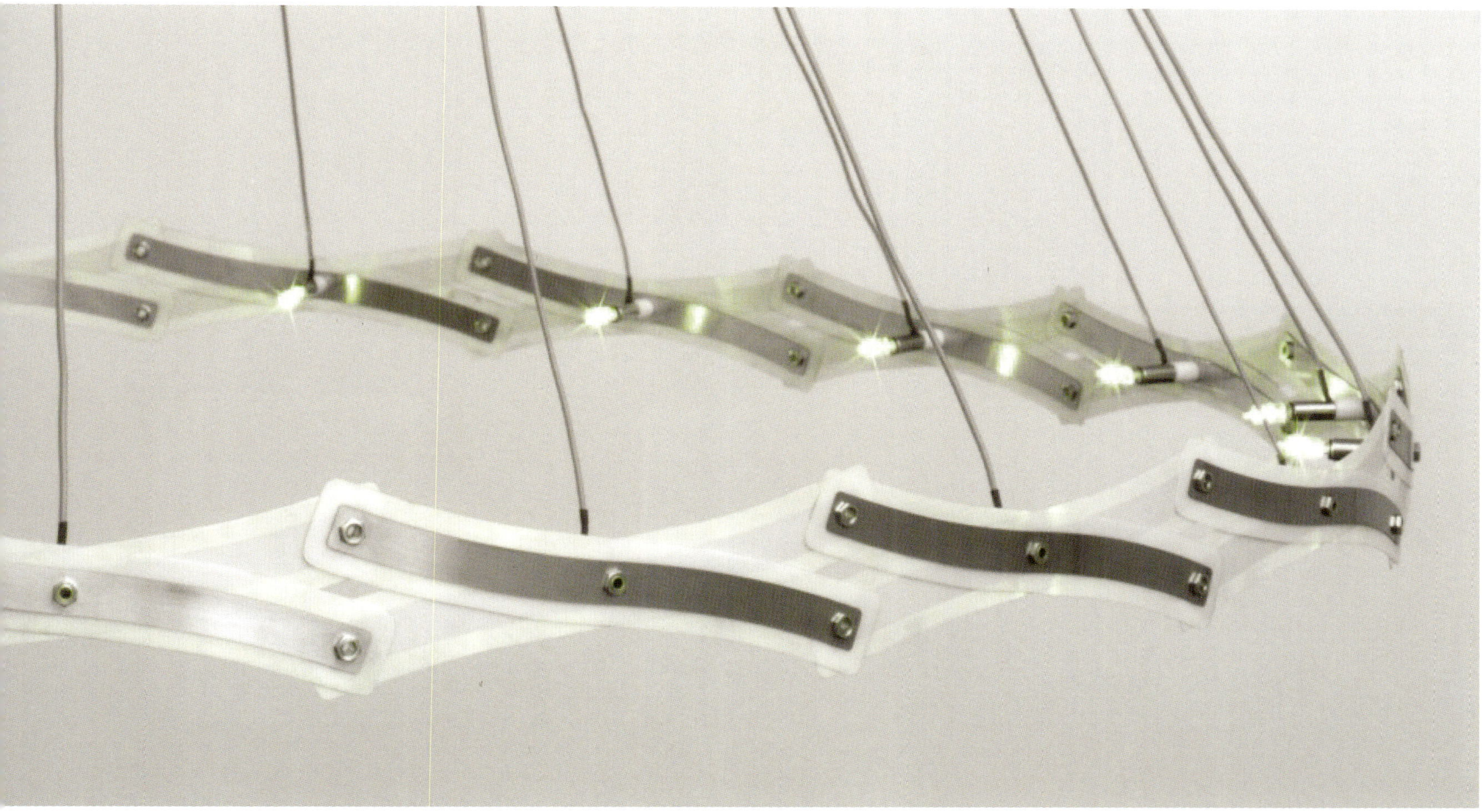

Zoom – Licht im Wandel
„Zoom“: der Name steht zu Recht für Veränderung, denn mit einem Handgriff lässt sich die nach oben und unten abstrahlende, kreisförmige Schirmleuchte zu einem eindrucksvollen Leuchter auseinander ziehen. Die Idee und der Entwurf zu der ungewöhnlichen Pendelleuchte stammen von Floyd Paxton, produziert wird sie von „Serien“. Wie bei den meisten Entwürfen von „Serien“-Raumleuchten standen das Leuchtmittel und seine Anwendung an erster Stelle. Bei „Zoom“ wurde auf konventionelle Halogenglühlampen mit zehn Watt zurückgegriffen.

Die große Herausforderung bestand darin, das konstruktive Element des runden Scherengitters mit einer entsprechenden Lichtwirkung in Einklang zu bringen. Die Lösung lag in einem konstruktionstechnisch innovativen Verstellmechanismus, einer zu einem Kreis geschlossenen Scherengitterkonstruktion aus flexiblem Federbandstahl und einer transluzenten Gewebefolie. Dabei handelt es sich um ein harzgetränktes Glashartgewebe, das die Konstruktion unterstützt und zugleich als Reflektor dient.
Claudia Orben

Produkt: Leuchte Zoom **Design:** Floyd Paxton **Hersteller:** Serien, Rodgau, 2001

Volker Albus

50

Licht auf den Kopf gestellt – zu den Arbeiten von Volker Albus
Von jemandem, der Alltagserfahrungen sammelt und deutet und seinen Eindrücken mit einem Sinn für Witz und Ironie in materialisierter Form Ausdruck gibt, erzählen die Arbeiten von Volker Albus. Die atmosphärischen Qualitäten des Bodenlichts zu fassen und eine leichte und mobile Lampe zu schaffen war der Ausgang des Entwurfs „Downlight".
Das Prinzip basiert auf der Umkehrung der Gestalt einer Stehlampe, was zur Folge hat, dass dem ungewöhnlichen Teil etwas Selbstverständliches anhaftet. Ebenso nahe liegend ist der Gebrauch des eigentlichen „Lampenfußes". Er mutierte zum Tragegriff, an dem sich die Lampe mit einem einfachen Kippschalter ein- und ausschalten lässt. Unkompliziert in der Handhabung ist auch die Leuchte „Squarelight". Sie erinnert in Form und Sprache an ein Warnschild und bietet sich an, Licht- und Farbabstimmungen zu evozieren. Dabei muss man sich keineswegs festlegen, denn die einfachen Laschen, mit denen die Farbplatten zu einem Lampenschirm verbunden werden, können und sollen je nach Laune ausgewechselt werden.
Claudia Orben

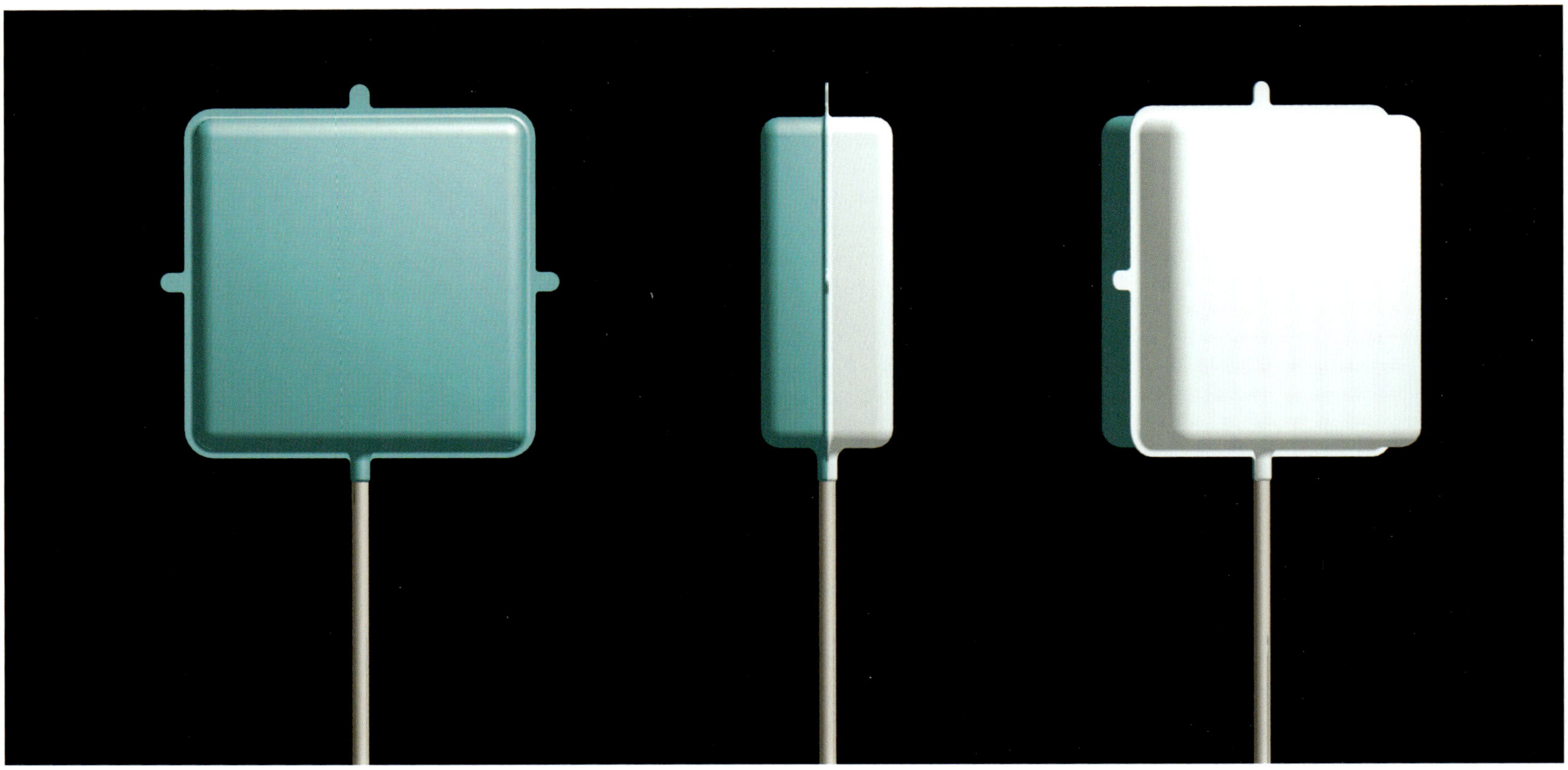

Produkt: Leuchte Downlight (1999/2000); Leuchte Squarelight **Design:** Volker Albus, Frankfurt am Main **Mitarbeit:** Kai Richter, Karlsruhe **Visualisierung:** Kai Richter, Karlsruhe **Fotograf:** Uwe Walter, Berlin

Eine Wirtschaftsmetropole, die Akzente setzt.

Dr. Wolf Klinz, Präsident der IHK Frankfurt am Main

Viele Wege führen in die Region Rhein-Main, keiner führt an Frankfurt vorbei. Schon aus einiger Entfernung setzt die 1200 Jahre alte Stadt am Main mit ihrer unverwechselbaren Skyline Akzente. Dass sich Frankfurt gerne „Mainhattan" nennt, hat seinen Grund allerdings nicht nur in der für Deutschland und Europa untypischen und an Manhattan erinnernden Architektur. Dank dynamischer Wirtschaftskraft, Weltoffenheit und bunter Internationalität – Menschen aus über 160 Nationen leben hier – spürt man in Frankfurt eine Wesensverwandtschaft mit New York. So verwundert es nicht, dass sich in der Stadt mit dem Flair einer überschaubaren Metropole Zugereiste schnell wohlfühlen.

Schon seit dem 13. Jahrhundert geht Frankfurt ein Ruf als bedeutender Handels- und Messeplatz voraus. Bürger, Kaufleute insbesondere, haben das Bild der Metropole am Main geprägt. In der einst freien Reichsstadt hat nie ein gekröntes Haupt seine Residenz errichtet. Stattdessen sind es die vielen großzügig gebauten Bürgerhäuser, vor allem aus der Gründerzeit, in denen sich Traditionsbewusstsein und gewachsener Einfluss dieser Stadt spiegeln.

In den letzten 25 Jahren hat Frankfurt eine gewaltige Umstrukturierung von einem Produktionsstandort zu einer modernen Dienstleistungsmetropole durchlaufen. Die Stadt am Main ist heute der Finanzplatz Nummer eins auf dem europäischen Kontinent. Davon zeugen nicht nur die im Zentrum der Stadt allgegenwärtigen Hochhäuser. Nicht zufällig hat die Europäische Zentralbank seit 1998 ihren Sitz in Frankfurt. Die drittgrößte Aktienbörse der Welt befindet sich am Börsenplatz 4 im IHK-Gebäude aus dem Jahre 1879. Bei der Gründung der IHK Frankfurt im Jahre 1808 verfügte der Fürstprimas des Rheinbundes, Karl Theodor Freiherr von Dalberg, dass die IHK auch die Geschäfte der seit 1585 bestehenden Börse zu führen habe, deren rechtliche Trägerin sie bis 1991 war.

Als Selbstverwaltungsorgan der Wirtschaft vertritt die IHK Frankfurt heute rund 73 000 Unternehmen, etwa 45 000 in Frankfurt und 28 000 im Hochtaunus- und Main-Taunus-Kreis. In unserem Bemühen, die Rahmenbedingungen der regionalen Wirtschaft zu optimieren, werden wir durch eine Studie des DIHK aus dem Frühjahr 2002 bestätigt: Top-Standort in Deutschland ist nach Einschätzung der Unternehmer der IHK-Bezirk Frankfurt am Main. Hier schlägt also das Herz der Wirtschaft, wobei sich die traditionelle Bankenstadt fast unbemerkt zur deutschen Internet- und Telekommunikationshauptstadt entwickelt hat, in der die zentralen Netzknoten der Republik zusammenlaufen. Im Bereich der Biotechnologie ist die Stadt auf dem Weg, eine Führungsrolle zu übernehmen und die zahlreichen Werbe- und PR-Agenturen dokumentieren Frankfurts gereifte Position als Medien- und Kommunikationszentrum.

Zusammen mit der Rhein-Main-Region bildet die Stadt einen wichtigen Knoten im Netz nationaler und internationaler Wirtschaftsbeziehungen mit großen Potenzialen. Als Gründungsmitglied des gemeinnützigen Vereins METROPOLITANA FrankfurtRheinMain arbeiten wir daran, die Stärken der Region auszubauen, die Identifikation der Bürger mit der Region zu erhöhen und die Vorzüge von FrankfurtRheinMain im internationalen Standortwettbewerb imagebildend zu kommunizieren.

Prof. Dr. Ingeborg Flagge

When I think of Frankfurt at night …

The name of the city is Frankfurt. As if it were a personification of Babylon and an urban paradise all at once. Undoubtedly it is still one of the major metropolitan financial centres in Europe, a hub of air transport, an important trade fair centre – but in terms of the quality of life it must improve its record if it is not to fall behind. It may be true when they say that an international manager who moves to Frankfurt will weep twice – once when he is relocated to Frankfurt, and once when he has to leave again. But what happens if he does not come at all?

Frankfurt is in competition with London, New York and Shanghai. It takes this competitiveness for granted. Sometimes it forgets that it is a small city in comparison to these capitals, and that its physical dimensions are diametrically opposed to its image as a metropolitan city. Dynamism and innovation can compensate for this lack of size. But they need political and economic support. Here, Frankfurt must invest if progress is not to be overtaken by retrogression.

Frankfurt defines its image in terms of the skyline of its tower buildings on the Main. This is unique in Europe. But if we look at them every day, we will quickly notice that the skyline is not the forest of tall buildings which the outsider imagines. And not all of these tower buildings are outstanding in quality. This is not surprising when we learn that many developers regard these buildings as "real estate" rather than architecture. This is regrettable, because architecture reflects the self-concept of a city. It is the city's capital for the future. This is where Frankfurt can learn from Barcelona.

In spite of the growing competition from other cities, the museum river bank in Frankfurt is still an outstanding location which attracts many visitors. But there, of all places, the politicians are now cutting off the life blood of the museums. Culture does not have the power to heal its own wounds. It cannot be switched on and off at will, like a light switch. Once it has declined, it will remain unattractive for a long time. Museums need care and support. Not every museum can present its own treasures as it it were a supermarket. Special events have their limitations.

It is a worthy cause to strengthen Frankfurt. As Le Corbusier said:

"Friends, our work can / work a miracle! / Who should this be done for? / For the public. / For what public? / Then they answered: For the nation. / I believe that it is for the people."

Jo. Franzke

Foreword

Anyone who approaches the city centre from the west on Theodor-Heuss-Allee is welcomed by the panorama of the city of Frankfurt, which must be unique in Germany. Brightly lit tower buildings line both sides of the road leading from Platz der Republik to the Alte Oper. The old opera (Alte Oper) forms the provisional end of this road. It reminds us of the glorious past of the bourgeois city of Frankfurt and marks a beautiful contrast to the buildings of the present.

This dramatic city scene represents a lively combination of the old and the new, witnessing to the architectural change that has taken place in the city. The picture will change again in the near future. The tower building and block edge development for the Zürich insurance company are already planned, and it is to be hoped that they will be implemented.

This panorama can be interpreted as a pars pro toto of the architectural history of Frankfurt after the Second World War. Like no other city in Germany, Frankfurt has played a pioneering role in the attempt to juxtapose historical substance and architectural innovation, and thus to create attractive contrasts within a small area.

And now that there are moves to rebuild the classicist city library by Johann Christian Friedrich Hess and the Baroque Palais Thurn und Taxis and to refurbish the old bridge, it can safely be assumed that there is no reason to fear that Frankfurt will fall back into Historicism, but that the city will be able to show quite unsentimentally how its architectural present is firmly rooted in the past.

Like its predecessor, "Architecture in Frankfurt. Buildings, Life and the City at the End of the 1990s", this book "Architecture in Frankfurt 1999 – 2003" aims to document the outstanding importance of the city of Frankfurt for the architectural discussion of the present. In comparison with its sister cities of Berlin, Hamburg and Munich, Frankfurt is a "small" big city, but in this area it is fully a match for the larger cities.

It has become a city with an attractiveness which can be felt everywhere.

This attractiveness needs to be communicated from an architectural perspective. The annual Architecture Day was very popular. But this trend and the associated enthusiasm for architecture, and awareness of architecture, can be extended still further. This book aims to contribute by presenting a snapshot of the present architectural state of the city, and at the same time pointing out that it is and always will be the outstanding architecture which stimulates the discussion of architecture as an essential element of our overall culture. The changes that have taken place in the appearance of Frankfurt as a result of the work of architects and city planners are documented in the form of pictures and considered in reflective texts. Whereas the first book on architecture in Frankfurt was focused on architecture and art in public spaces, the present book focuses on architecture and design. Volker Albus, who is the Professor of Product Design at the College of Design in Karlsruhe and also an architect, designer and exhibition designer, developed the concept for this book and admirably compared the selected buildings with successful design objects. Thus, it is hoped that architecture and design will supplement each other in a remarkable manner.

Like the first volume, "Architecture in Frankfurt", the second volume would again not have been possible without the willingness and involvement of the architects and designers, photographers and authors who placed their buildings, objects, photographs, drawings and texts at our disposal and, by helping us in this form, enabled the book to be created in its present form. We would like to express our gratitude for this assistance.

Volker Albus

Frankfurt am Main: Between construction art and the construction market

According to Saskia Sassen, Professor of Urban Planning at Columbia University in New York und author of numerous books on the development on the city in the age of globalisation, Frankfurt am Main is one of the "most important" cities in Europe: "In terms of economic geography, Europe is currently sub-divided … into a large number of interconnecting elements which are centrally or peripherally connected with modern economics. At the centre we have a hierarchy of important cities – Paris, London, Frankfurt, Amsterdam and Zürich – which play a central role in many respects in the global city system. A significant network of financial, cultural and service centres – some with just one, some with several of these functions – contribute to this coherent European function and are less oriented towards the global economy than Paris, Frankfurt and London." (quoted from Saskia Sassen: "Cities in a World Economy", 1994; p. 64 in the German edition: Metropolen des Weltmarkts - Die neue Rolle der Global Cities, Frankfurt, New York 1996) Although we may not agree with the prominent classification of Frankfurt in all the aspects mentioned by the author – even the most ardent local patriot will probably find it difficult to argue that the city on the Main belongs in the same lofty cultural spheres as London, Berlin or Vienna – nevertheless there is hardly any doubt about the economic importance of Frankfurt – both nationally and internationally. Apart from the incessant and latently growing flow of money and traffic which streams through the city every day, the building activities in its centre also support the hypothesis of the author from New York. The disruption caused by economic depression is apparent even on the banks of the river Main – a list of the temporarily "postponed" construction projects would be too long for this foreword – but hardly ever does a week pass without news of the laying of the foundation stone for a new project or a decision in a current competition. This is reason enough for Jo. Franzke, the initiator and coordinator of this book, to present another overview of construction in Frankfurt four years after the first book, "Architecture in Frankfurt. Buildings, Life and the City at the End of the 1990s". By contrast with the first book initiated by Manuel Cuadra, my concern was not so much to highlight the absolute highlights of architecture in Frankfurt (or to present these highlights, which undoubtedly exist, as the real essence of architecture), but rather to present a sort of (pictorial) panorama of all the architectural works in this "metropolitan city" which is so influenced by the "world economy". It is quite deliberate that the transition from construction art to the construction market, from originality born of architectural inspiration to the standards enforced by" project supervision", are visible: architecture is more than just an academic discipline. However, some of the very respectable results are due to the assertive involvement of the much maligned investors. So this is possible – in spite of the market.

Like every selection made by only a few people, this presentation also has its omissions. Not every office which influences the appearance of the city could be taken into account – and not every office which affects the appearance of the city has the creative character to shape the visual identity of the city substantially, or to be beneficial to the city. And it was not possible to give all relevant themes the coverage that they deserve. This applies especially to the treatment of the historical substance, which was only dealt with in extract with the projects for the old library (portico), Thurn and Taxis palace, the old bridge and the renovation and conversion of the IG Farben building. The generally positive development of these projects should not blind us to the fact that in other potential preservation sites (e.g. Braubachstrasse/ Berlin Strasse and the various monuments dating from the 1950s and 1960s) there has not yet been any significant progress in dealing with the heritage from the past. But that is a subject for another book.

By contrast with the first volume, some examples of interior architecture and design have also been included. This was largely because architecture "behind" the scenes is increasingly seen as a significant supplement to the order books of architects – almost all finishings and fixtures originate from (construction) architects, and it also seems promising to compare results which arise from very different degrees of freedom.

At this point, it is appropriate to express gratitude to the people who have made a major contribution to such a project. As representatives of all those who have helped to present this book "on time", I would like to thank Marie Andreas, Célia Ribeiro Meireles, Beate Tröger and Eva Wörner (from the office of Jo. Franzke) and Ulrike Wagner and Stefan Nigratschka (Trust).

Wolfgang Pehnt

Between boom and depression

Recollections and observations about Frankfurt am Main

Not too near and not too far, not too often and not too rarely: these are the conditions under which a friendly relationship can develop. We do not get on each other's nerves in our daily routine, but we do not become estranged by too much absence.

My relationship with Frankfurt am Main keeps this balance between proximity and distance. In total, I have lived in the city for two to three years. At present, it is every few months that I pass through the station district, which has resisted all attempts at purification, to the city centre. It is part of the vitality of the city that to reach the stylish glossy banking metropolis, you have to pass through an area which has resisted all attempts to clean it up. This distinguishes the city from places like Alsfeld or Michelstadt.

Whether we like or dislike places depends on people and the memories we associate with them. For me, Frankfurt is enlivened by people: Ernst Holzinger, the director of the Städel museum after the war who was so noble that he postponed the offer of rebuilding his museum until the pressing shortage of residential accommodation had been alleviated. Or Ernst Beutler, my first employer in the cultural institution "Freies Deutsches Hochstift" after I finished my studies. I never dared to admit to him that when when I was at school I wrote an essay which fiercely opposed rebuilding the Goethe House, which was his heart's delight. I still vividly remember the encounter between philosophy and local community politics. Max Horkheimer, the philosopher who had returned to his Institute for Social Research, and Walter Kolb, the Lord Mayor of the post-war years, both of whom were weighty, bald men who looked remarkably similar, bustled each other into the wine restaurant by the destroyed Römerberg. Nobody had yet thought about reconstructing the Römerberg, not even the association of the friends of the old city.

I experienced the Frankfurt of the post-war period as a laboratory of architectural Modernism, comparable with my home city of Kassel, but with a higher quality of architecture. Ferdinand Kramer's university buildings acted as a beacon, especially the steel and glass portal cut into the neo-Baroque main building. Not a single monument conservationist would approve this "gateway open to the light" today. The Paulskirche, in its new form, preserved the Roman dignity of the burned-out ruin and to me this represented – and still represents – an exemplary treatment of the historical substance. My lodgings as a student were close to St. Michael, the spacious enclosing wall by Rudolf Schwarz, who had collaborated in building the Paulskirche. Even then, I felt that it was a work of architecture which challenged people when I took my evening walk around it.

It was only later that I, like many other people, realised the sacrifices which the modernisation process had demanded in Frankfurt. The frenzy of demolition was linked with the task of building a city for the motor car, but it did not end when this goal was no longer relevant. On the permanent large building site of Frankfurt, today's modernisers are particularly taking revenge on yesterday's modernisers, and the remains of their work are being unsparingly pulled down: yesterday the AEG tower, today the Zürich building, tomorrow the Matthäuskirche. The consequences that have arisen from modernisation include the reactions, the return to cosiness, small dimensions, decorative elements and dramaturgy – and the reconstruction madness which almost snatched away the post-war form of the Paulskirche. For those who have lived in Frankfurt for a long time, the modern skyline is only bearable when seen from the half-timbered and decaying Römerberg or framed by the Postmodernist grandiosity of Saalgasse.

They have aged quickly, even quicker than I believed at the time, those quaint details and attempts at embellishment by national and international architectural guests who came to the river Main in the 1980s to dance to the pipe of the imagineering trio: Lord Mayor Walter Wallmann, his head of culture Hilmar Hoffmann and his architectural adviser Heinrich Klotz. But the city's reputation as a city of culture which encouraged investors still benefited Frankfurt even when the local community budget showed no more traces of special encouragement for culture. The city side of the southern bank of the Main was spared any major investments of private capital, and with its chain of old and new museums it offers a pleasant contrast to the commercially astute city centre. Even in the 18th and 19th centuries, the wealthy trading magnates who had their country houses on the south bank of the river could look over to the city centre with pleasure, because they were at a distance. Their capital was working for them over there without spoiling their idyllic residential setting.

Frankfurt is not a city that you can love as a whole. It is too hurried, too busy, and where things are more leisurely, it is too lethargic. But there are some aspects of Frankfurt that I appreciate. Some of them are gifts of nature. The red sandstone from the Main (which sometimes comes from the Neckar) which the master builders of the city used to erect the city's most important buildings before the invention of exposed concrete. The city's position by the river. It is wide enough to distinguish the two halves of the city, but not wide enough to separate them; the former harbours offer the most promising opportunities for urban development. The hint of the hills of the Taunus which gives the broad valley of the Main a promise of freshness, undulation and woodland, especially in the summer when the kindly advective winds do not come. Lowlands and hills are opposites, but like all opposites in Frankfurt they are not irreconcilable. The lowlands are not flat, they are slightly undulating, and the hills are not an insurmountable obstacle, but pleasant medium-sized uplands.

Other advantages of Frankfurt were created or caused by people. They include the city wall complex around the centre, which once delighted the wife of councillor Goethe. The city wall statutes which the city gave itself to preserve the green city wall complex were an admirable feat of the citizens, even though the abutting owners often tried thereafter to transform their permitted summer houses into sturdy large buildings. It honours the city councillors that they have made it a goal of their planning to create an extended green belt system. Now it is time for the suggestive green areas on city maps to be identifiable in reality, too.

Among the advantages, believe it or not, I also count the collection of tower buildings in the banking and trade fair district, which is impressive for Germany. We should not compare them with New York or Chicago, but rather – for instance – with Denver or Atlanta. Only every second or third of these towers is more than just a stack. Their position along existing or simulated axes appears more logical on the city map than it is in reality. But on the other side of the Atlantic, the sheer quantity also takes precedence over cultivated individual buildings. There are moments, when the sun goes down and the evening light is reflected in the facades of steel, glass and aluminium, in which we forget our objections about public poverty and private wealth. There is something to say for this unabashed, almost shameless and naive show of self-importance. In Nietzsche I read that architecture is "an eloquence of power expressed in forms". He, too, thought of bankers as building owners – but those of the quattrocento in Florence and the cinquecento in Genoa.

Frankfurt is a city of the middle. Its favourable geographical position was the reason why the German Emperor chose Frankfurt as the place for meetings, elections and later for coronations. In terms of historical dignity, the election site, St. Bartholomäus, was no match for Cologne cathedral or even the Münster in Aachen. Even the hierarchical term of "Dom" (cathedral) for the Stiftskirche was presumption – if it was a cathedral, where was the bishop? Frankfurt lost its political status as the place of coronation when the Holy Roman Empire came to an end. But one of the peculiarities of the city's history is that local political defeats stimulated new growth. The first parliament of the Germans only met for twelve and a half months and then moved on (to Stuttgart, of all places!). The title of a free imperial city was lost with seizure by the Prussians, and in 1949 the tri-zonal administrative centre of Frankfurt lost the contest for the honour of being the West German capital to a small pensioners' town by the Rhine. This did not harm the city's economy.

The city was always left with its trading links, its trade fair centre and stock exchange, its banks, its newspapers, its railway junction and air traffic hub – the commercial and strategic transport factors which have been of such benefit to the city. What it lost in historical splendour, it gained in economic influence. The Federal Central Bank and the European Central Bank have placed the city among the locations with central European functions. For architecture, it is only logical where it should look for its clients: not to the public sector. The architectural commitments of the local community have slowly but surely shifted from large projects to smaller projects – from museums in the 1980s to kindergartens in the 1990s. – And from architectural structures to the infrastructure. Today it has its hands full ensuring that industrial and railway brownfield sites can be built on. Seen from the outside, the many simultaneous planning projects between Frankfurt 21, the Europe District, the western and eastern harbour seem to be too demanding for their own good.

What has completely changed in the decades that I have observed is the international character of the scene. Earlier, outside architects came from Munich or Karlsruhe, now they come from London, Chicago and New York. But that is no different in other large cities in Germany. Globalisation has even reached Bad Oeynhausen and Weil am Rhein. Companies which operate globally love the glamour of the big wide world of architecture. In view of this, it is in fact surprising that local architects can defend their territory alongside Foster, Kohn, Pedersen & Fox or Jahn. But the younger Frankfurt architectural bureaus seem to find opportunities outside the city easier to come by.

Anyone who wanted to see Frankfurt's architecture at its best in the 1920s travelled to Ernst May's suburb estates. Today he must go to the major corporations, the banks, insurance companies and advertising agencies. He needs to go to the airport or the Messe and to sample the self-presentation of architects in the halls of the trade fair complex – where the most successful elements are prototypes for future architecture. No longer can he prowl around new cultural and sacred buildings – as he could with the churches by Schwarz, Johannes Krahn or Giefer & Mäckler in the 1950s. Where Frankfurt's architects plan anything spiritual, they do it elsewhere: in Dresden, for example, and if they plan projects for Sachsenhausen, then it is for the place of that name in Brandenburg, not for Sachsenhausen in Frankfurt.

In Frankfurt with its dominant economic thinking, the productive force of capital reigns. Boom and depression directly affect building in the city with Germany's most important stock market. It is true that this applies in other places, too, but it is more shamelessly visible in Frankfurt. You know what you have got. Is there any other town or city in which the most important entrance to the city centre, Theaterplatz, is adorned with a monument to the valid currency in the form of an enormous euro symbol?

01 Matthias Alexander
Thurn and Taxis Castle Rebuilding

It is about 270 years ago that Frankfurt had its first palace debate. The Thurn and Taxis family was to move to Frankfurt on the Emperor's command to manage the wide branching network of their postal connections from there. The people of Frankfurt were not pleased that this fabulously rich family moved to the city. A large palace with an inordinately lavish court life did not fit in with the bourgeois concept of upright living which the influential circles in the city adhered to. The city council tried to prevent the sale of the land to the unwelcome nobility. This failed, and the Thurn and Taxis palace was built.

The French master court builder Robert de Cotte was commissioned with the planning. On the basis of his design, one of the most beautiful city palaces in Germany was built over a period of ten years. The two gates with their mansard roofs and simple towers did not overshadow the surrounds. Instead, the building's splendour unfolded on the inside in the court of honour, which measured 30 by 30 metres. The palace enclosed it like a horseshoe. The large rotunda and the gesture of not overwhelming the size of the surrounding area were expressed on the garden side of the palace. The palace had a chapel and a theatre, a riding area and even a bakery. The best artists in Europe were commissioned for the design of the interior fittings. The ceiling paintings, for example, were created by the Italian painters Bernardini and Colomba.

But even after the Thurn and Taxis family, whose life style predictably caused arguments, had left Frankfurt, their palace still remained an alien element for the citizens. Initially it served as accommodation for the nobility who had befriended the Thurn and Taxis family. Its subsequent use as accommodation for French troops, as the official residence of Carl von Dalberg, as the palace of the German Bund, as a post office and a museum made it into a multi-purpose building.

This fact alleviates the recent debate on the rebuilding of the palace, which was damaged in the war, subsequently demolished, and then replaced on the site by the telephone tower building and a three-wing building in front of the tower. Due to its versatile history, it would not be inappropriate for the rebuilt palace to be used for a hotel or luxury boutiques, as the investor seems to intend. However, the advocates of rebuilding the palace mainly emphasise the architectural quality and historical significance of the Baroque city palace. The most important argument is that the city centre of Frankfurt is dominated by buildings dating from the 1950s, and that this reduces architectural history almost to a single epoch. A reconstruction of the palace could change this and strengthen the almost alienated relationship of the citizens to the history of their city.

02 Martin Wentz
Frankfurt's Old City Library Rebuilding

The rebuilding of the Old City Library is not merely a nostalgic reconstruction of bygone ages. If it were only based on social motives, it would have the same drawbacks as the socially and politically motivated destruction of buildings in the city of Frankfurt after the war. Instead, the concern is the reconstruction of a major public building from its ruins – albeit rather late – to restore part of the historical identity of the city.

In 1816, the city's master builder J. F. C. Hess was commissioned to design a new library building in Schöne Aussicht. The building, which was highly commended for its quality, was presented to the public in 1825.

The building was destroyed in 1944 during the War, and only the portico of the Old City Library survived the clearance of the ruins and subsequently acted as a memorial to encourage a more historically based restoration of the city.

After various unsuccessful attempts to finance the rebuilding during the 1990s, this was successfully achieved in 2000/2001, largely due to the participation of a foundation. On 23rd May 2002, the city councillors then voted to rebuild the Old City Library for the Frankfurt Literature Association. This association will then – in a fitting historical gesture – be able to take over the building without charge together with a restaurant and possibly a bookshop.

An architectural competition will provide information about the execution details. The main goal has been achieved: the city, and especially the growing south of the East End, will be given back part of its memory, its fine municipal tradition and its identity.

03 Dissing + Weitling
Poelzig building, Frankfurt am Main

In 1928 Hans Poelzig designed the building which was built between 1928 and 1930 for IG Farben AG and was the company's main headquarters until 1945. From 1945 it was used as the headquarters of the US forces in Europe, and from 1952 to 1995 it was the headquarters of the V. corps of the US army. In 1996, the federal state of Hessia bought the listed complex comprising the IG tower building, casino and park for the Goethe University. The architectural bureau of Dissing + Weitling, Copenhagen, was the prizewinner in the Europe-wide tender to convert the complex for its new use. The decisive reason for this decision was the experience which the office had gained in the treatment of buildings which were partly listed as architectural monuments. It was also felt that this architectural bureau founded by Arne Jacobsen would fully appreciate the forms of expression used by Hans Poelzig. Work to convert the Poelzig building for the university began in 1997 under Reinhard Tölke, and the university moved into the complex in 2001.

The result of the cooperation between one of the major German architects of the 20th century and an architectural bureau which is characterised by classical Modernism, is convincing. Users, visitors and critics praise the successful synthesis of the conservation of the historic monument and a modernisation which preserves an awareness of architectural history.

04 Prof. Christoph Mäckler Architekten
Intervening – The architecture of Christoph Mäckler

Building – at least in the densely settled areas of Central Europe – not only means acting, it also means reacting: reacting to the existing buildings in each situation, reacting to the history of a location, reacting to the wishes and ideas of the clients. Many of the buildings by Christoph Mäckler arose from an interaction with the existing substance. Sometimes it was an existing office complex dating from the 1950s or 1960s, sometimes a historical building in the middle of an area of detached residential houses, sometimes an inner city situation. If only for ecological reasons, uncontrolled extension of developed areas will need to be avoided in the future. But building in contexts means intervening: getting involved, finding one's own approach. It is remarkable in Mäckler's interventions that his own buildings do not follow a retrospective ideal, but rather seek an up-to-date combination of tradition and Modernism. The architect loves the form-creating force of architects such as Le Corbusier or Louis I. Kahn, the visions of Russian Constructivism and the subdued restraint of anonymous architecture. These tendencies come together in the concept of a "rematerialisation of Modernism" which values the quality of craftsmanship. A facade of stone, for him, is a facade made of stones. Christoph Mäckler's buildings are built evidence that the old theme of "doing justice to materials" is still relevant today.

Zürichhaus on Opernplatz, Frankfurt am Main

The buildings of Zürich Agrippina were about 40 years old, technically outdated and no longer compliant with the standards for modern places of work, so they had to be demolished. In urban development terms these 1960s buildings, with their solitary structures and pavilions, spoiled the wall of buildings which defined the urban context on the western side of Opernplatz. The planning of a pedestrian area in the 1970s also took away the bustle of the square. The former spacious vehicle drive to the old opera house was closed, and the opera became a mere exhibit. As a result, Opernplatz largely lost its original cosmopolitan character. The new development concept aims to redress the balance. The new block-edge development contains shops and restaurants. It has a sandstone facade which reflects the height and materials of the buildings on the east of Opernplatz, thus restoring the urban design context of the square. The office tower rises to 168 metres and has a clearly profiled natural stone facade and two-storey glass elements. It is designed on the principle of a "low-energy office" with generous daylight and with windows that open manually in every office.

Office building, Eschersheimer Landstr. 6, Frankfurt am Main

The 7-storey office building is situated on the busy Eschersheimer Landstrasse in the centre of Frankfurt. The new building closes a gap in the solid block-edge development of the district on the alignment line of the former public education centre and present Metropolis cinema. A slightly recessed 4-storey building structure forms the direct connection. It completes the frontage overlooking the street, and at the same time it underlines the separate identity of the actual office building in a heterogeneous urban context. The facade of natural stone is a calm perforated facade. On the street-side it is sub-divided by a window unit spanning several storeys with projecting external elements. The set-back, high entrance door creates a portal which seems to draw visitors literally into the building. At the top, the building is crowned by a red overhanging section. The T-shaped ground layout enables the protected trees in the courtyard to be preserved.

"Scala" office tower building, Frankfurt am Main

The 18-storey office and shop building is situated at the gateway to the city in one of the oldest industrial areas in Frankfurt, which is being transformed into an urban district in its own right with high quality office and residential accommodation. Its striking form, which consists of an end building and two lower wings, creates a clear entrance to the new urban district. Its Y-shaped ground layout is determined by the pointed shape of the plot and clearly emphasises the contours of the urban setting. The expressiveness of the building underlines its gateway function. The angle between the wings of the building creates a spacious courtyard setting with catering facilities which opens up to park-like open spaces with a tree-lined avenue on which there are spacious, 7-storey residential buildings.

Levi Strauss upper school with sports hall, Berlin-Köpenick

A new central building supplements two adjacent brick school buildings dating from the end of the 19th century. In its design and its use of materials it follows the adjoining old buildings, reinforcing their appearance, but it can nevertheless be recognised as a separate architectural element. The supplementary building forms the new centre of the complex and is the focal point of the main pedestrian movement routes, forming an expanded encounter zone. Its outer wall of solid brickwork will accumulate patina and grow old with dignity, like its neighbours. The task also involved the construction of a new sports hall, which was built as a separate structure in the second phase. The double sports hall is positioned so that it can also be used by the adjacent primary school. The expressive building is linked with the school building by a long brick wall.

Choreographic Centre, Essen

At the end of the 20th century and the beginning of the 21st century we erect buildings which hardly survive for longer than 20 years. The materials used and their joints have forgotten the art of growing old. This loses any recognition value of a building or location. It appears all the more important that buildings such as the former washing and locker rooms of the Zollverein coal mine, which have been converted to a Choreographic Centre, should not be subjected to drastic building work, but that the original substance and the historical identity should be systematically preserved with a minimum of change.

dmc² – Conversion of an industrial building for use as an office building, Hanau

On the factory complex of Degussa-Hüls AG in Hanau-Wolfgang, a former furnace assembly building dating from 1910 was to be converted to modern offices for the management of dmc² – a subsidiary of Degussa which trades in precious metals. To preserve the substance and charm of the old hall as far as possible and maintain the generous spatial impression, the architectural concept is based on the idea of a "building within a building". Apart from a small number of striking "penetrations", the facade of the factory building is unchanged and the patina has been preserved. It now forms a protective, temperate shell for the separate office structure that has been inserted into the building.

Old Bridge, Frankfurt am Main

Frankfurt's medieval "Old Bridge" is an important part of the city's history. Until the middle of the 19th century it was merely a route across the river Main. Over the centuries it has been destroyed and rebuilt many times. It was greatly changed at the end of the Second World War when a bridge pillar was detonated and the bridge was rebuilt in simplified form. With a small number of nevertheless important alterations, the present design aims to do justice to the original form. The two stone bridge sections on the river banks will be renovated, and the missing sandstone parapets will be added. To avoid a fragmentary appearance, the point where they rest on the steel structure will be rounded off by architectural sandstone-clad end elements. The lighting will underline the architectural idea and emphasise the historical importance of the bridge. Stimulated by the mill tower (Mühlenturm) which once stood on the bird island, a tower will be built on the land in front of what is now the rowing club, and it will accommodate a café and a viewing platform. On the other side of the bridge, the "Portico" exhibition room will find a new home.

Market Gallery at the old market, Leipzig

The design for the facades of the new Market Gallery in Leipzig represent an act of urban repair in this important location in the heart of the city. The sub-division of the facades is based on the former passages and the small plot structure of the block. Like the roof landscape, it reflects the different units of use. Thus, a lively facade arises which encloses the urban setting without dominating it. The new facades restore the necessary tranquility to the square by the old city hall which will enable a new tradition to develop. An important factor in this connection is the use of facades which can age visibly by developing patina. At the same time, the buildings will be fully functional within these facades for generations, even if the uses inside the buildings change.

European Business School, Oestrich-Winkel

The new lecture building is situated in an attractive park setting which slopes down to the river Rhine and belongs to Reichartshausen palace (the headquarters of the EBS), together with its outbuildings and the romantic castle ruins. The building contains four new lecture rooms, a central core with a school foyer which can be flexibly used and new rooms for the library. In its proportions and design it matches the palace building and the park with its mature trees. At the same time, it creates a new setting in the complex ensemble of buildings.

05 Gruber + Kleine-Kraneburg
IG metals Hochhaus (Mainforum), Frankfurt am Main

In a restricted implementation competition for the development of a plot of land directly on Untermainkai in 1995/96, the architects Martin Gruber und Helmut Kleine-Kraneburg prevailed over the competition with their design. An old building of the trades union IG Metall dating from the 1960s is being replaced by the new building. Completion is scheduled for the middle of 2003.

The complex of buildings restructures and harmonises the urban development context and at the same time represents a clearly organised and defined space for communal life. Directly on the bank of the river Main, the 22 storey tower building rises up out of a circular development with a four-fold curvature. The tower building slab, which forms a glass-roofed atrium with the circular development on one side and faces an open courtyard on the other side, overlooks the river bank with its narrow side. The southern part of the building is clad with silky red shining Main sandstone, and the northern part has a sober steel and glass facade with a storey-high grid structure. The alternation of horizontal and vertical sub-divisions of the window structures, in combination with the open and closed sections of the building, holds a promise of a high residential and communication value. The consistent and harmonious design of the building, with its generous and meaningful spatial organisation, is suited for a variety of uses and defines a new urban location in the fabric of Frankfurt which is based on the philosophy of building for people.

Tower building, Kaiserkarree, Frankfurt am Main

The architects Gruber + Kleine-Kraneburg won the restricted implementation competition in 2000, the completion of the new building is planned for 2006. The tower building closes a gap in the uneven height line of the Frankfurt skyline facing the city wall complex. The stepped cube structure of the 36 storey tower building varies the typology of the H shape of the ground layout in the different storeys. Its block-like, monolithic structure is underlined by the even facade grid, which only takes on a more open form in the lower storeys and the rooftop structure containing the building services, and which fits in with the horizontal structural volume of the existing buildings. The facade is structured by a system of matt grey sandstone panels which create a clear and unobtrusive facade structure. The widely mixed uses envisaged in the design follow the concept of a city within the city. Whereas the lower storeys are especially designed to contain residential apartments, the areas between the 6th and 27th floor is reserved for office use. Public facilities are found on the ground floor, the 25th floor and at the roof level. The internal structure permits a maximum of flexibility in the configuration of the rooms. The new Kaiserkarree tower building borders directly on the public open spaces of the city wall complex, represents a new venture in the integration of tower buildings into the urban setting of the city of Frankfurt and at the same time clearly shows the architectural intention of the architectural bureau, thus forming an integrative stone in the mosaic of democratic building in the metropolitan city on the river Main.

06 Prof. Hans Kollhoff
Mainplaza tower building on Deutschherrnufer, Frankfurt am Main

The Mainplaza is situated in the suburb of Sachsenhausen and is symbolic of the Deutschherrn district which was built on the southern bank of the Main on the former slaughter house complex. The building is a 24 storey tower building which is 90 m in height and 20 m in diameter and consists of the base, the central section and the crown. The octagonal five storey base appears like an enormous solid foot. It leads into the central section, which derives its shape from the geometry of the octagon. The suspended brick facade of red-blue coloured facing bricks is both serial and additive in character. Whereas the ground floor is generously glazed, showing its identity as a public space, the facade openings and window proportions in the storeys above it reflect the privacy and individuality of the accommodation on these floors. The Mainplaza is used as a purely residential building without commercial premises and contains a total of 136 apartments, with a restaurant and bar on the ground floor. The tower suites, service apartments and penthouse maisonettes which vary in size from 40 to 180 m^2, and some of which are furnished, are connected with a concierge service.

07 Jo. Franzke
Introduction

Even though the metropolitan city of Frankfurt hardly ever avoids making urban development blunders, it is nevertheless a laboratory for the European city – nowhere else has the traditional form of the city been so radically transformed. Thus, "Mainhattan" today has a range of styles and types of building which spans several eras. The task of making a mark with a recognisably individual style in such a kaleidoscope requires sensitivity, distinctiveness, creativity and the will to convert this into built architecture. Jo. Franzke's name is inextricably linked with these characteristics. But this would be a mere gesture if he did not present architectural deeds to support his idiosyncratic style. Looking for these architectural deeds in the city's fabric is almost impossible without a guide. This is not only due to "Big Bangfurt", it is mainly because Franzke is such a chameleon. For each of his buildings, he cuts out an individual new suit of clothes. Depending on the required content and the available resources, the architect designs specific building exteriors to correspond to the existing context. This should normally be taken for granted. But especially the successful offices tend to stylise the handwriting of their chief designer and use it as their corporate identity. Although it has successfully established itself throughout Germany, the Jo. Franzke architectural bureau, which is based in two buildings in Alte Gasse, has not become one of these signature architects. The bureau does not have a trademark, but it has a style. The style of quality. And this is pursued down to the last detail.

Hunzinger Project, Frankfurt am Main
The front of the Hunzinger residential and office building is a white cube, the side view has the same white limestone but moves down in four steps to the garden, and in the narrow back yard there is a slender pond filled almost to ground level across the whole width of the building. The reductionist facade has flat surfaces without any projecting edges or recesses; the upright windows are flush with the exterior cladding. The only elements which project out of the cube are the entrance and a glass belvedere above the eaves – in homage to a feature which was very common in Frankfurt before it was destroyed. The cantilever roof above the middle flight of stairs to the main entrance and the gateposts with cubic lights on the top seem to be a reminiscence of Oswald Mathias Ungers: after his apprenticeship and travelling years, Jo. Franzke managed Ungers' Frankfurt office. After he went independent in 1986, Franzke followed the cubic creed for a while. But he disliked fixed routines and broke up the rectangle, combined it with curved lines, renounced material orthodoxy, played with irritations and increasingly used combinations of bold bricks and sheet metal, rendering and steel, ashlar stone and glass.

House of the Press, Berlin
The "house of the press", the home of two central organs of opinion published on paper, is located on a historical site: in the former newspaper district. Franzke came, saw a large wasteland site and formulated a symbol. A rigid, stone-like rectangular cube of six storeys is clad in red-brown bricks. Slender serial upright windows (with double height in the base section) are cut into the building. Like a balancing artist, the architect then crowns the solid material and form of the cube with a glass cloud-like frame. An object which would be a nightmare to architects who aim to "do justice to the materials". Next to a completely windowless central projection for functional rooms, a semi-circular concrete shell rises on the northern facade of the cube, clad in titanium zinc from the ground upwards, rises obliquely and towers, in defiance of all structural principles, to a height of half a room above the basic cube. Then it rests on top of the cube and gently rises parabolically to the seventh and eighth storey. A symbiotic development of Mendelsohn's dynamism and ritualised rationalism in line with Unger's work.

Beethovenstrasse, Frankfurt am Main
An office building in the spartan style of the 1960s was extended upwards and modernised, and the unused courtyard behind it was optimised for residential and office use. Three five-storey buildings rise up over a shared underground car park on this residual part of the land. The neighbouring office buildings are spatially and structurally linked at the commercially used ground floor level. Above this level there are lightweight concrete frame structures with suspended aluminium and glass facades and floor-to-ceiling fold-and-slide shutters for privacy and sun protection, giving the residents a garden city atmosphere in the centre of Frankfurt. With a view over an artistically landscaped miniature park with contemplative water courses between the buildings. The interior of the office complex is behind an all-glass facade which overhangs on the sixth floor and sweeps back by three degrees to ground level, and which is given contour by individually controllable external blinds. In contrast to the filigree glass-fronted part of the building, the functional section of the building leans inwards by the same angle from bottom to top.

Handelsblatt, Frankfurt am Main
Another project which barely fits into the urban texture is an office complex in Eschersheimer Landstrasse for the editorial departments of the Handelsblatt newspaper. To obtain approval for a completely commercial use of the building in this largely residential area, the architecture very smoothly combined an existing green biotope, citizens' action groups which ardently fought to protect it and public authorities which insisted on residential space under a single (virtual) roof. The "park" in the formerly derelict rear courtyard of the run-down tenement buildings is integrated, the roots of the trees are protected in soil tubs, and an underground car park with ground level vegetation is wound around them, thus diversifying the compact volume of the buildings. The block structure on the street side has been visually minimised into triangular layouts facing the park, and the sacrosanct eaves heights have been broken down into three Renaissance-style stepped gable buildings joined by two lower sections with flying attics and a set-back glass frontage. And – abracadabra – the investor entered into a voluntary commitment to create compensatory residential space in an equivalent place in the area – prompted by whispers from the architect and tamer in the urban circus.

Office building City-West, Frankfurt am Main
The office building in Theodor-Heuss-Allee is a highlight in the mediocrity of the City-West. It accommodates seven storeys and 10.500 square metres in an "H" shape, with both uprights set at right angles to the street. From the open space on the street, the visitor enters a glazed lobby as high as the building which is set back from the facade in the first five storeys, but then forms a command bridge which slopes dynamically up to a gallery which is flush with the facade. The maritime symbolism is underlined by a sail-like flat roof which conceals and shields the building's mechanical services. Flush windows embedded in the rock-green stone facade on the street facade underline the elegance of a casual frontage, and the enormous glass panels of the atrium visually draw visitors towards the entrance. The H layout is not only attractive in form, it is also an advantage for the infrastructure. Deliveries and vehicle access for staff and customers are routed through the rear opening in the H layout. The offices are served via fixed installation cores, and up to four functionally separate segments can be created on each storey. One of Franzke's principles is that "the synergy effects of flexibility need fixed structures".

Lake Constance Forum, Konstanz
The Konstanz cultural and congress ensemble is the urban centre between the lake and the railway complex at the edge of the city. The concert and congress hall is accommodated in a compact rectangle on the western edge of the Plaza, a casino and restaurant with a square ground layout are to the north-east and the hotel occupies an elongated rectangle which encloses the Agora to the south. The floor of the plaza consists of anthracite-coloured, polished concrete which also forms the roof over the underground car park. Light openings are set into the ground at irregular intervals, providing daylight for the car park by day and spherical light islands on the ground at night. The concert and congress hall is situated in a horizontal rectangular block; the rectangle of the casino and restaurant rises to a three-storey cube, and the slender wall slab of the hotel forms the third edge of the plaza. The glass cube of the art and concert building encloses a smaller rectangular structure which contains a large and small auditorium. The hotel and casino are partly clad with opaque glass, partly with transparent glass. The foyer of the casino spans the full height of the building and leads to all functional levels: the ground floor with the games machines, the main floor with the Grands jeux and above that the catering facilities and the roof garden, which affords a view across the landscaped park promenade to the lake and harbour.

08 Léon Wohlhage Wernik Architekten
Office and residential building in Eschenheimer Strasse and Schillerstrasse, Frankfurt am Main

The new building replaces a building that dates from the 1950s and reached from Grosse Eschenheimer Strasse to Schillerstrasse; it was a slab-type building in the narrow block between the parallel streets and contained a small square opposite the Baroque remains of the Palais Thurn und Taxis. Respecting the eaves heights of its neighbours, the new building closes the gaps in the edges of the block and leaves a small alley between the square and Schillerstrasse. In line with the square and the Baroque facade, there is a solitary slender tower building for apartments. Apart from other apartments in the north-east part of the building, the upper storeys of the building are used for offices and the ground floor for shops. Below the shops is a multi-storey underground car park.
Two staircases are cut into the building as if with a knife and offer a diagonal view through the block; the interior of the block is rather different from what one would assume from the road. The exterior of the building, with its large windows and vertical slits, reflects the rhythm of the surrounding buildings. Angled red ochre ashlar blocks rise up solidly one above the other, whereas the fully glazed courtyard forms a complete contrast. Its transparency and brightness is reflected by a low water basin which fills the whole area, so the light of the sky also shines from below. This cube-shaped, crystalline courtyard is the central element of the building and gives it a concentrated working atmosphere with views which enhance internal communication.

09 Gewers Kühn und Kühn
Introduction

For almost 10 years Georg Gewers, Oliver Kühn and Swantje Kühn have worked together to develop contemporary architecture. Their major themes are the development of innovative facades, the use of innovative materials, integration of light art and cooperation with artists of the same generation in the architectural context. This is graphically reflected in the new building on Theodor-Heuss-Allee in the west of Frankfurt's inner city.

Office building,Theodor-Heuss-Allee 100, Frankfurt am Main
"Abstraction and Empathy" – Wilhelm Worringer's fundamental essay of 1907 – reflects the main ideas of the design. A highly modern, hyper-flexible office setting for a major bank radiates clarity and strict organisation. Large-format facades which are technically perfected and refined have the effect of dematerialising the large structures. This calm appearance is overlaid by a few inserted "loggias" in the facades, which glow like Bernstein at night and create scope for separate themes in the interior, the "InsidePanoramas". Just as the canteen ceiling with the "merging structures", an integrated light art concept of "Soup", emotionalises. A large number of light openings illuminate the large expanse of the ceiling and themselves provide light. This enables various moods to be generated. Here, too, the building can be interpreted in different ways – as intended by the architect.

10 schneider+schumacher Architektur
Westhafen urban district, Frankfurt am Main

The development of the Westhafen district as a place of work and residence is based on a decision by the city parliament. The district was largely shaped by the urban development and architectural visions of the architectural bureau schneider+schumacher. The district consists of three areas. The western part is commercially used, the middle along the harbour is earmarked for residential building. At the eastern end – close to the Friedensbrücke (Peace Bridge) – the Westhafen tower arises, which combines with two other solitary buildings, the Westhafen building and the bridge building, to mark the beginning of the urban district. All three of these buildings were designed by this bureau, as were three other buildings: a municipal kindergarten at the beginning of the harbour wall, the Westhafen pier which forms the western end – and a temporary information box which gives information about the building work and acts as a viewing platform, similar to the Red Box on Potsdamer Platz in Berlin.
The cylindrical tower marks an important entrance to the centre of the area. The interior square floor space rotates around the core storey by storey, which creates terraces in front of the offices which are combined to form multi-storey spiral aerial units. The exterior facade consists of floor-to-ceiling triangles, some of which can be opened, thus giving the tower a prism effect. The glass outer shell provides an unrestricted view in all directions. The bridge building, which has a café on the ground floor, follows the alignment line of the road to the lock. The building, which rests on pillars and has an expressive facade, serves both as a connection and a separation between the green river bank and the adjoining district. The triangular shape of the Westhafen building comes into its own on the ground floor, the 6th floor and in the roof. With its facade elements and room height, the ground floor is set apart from the remainder of the mass of the building. The office storeys in between are based on an L-shaped floor plan, enclosing a light courtyard and overlooking the harbour. The mansard-type design of the roof matches the eaves height of the adjoining buildings to the west.
A major challenge in the design of the Westhafen pier was to build an office building in the direct vicinity of a combined heat and power plant and its infrastructure. The answer was a three-storey base which is used as an indoor car park, but which also integrates a conveyor belt from the Main to the power plant. Above the base are five scale-clad, tooth-like office units which overlook the river like camera bellows and are linked by slender structures. The design idea for the kindergarten, on the other hand, was to make it part of the harbour complex. Its barrel-type roof takes up and continues the slope of the river bank. The group rooms are directly linked to the outside, and the building has a translucent shell which opens up to the harbour basin. The information box reflects the dimensions of the Berlin information box on a scale of 1:3, but is rotated vertically. The idea is to use a building specific to Frankfurt as a three-dimensional notice board to accompany the construction of the district.

Cubus, Düsseldorf

Stability in chaos
Deep in the west of Düsseldorf is a hotel which is rather ambivalent on the outside, but a consistently styled world on the inside. The dominant design feature, both inside and outside, is an impressive concrete wall (which was originally meant to be made of clay) with which the six-storey block is separated from the hustle and bustle of the adjoining streets and buildings. At night, a pattern of dots of light – from the glass rods sealing the anchor cones of the formwork – gives the enormous wall a poetic touch. And by day, the glass rods are useful in that they bring daylight into the hotel corridors. The visitor enters the block with the individual rooms through a small opening in this wall. And he is surprised: a free space opens up through all six storeys, light comes from above, thin stainless steel tubes are all that connect the impressive wall with the solid block containing the rooms. Another surprise awaits the visitor in the room. The toilet is the only item which is enclosed in a box and hidden from view, but the bath itself is only enclosed in glass. This creates a large, flowing room. Here, like in the restaurant and the reception area, the interior finishing is reduced, elegant, almost Japanese.

Museum Soviet special camp No.1/No. 7, Sachsenhausen concentration camp, Oranienburg

The former Sachsenhausen concentration camp north-west of Berlin is a "memorial site with a dual history" (Peter Reichel). On the triangular camp, 200,000 people were imprisoned, tortured and murdered before 1945. After liberation, the Soviet NKWD (Peoples' Commissioner for the Interior) interned a total of 60,000 persons – National Socialist functionaries, Social Democrats and even people who had previously been detained in the concentration camp. 12,000 of them died before the camp was closed in the spring of 1950. The museum planned by Till Schneider and Michael Schumacher after they won a design competition reminds us of those years – which were taboo in the GDR period.
The rectangular block which is embedded waist-deep in the ground reflects the height of the camp wall; its facade consists of large-format concrete panels which have been ground smooth and then sealed with a black coating. The atmosphere in the interior alternates between an elegance which is far removed from the camp era and a roughness which is appropriate for the setting. Floor to ceiling flush glass walls join directly with the rough concrete floor. The illumination of this room, in which the mechanical services are carefully hidden, is from above, through a glass roof which rests on steel beams which are dramatically close together.
Apart from the diagonal entrance and the flush window slits, the glossy dark outer shell reflects the camp barracks. The building constantly searches for an appropriate balance and oscillates between an architecture of denial, which is set apart from the outside world and represents the isolation of the special camp, and a radical reduction which reflects a semblance of non-existence. The simple geometry of the museum, which is outside the camp triangle, forms a contrast to the organised geometry of terror. But the monolithic block, which is partly like a mausoleum and partly like a Japanese treasure chest, has the aesthetic force to assert its own place, and thus to assert the space for the memories stored within it. Even among museum buildings, which are increasingly becoming a prime discipline in an architecture which celebrates its own merits, this is an extraordinary building.

Braun administrative headquarters, Kronberg/Taunus

Till Schneider and Michael Schumacher are experienced and inventive designers. For the U-shaped headquarters building for Braun GmbH they developed a dual layer glass facade which enables users to open their own windows, whereas the outer layer is opened or closed by a computer. In sunny weather, innumerable glass elements are spread outwards, making the smooth facade into a scale-like pattern. The roof of the main building, which consists of tilting air cushions, varies the theme of the facade and has a similar climatic function. The unheated atrium is also used as a climatic zone in a similar way to the buffer zone in the glass facade; its air inlet is through ducts in the floor, and the exhaust air is extracted via the roof. A water basin and a maple tree, both of them slightly offset from the symmetrical axis, further improve the indoor climate. In this modern building with its cool elegance, the silky reflective surface of the constantly gurgling water next to the greenery evokes the archaic image of a tree beside a pond.

ERCO High-rack warehouse, Lüdenscheid

Industrial buildings are based on the criteria of the greatest possible functionality and the fastest possible return on investments. The high-rack warehouse for the lighting manufacturer ERCO also follows this economic logic, although here, like in the Braun building, purpose-built rationality was combined with architectural quality. The building sets itself apart from the normal fast-corroding metal boxes and aims to be forceful, lyrical and at the same time functional in its architecture. In its structure, its facade cladding and details, its energy consumption, its materials and interior finishing, this plain and elegant cube structure represents a sturdy harmony of pragmatism and poetry – in spite of its prosaic role as an industrial warehouse. With its partly translucent and partly transparent outer shell of profile glass and insulation glass, the fascinating grid of the steel shelves, the highly complex interplay of machines and conveyor belts and the rapid action of the shelf loading machines combine to create a forceful dramaturgical scene. The building reflects the identity of the client, which presents itself with the motto "Light instead of just lamps".

11 Auer + Weber + Architekten
Prisma building, Frankfurt am Main

The entrance to the office city of Frankfurt-Niederrad will in future be dominated by the symbolic appearance of the Prisma building. Not only the height of the building, its horizontal dimension will also stand for the qualities aimed for in this project: Incisiveness and radiance, an all-round ecological building concept with low use of energy, an effective, flexible, communicative and open working environment. Corresponding to the conditions in the location, a closed angular building on pillars is covered by a triangular climatic shell to create an impressive large structure. The angular section defines the building facing the office city, and the "display window" of the double facade defines the panorama overlooking the urban landscape.
Within the transparent shell there is an interior world that can be used throughout the year with water surfaces, free-standing lifts and large overhead walkways. The entrance level contains special facilities such as the canteen and conference zone and a "staircase to the sky" which leads upwards in the double facade to the "gardens" on the 11th floor with a view of the city and the municipal forest. The thermodynamic energy concept, which was already intended in the competition design and which defines the appearance of the building even in its details, permits a natural ventilation of the building through the intelligent use of alternative energy.

12 Hentrich-Petschnigg & Partner
Allianz-Kai, Frankfurt am Main

The architectural partnership HPP is one of the oldest, most experienced and most successful architectural bureaus in Germany. And it can lay claim to a classic building which symbolises the Federal German economic miracle more than any other building: the three-slab building for Phoenix Rheinrohr, later Thyssen, which was completed in1960. The new building for the Allianz insurance company on Theodor-Stern-Kai in Frankfurt, which was taken into service in June 2002, is in the same tradition. The prominent complex by the Friedensbrücke, with a crystalline tower building as an eye-catcher, is a striking gateway to the city centre. Designed as a "city in the city", the building with its perforated facade forms a link to the residential buildings to the south, and it opens up to the river Main with five transparent finger-like wings. Its backbone is a "through road" as tall as the building which serves both for internal access and as an inter-departmental communication centre. Together with inner courtyards and roof terraces, the glass-covered "through road" offers a large number of opportunities for chance encounters and incidental conversations which, according to recent studies, will increase the creativity and inventiveness of the 2,500 people who work here. The most distinctive characteristic of the building consists of the interconnections between all parts and the opulent sub-divisions which offer constantly changing views and situations. Generous lighting, spacious dimensions, air to breathe – these are among the special qualities of this building, which is a prime example of a major structure which is imposing in its dimensions without being excessive in scale, and which therefore fits in with its urban setting.

13 Architekten Schweger + Partner
Main Tower, Frankfurt am Main

The winners of the international competition of the Hessian Landesbank (Helaba) in 1991 presented an innovative concept and the striking dissolution of a shaft into a square and a circle to reflect the duality of the city side and the park side. In the optimisation phase, Tower II of the Helaba building became the 200 m high Main Tower. The expectations and goals were redefined, the functions, access system, load-bearing structure, facade and building services were altered. The goals of unmistakeable appearance, suitability for long-term letting, low operating costs and measures designed for ecological and social building favourable for the occupants were achieved by constructing a "low-energy building".
The sandstone facade of the preceding buildings, which was a protected architectural feature, is integrated in the pedestal section and continued in the new part of the building. The square part of the tower has a facade of structural bronze sheeting which will be mellowed by patina over the years. The round part of the tower forms a contrast with its glass-clad transparency. The innovative concept of the single-glazed facade with windows that can be opened is implemented to perfection. The top of the round tower offers a restaurant, a viewing platform and a studio of the Hessian radio station, and it offers a fantastic all-round view as the highest viewing point in Frankfurt that is accessible to the public.

14 Novotny Mähner Assoziierte
The "Gallileo" tower building, Frankfurt am Main

The place where the city and the station district meet is very important in the urban design of the city of Frankfurt. In the decades between the Second World War and 1995, the corner of Kaiserstrasse and the city wall was spoiled by the "Zinserturm", even if the people of Frankfurt grew accustomed to it. The planned new building offered the opportunity to make a fundamental improvement. Therefore we followed the eaves height of the western side of Kaiserstrasse to supplement the existing buildings on the edge of the block and to complete the development with an end building facing the city wall complex. The tower building, which consists of three parts, was set back from the edge of the block and developed from the urban development situation (differentiation, height limitation, staggering of heights down to the river Main and reflection of the main directions of the surrounding streets). We saw light, air and lightness as the fundamental criteria for the design. Our main aim was to give the tower building good proportions and a vertical identity in spite of its limited height. The standard floor plan differentiates between the two transparent office sections of the building, with their differing heights, and the solid core area. The opening of the core area in the centre creates transparency at the point where the glazed tower building sections join and provides attractive views to the east and west from the lobbies outside the lifts. The low building contains facilities for public use on the entrance level and the 1st and 2nd floor. The first and second basement levels, which contain the "English theatre", also contribute to the link between public facilities and the office accommodation in the tower building.

15 AS & P. Albert Speer und Partner
Baseler Platz, Frankfurt am Main

Baseler Platz, which is in a privileged position at the central south entrance to the city, plays an especially important role in the city. It is close to the main railway station and the Friedensbrücke (Peace Bridge), but the busy road traffic around its flower beds means that it is not a place where people want to spend time. As early as 1998, AS & P drew up an urban development study on how this can be changed; Close to the western harbour and not far from the "Main Forum", the Oval and the Arcades will now be built to plans by AS & P, and a residential development has been planned by Scheffler + Partner.
The oval shopping, office and residential building, which arose from a cooperative experts' report process, will shift the edges of the Baseler Platz to the east. The unorthodox form and the glass and stone facade break out of the constraints of a design derived strictly from the surrounding area: the building asserts its own identity, and nevertheless becomes part of the square. The apartments are situated from the 7th floor upwards and arranged in three rings around the south-east corner of the building. The spacious roof terraces give a free view of the city skyline, with the Taunus hills in the distance. The impressive entrance beneath the overhanging upper storeys on the northern side leads into the entrance hall and the atrium.
The arcades to the east act as the new edge of the square. In contrast to the oval, they form a geometrical building which appears closed and compact when seen from the corner on Baseler Platz, but which opens out to the residential development in Wilhelm-Leuschner-Strasse. The facade overlooking the square forms a clear profile which gives this solitary building the necessary coherence. The two-storey arcade facing the oval emphasises the main entrance; the entrance hall, which also spans two storeys, and the adjacent restaurant give generous views into the garden courtyard and underline the proximity of working and residential accommodation.
The three separate buildings by Scheffler + Partner, on the other hand, are free-standing solitary structures which fit in with the villa architecture of the early industrial period which was characteristic of this urban district. Two of the buildings in Wilhelm-Leuschner-Strasse are linked by the commercially used ground floor, and the third building is a free-standing building inside the block. These buildings have a Mediterranean flair with their natural stone base and the Pompeiian red rendering, and this is underlined by the planning of the grounds: the result is a quiet, fragrant and semi-shaded oasis in the middle of the city. The early industrial period also influences the interior: the 32 high quality apartments have high doors, wooden windows, parquet floors, loggias and roof terraces.

Victoria tower, Mannheim

A building with two faces

The tower building directly next to Mannheim main station, which is visible from afar, embodies two superlatives. The landmark of the Victoria tower is not only the tallest building in Mannheim with almost 100 metres, it is also the fastest-built skyscraper of its size. In March 1999 the owner started to look for a plot, and the building was occupied only two years later! The elongated diamond-shaped glass-clad structure towers impressively above the greenery of the palace garden and presents itself, depending on the perspective of the beholder, as a broad slab or a slender tower. The unusual floor plan reacts to the urban context of the axes of the forecourt and the main road of the urban district of Lindenhof, and makes the building appear less bulky. The glass facade of the overhanging staircases in the two pointed corners and the upper storey form a single level together with the base. This makes the projecting double glass facade in front of the small grid pattern of the office section appear like an enormous panel around which there is a lighter colour frame, which is illuminated in the dark. By contrast, the interior is more modest: the depth of the building accommodates between one and three offices which are more restrained; the 25 main storeys can be conventionally partitioned and offer all options from cell-type offices to open plan offices.

16 Scheffler + Partner Architekten
Introduction

The work of the Frankfurt office of Scheffler + Partner is striking in the special attention it pays to the context. This can be seen in the Postmodernist extension of the Liebieg building (1987 – 1990), the architecturally differentiated estate in Zeilsheim (1990 – 1996) and the disciplined new building for the Lampebank in Frankfurt's west end (1999 – 2001) – the designs created by the office always deal very carefully with the existing structures and the surrounding area. This is not achieved by domineering geometry or devote submission, but by restraint in a sensitive solidarity with the location and the memories which it holds.

German school, Budapest

One example is the new building of the German school in Budapest, which is remarkable in its extremely successful integration into the terrain. On a woodland area of 36 hectares in the noble XII. district, where Erich Honecker went hunting in the GDR period, the architects – who had won the competition – constructed a building in the form of a circle segment for a grammar school with two classes in each year, and they restored the former hunting lodge which is now occupied by a primary school.

The main building structure describes a gentle curve as it follows the contour lines of the sloping plot, but the school hall and sports hall are set deeply into the slope. Their roofs are used as a sports field and a playground. A school road with a glass wall on the valley side links all the parts and offers a wonderful view of the city. The classrooms in the upper storey, which are clad with warm lake pine, are combined into manageable units which are reached by their own staircases and accommodate the classes in two years. The specialist classrooms on the ground floor are clad in white plaster and have direct access to the outdoor facilities. The central point in the school is a two-storey entrance foyer with floor-to-ceiling windows which leads into central facilities such as the library, school hall and school offices. The building is convincing in the tension and balance that are created between the identifiability of the individual parts and the unifying overall form which emphasises the location.

17 Frick.Reichert Architekten
Introduction

The services of our architectural bureau are reflected in our approach, which is focused on design as an all-round service. In the areas of corporate design, interior design and building design we pursue an all-round approach to architecture. We regard ourselves as generalists, and we provide all-round support throughout all of our projects, from construction to furniture development.

Residential and office building, Hansaallee, Frankfurt am Main

For us, developing a residential building for Frankfurt's West End means creating a building with balanced and unambiguous proportions. The base – the body – the head. The office and residential parts of the buildings are differentiated vertically and give the compact building its clearly structured and striking appearance. Office – residence – penthouse. Compared with the base of the building and the upper storeys, the transparent ground floor with its office accommodation is set back by half a metre. The ruby-red cubature of the four upper storeys contains apartments of different sizes and types and facing in different directions. The "head" of the building is formed by penthouse maisonette apartments surrounded by spacious roof terraces. The total of 22 large apartments have either loggias, which are visually grouped together on the southern facade with distinctive sliding sunshade elements, or balconies which extend the floor area of each apartment to the outside. The windows extend downwards towards the floor, and from the 3rd upper storey they offer a free view of the Frankfurt skyline. At the same time, the generous glazing of the bathrooms provides daylight via the rear-lit glass skylight of the "bathroom core".

18 Stefan Forster Architekten
Town alterations, Leinefelde

In Leinefelde, which saw a nine-fold growth in its population between 1960 and 1990, a "supply centre" with shops, a library and a town hall was built in 1974 between the old town and the slab-type apartment blocks in the south of the town. The two-storey foyer of the Obereichsfeldhalle has now been altered so that it is not only a separate area for events, it also acts as a veritable town loggia which connects the two parts of Leinefelde. Glass facades open up the foyer, which was previously foreboding and dark. And the distinctive and aesthetic roof structure of prefabricated panels, which was not visible to date, has been laid free. The interior of the foyer is elegant, sophisticated and impressive in its sparingly used but high quality materials. The centrepiece is the spiral staircase which leads up in an almost breathtaking sweep to a stylish bar on the gallery. A flat steel roof connects the foyer and the opposite library, and rows of plane trees have been planted between the shops. The supply centre was once rather incongruous, but now it has a structure which makes it enjoyable to spend time there.

Voltastrasse residential estate, Frankfurt am Main

The concept with which Stefan Forster and his project partner Karl Richter won an expert competition in the autumn of 2001 is reminiscent of the large residential courts of Vienna. The substantial complex of four to six storeys in the form of a U with long uprights deliberately borrows ideas from the block edge development of the early industrial expansion era. The sturdy brick facade, which contrasts with the more delicate handrails, arouses associations with the factory architecture of the surrounding area which dates from the early 20th century and is gradually disappearing. A small number of clearly formulated projections and recesses, distinct window jambs and deep cut-out sections in the roof give the development a restrained contour. The residential development aims to set standards not only in its appearance, but also in its user friendliness. 15 apartments per staircase and three apartments on each floor ensure a manageable size; the well-proportioned floor plans provide flexibility. And details such as upright windows, spacious loggias and raised ground floor apartments will give the complex an urban and noble elegance which is rarely found in subsidised housing.

Social residential construction, Leinefelde

The estates of concrete slab apartment buildings in the eastern federal states are one of the most dangerous legacies inherited by the unified Germany. They are threatened by social erosion and economic depression, so a remedy for this situation is one of the crucial factors which will determine the future of the Republic. Even though the tasks seem to be innumerable, widely varied and almost impossible to fulfil. Almost accidentally, but then with great commitment, Stefan Forster (formerly Forster + Schnorr Architekten) devoted himself to improving the concrete slab buildings after he won a competition in 1996. In the town of Leinefelde in Thuringia, the architect has so far converted 220 apartments in three phases, with surprising results: vacancies are almost zero, whereas about a million apartments in the area of the former GDR are waiting for new tenants.
Instead of the usual "paint brush renovation", and in spite of the tight budget, individual residential situations were improved. The architects developed about 50 floor plan variants. Bathrooms and kitchens were extended, doors were widened, larger windows were fitted. On the whole, the rooms became more spacious and brighter and new types of apartment were created, e.g. maisonettes. Winter gardens, spacious balconies and continuous loggias further improved the residential quality. New colours – fresh blue for rough-cast plaster, deep red for balconies, handrails with a metallic shine or in anthracite – not only make the surfaces more attractive, they also reflect the deep-seated changes in the former grey (residential) reality.
In his conversions and demolitions, Forster was inspired by the "new Frankfurt" and its residential estates. The architect follows a garden city concept in which some of the indifferent outdoor areas are privatised, others are intensively vegetated. The 1.5 metre high base which is normal in concrete slab apartment blocks was heaped up with soil, so the ground floor apartments, which are otherwise at a disadvantage, then had brick-enclosed "green rooms". Two blocks were reduced in height by two storeys. Another project which will begin shortly aims to completely remove the last staircase in each row of concrete slab apartments and to convert the remaining buildings to town villas.

19 Dietz Joppien Architekten
Introduction

In his "Treatise on German architecture", Goethe suggested that dainty adornments were typical of the Italians, and monumental greatness typical of the French. By these standards, Albert Dietz and Anett-Maud Joppien must originate from these two countries, because they express both qualities. Their sophisticated newspaper kiosk at Schweizer Platz in Frankfurt, a building which can be transformed as needed to be either transparent or closed, even made an impression in Japan. The Max-Schmeling-Halle in Berlin, on the other hand, with its 200 metre long north facade and its sculptural roof which alternates between plain and elegant styles, plays a role in defining the urban context, and in its location between Prenzlauer Berg and Wedding it links East and West Berlin. The architectural office also made the headlines with a number of competition entries – they did not always win 1st prize, but they were always commended and they showed great distinctiveness and architectural force, e.g. the competition entries for new buildings for Hochtief AG and Lufthansa.

Residential estate, Wiesbaden-Sauerland

To the south of the centre of Wiesbaden, the purely residential "Sauerland" area was built over the past decade. In spite of the fact that several different architects were commissioned, the estate is rather monotonous, and the block designed by Dietz Joppien is one of the few convincing attempts to implant individuality and collective identity, versatility and variable spaces into a mono-functional structure. The block consists of two L-shaped buildings and is characterised by strong colours, precise use of materials, an independent interior atmosphere and flexibility. The different groups of residents are offered identifiable apartments which can react flexibly to the various needs of different life styles, daily rhythms and generations. Distinctive overhanging balconies and traverse loggias with sliding sunshades and tool containers create extra usable room types, which change their appearance depending on the way they are used.

Solitary buildings 7 and 8, Frankfurt am Main

The conversion of the former abattoir complex for use as a residential and office area is one of several urban development measures designed to recover the Main area for the population. The total of eleven solitary buildings directly by the river, which form a continuation of the river bank promenade, certainly offer the best residential settings, even though the side facing the river is the northern side. In the solitary buildings 7 and 8, the architectural bureau Dietz Joppien successfully overcame this drawback by creating apartments which take up the full depth of the building. Defined service zones and neutral rooms, together with a two-layer facade, create residential units which can be individually assigned and adapted and which offer a view of the river and, at the same time, a view which goes as far as the Odenwald to the south. The facades – grey-green slate in solitary building 7 and sandstone in solitary building 8 – have an individual character to fit the usage, with continuous loggias and sliding sun protection elements. On the whole, both cubic buildings can be regarded as outstanding examples of multi-storey urban residential building.

Urban railway (S-Bahn) station, Hannover Airport
From freedom above the clouds to the busy traffic in a narrow tunnel: an everyday feeling for air passengers who land somewhere and then enter an underground railway. Not so in Hannover. The S-Bahn station beneath Terminal C, which has been altered by Dietz Joppien, conveys a suggestive experience with its dynamic light installations. The computer-controlled interplay between the platform lighting and the illuminated walls creates an unreal yet exciting sensory atmosphere. Travellers are welcomed by warm and calm lighting. When the train enters the station, and seems to push light before it, the situation changes completely: the edges of the platform and the sides of the train are now illuminated, creating a bright and clearly limited space. The glass on the light walls, which are partly diffused and partly reflective, allow large areas of colour, sudden changes of colour and pulsating alternating colours. They can also be used for projection, for example pictures with information for the passengers.

Returns handling building, Neckermann AG, Frankfurt am Main
Imaginative constructive and social empathy are concepts which characterise the widely varying work of this architectural bureau and which are also found in the new Neckermann building, which was a winning competition entry. Behind the dispatch building by Egon Eiermann, the heterogeneous urban design situation was restructured with a striking large building – a slab-type tower building and an adjoining low building. The two-storey hall, which receives extra daylight from cut-out inner courtyards, is the section actually used for handling returns. Although technical installations are predominant, high quality workplaces with a link to the outside world were created. The facades – partly transparent, partly translucent, partly closed, partly open – not only make efficient use of energy, they also create a pleasant visual rhythm in the building. The striking spiral in the tower building, which enables the staff's cars to drive up to the roof-top car park on the flat building, is a further forceful feature in combination with the entrance ramp which is reminiscent of Eiermann.

20 BRT Architekten Bothe Richter Teherani
Carré Mainzer Landstrasse, Frankfurt am Main
The new office complex and the residential building are in the extension of the Frankfurt banking district. The area's urban context is defined by its heterogeneous roadside buildings and its mixture of working, residential and commercial properties. The office building consists of six spatially separate units. The four central units form a square. They are grouped windmill-style around an inner courtyard, and there is a free gap to the next unit on the long side and at the end. The ends of the units have either closed two-storey corner sections or green spaces. This creates meandering office blocks which are offset against each other and have spacious winter gardens. The office building follows the street alignment lines of Mainzer Landstrasse and Gutenbergstrasse, and its end faces Frankenallee. Between this end of the building and the existing residential development is the new residential building with maisonette apartments which provide a view of a public green space to the north.

21 Jourdan & Müller PAS
Federal Ministry of Education and Research, Berlin
The existing old building (completed as barracks in 1914, rebuilt as the Institute of Construction from 1947, attic by Hans Scharoun 1949) combines with the neighbouring buildings and a fire wall to enclose a courtyard on three sides. This courtyard contains a two-storey pavilion dating from the 1970s. The new building is at an angle to the old building adjoining the street, and completes the courtyard. The end of the new wing takes its cue from the main entrance and is distinctively sculpted. The new Ministry of Education and Research building carries forward Modernist ideas and, with its free-floating volume, is a symbol which illustrates its orientation towards the future and the onset of a new millennium. In an interplay of light and shadow, the overhanging section creates a gateway to the garden courtyard with its renaturated soil.
The fragmentary character of the new complex joins the disparate city to create a new whole. The many-facetted architectural monument, which witnesses to the history of both German states, has been preserved in accordance with monument conservation principles.

City Point Kassel, facade design
The main facade of the Shop in Shop department store on Königsplatz in the centre of Kassel is a two-layer facade. Behind the glass membrane facade there is a coloured fair-faced concrete facade. To designs by the artist Prof. Thomas Bayrle, pictures of the city of Kassel were printed on the inside of the glass panels by screen printing. From a distance, the horizontal sub-divisions of the glass panels are perceived as a calm, restrained element in the visual appearance of the city. LED panels integrated into the horizontal rectangular profiles of the load-bearing structure project white light onto the fair-faced concrete elements behind them. This makes the fair-faced concrete appear like a reflector screen. This innovative lighting technique creates a completely even illumination of the facade in the dark. The facade seems to be a body of light. This concept was awarded the Innovation Prize for Architecture and Technology 2001, winning 1st prize in the lighting category.

Altana AG, Herbert-Quandt building, Bad Homburg von der Höhe
The building is like handwriting in the landscape. The slightly undulating heights of the foothills of the Taunus become an architectural topos – embedded in a park with mature trees, the new Herbert-Quandt building introduces the beholder to the environment and is a continuation of the landscape. The two wings of the building enclose a garden courtyard and are linked by a winter garden. To the east, facing the rising sun, the two wings capture a view of the landscape across meadows and fields. There is a pond set around the main building. Entering the two wings of the building, the visitor finds himself in a foyer that is flooded with light, with surrounding galleries leading to the offices. This foyer can be used by Altana AG for festive occasions. An art project shapes the spatial experience. The result is a building which stands for the company's global openness and efficiency and offers a high and socially benevolent quality for all of the staff.

Residential building with doctor's surgery, Offenbach
In a villa district with mature trees, the spatial setting for the residential building with a doctor's surgery unfolds on a narrow rectangular plot. The fully glazed front and rear facades are shielded from view by a front courtyard and a garden, thus conveying both privacy and openness. A concrete base picks up the concept of the Piano Nobile of the nearby villas dating from the early industrial expansion period. The base forms a geometric framework for the storeys above it. This framework is reflected in the all-round steel girders which sub-divide the individual storeys. This minimalist marking of the boundaries of the building is further broken up by cutout sections, projections and glazed corners. The side facades have an alternating rhythm of floor-to-ceiling panels of glass and concrete. The use of large-format material structures is continued in the interior, creating a spacious impression in the interaction of open and closed modules both inside and outside.

Olympia 2012, Frankfurt am Main
CITY – LAND – RIVER
a metaphor for the vision of the Games in Frankfurt Rhein Main in 2012.
Frankfurt Rhein Main, one of the major metropolitan regions in Europe, is applying to host the Olympic Games 2012. Following the ancient description of the setting of Olympia by Paunasias, "beneath Kronos Hill at the confluence of the rivers Alpheios and Kladeos", the 2012 Olympic Games would thus be held beneath the slopes of the Taunus at the confluence of the rivers Main and Rhine. Olympia Frankfurt Rhein Main 2012 is associated with the vision of a polycentric regional city, a city which spans the boundaries of three federal states and which comprises the host city of Frankfurt am Main and the Olympic parks of Wiesbaden, Mainz, Sulzbach, Offenbach, Maintal, Hanau and Aschaffenburg. The region Frankfurt Rhein Main already represents a metropolitan city of a new kind. With approximately 4,8 million inhabitants, 2,2 million employed persons and an area of 11,000 km^2, Frankfurt Rhein Main is a metropolitan region equal to Berlin, Paris or London. This is illustrated by the overlap between the city maps. But the transport links are faster in Frankfurt Rhein Main than they are for comparable distances in Paris or Berlin. However, the crucial difference is that Frankfurt Rhein Main, which contains wide bands of countryside in the regional park, is a city with a great deal of greenery. This city model integrated into the landscape makes Frankfurt the inner city in a metropolis and is characterised by the autonomy and individuality of its many centres, which bear widely different images of the historical European city as a nucleus within themselves. They will continue to exist in the future and are a fermenting element in the region. They form the pulsating field of the new urban landscape which is linked by the cooperation between transport networks, the attracting force exerted by the world of finance and economics, the large number of commuters, the wide range of cultural institutions, the artificial environments and the landscape.

"I am a Frankfurter!"

Ardi Goldman – "I am a Frankfurter!" or the Frankfurt "Ossi"
Ardi Goldman, who is sometimes called a (life space and) room designer, is an investor. He is one who understands his business. With his work, this man with the unconventional disposition not only wants to earn good money, he also wants to build good buildings. The quality which Goldman aims for cannot be achieved with anonymous financial transfers from A to B. Personal involvement, good contacts and identification with the product "property" are necessary; identification with the city, the district, the street, the surrounding area, the atmosphere, the land, the neighbours. The consequence for Goldman, who was born in Frankfurt and followed a family tradition – his father, who owned the still famous Paramount Hotel in downtown Manhattan in the 1960s, was also in the property business – was therefore clear: after his apprenticeship and the years he spent away from home in Berlin and New York, Goldman has worked exclusively in Frankfurt for several years; to be exact: in the Frankfurt East End, or to be more exact: in Hanauer Landstrasse. Even as a child, the later investor already toured the city, discovered quiet corners, spent time on scrap yards: "The city was my adventure playground." Goldman is proud of his city, at second glance he sees it as a city with great opportunities in spite of its

faults and blemishes: "Beauty can be very boring, a beautiful city is complete, makes experiments difficult. Ugliness has great potential."
After smaller buildings which no longer keep pace with the development of his standards of quality, Goldman collaborated with the architect Michael Landes to develop the Union project, which was successful from the outset. It comprises the former premises of a brewery, which is impressive in its variety and accommodates shops, offices, bars and clubs which combine work and leisure, day and night to make what was once a dead location into a vibrant urban setting. Goldman, who also lives on Hanauer Landstrasse, explicitly does not himself as a cosmopolitan citizen – instead, he loves his home city of Frankfurt. He loves to be in familiar surroundings, and he wants to stay, work and live here. Therefore, he says, he wants to accept responsibility and design his own space for living. "Hanauer Landstrasse lay there like a slumbering princess, all the opportunities were lined up like a string of beads. This I saw, this I grasped – and this I did!" Ardi Goldman sees his own qualities in implementation, in (self) development. "You need to have visions. To mediate. And then to do it." He says. So get started! Together with Jo. Franzke, Goldman converted the former Jade factory, the UFO (Unknown Frankfurt East) on the former Allibert premises is also in Fechenheim, and Goldman's largest project to date will be the Stadtwerk which is being implemented on the land of the eastern goods station: on a plot measuring 43.000 square metres, three times as much floor space is being created for a vibrant mixture, similar to the Union project, which will also include a hotel and apartments. In addition to Michael Landes, the architects KSP Engel und Zimmermann (who are creating the masterplan after winning the competition), Christoph Mäckler and Ortner & Ortner are involved. The project will cost about 125 million euros and be completed by 2004: A gold rush atmosphere in the east end of Frankfurt!

22 Landes & Partner
Union complex, Frankfurt am Main

Our small city

The "Hanauer", which many people in Frankfurt only think of as a congested main road out of the city, has much to offer. The Union complex, which was originally used as a brewery, adds a special touch. After many years of slumber as a "Sleeping Beauty", the Union complex was "kissed" to new life by Ardi Goldman, an investor who had already gained experience in the conversion of old industrial buildings on three other sites in the east of Frankfurt. Together with the architect Michael Landes, he set about revitalising the complex. The two "project developers", who themselves live in the Hanauer Landstrasse area, transformed the "Union" into an urban district within a district which combines shops, small industry, office space, art studios, restaurants, a jazz club, a hair stylist, a discotheque and a bespoke tailor. Goldman and Landes succeeded in preserving the character of the complex. Around the piazza, the heart of the ensemble with its old chestnut trees, there are new and old buildings of widely different types. The main focus is not on the individual buildings but on the ensemble and its (public) space. One of the strongest motifs, which is very effectively expressed by Landes in his love of Italian styles, is the concept of the stage. Everywhere there are opportunities to see and be seen. On the staircases which are attractive to sit on, inside and outside the large windows, on the loggia of the "Union hall" or the gallery of the "King Kamehameha".

23 KSP Engel und Zimmermann Architekten
Intruduction

Young and experienced

Two names, three letters, five locations, two hundred employees. KSP Engel und Zimmermann are among the large and traditional architectural bureaus in the Federal Republic of Germany. The office was originally the renowned bureau KSP (Kraemer, Sieverts & Partner), and Engel and Zimmermann have worked together since 1990, the year when Friedrich Wilhelm Kraemer died. Five office locations in Germany – Berlin, Braunschweig, Frankfurt, Cologne and Munich – permit systematic and flexible project handling and control, and an international network extends the bureau's work beyond the borders of Germany and Europe. The work of KSP Engel und Zimmermann is based on early dialogue, a planning process which aims to integrate a large number of partners and disciplines and which involves innovative technology as a matter of course. The two partners, Jürgen Engel and Michael Zimmermann, have a perfectly classical concept of the activities of the architect, "from the spoon to the city"; the performance of the architect thus includes product development, urban development and general planning. The result could equally well be a new office light, a lectern, the plans for Songjiang University City in Shanghai, China or an urban district in Metz in France. As former students of the Technical University of Braunschweig, Engel and Zimmermann feel doubly indebted to the ideas of Friedrich Wilhelm Kraemer – the conceptual consistency, lightness and elegance of his buildings is still a model for their work.

Forum Messe, Frankfurt am Main

Vibrant beginning

The Messe Frankfurt is one of the most important trade fair settings in Germany and is faced with international competition. Not only the halls by Oswald Mathias Ungers, Helmut Jahn and Nicholas Grimshaw create advantages for the location, the venerable festival hall by Friedrich von Thiersch is also popular. But the complex lacked an entrance building with a banqueting and festival hall for up to 2000 persons and an additional multi-purpose hall. KSP Engel und Zimmermann won the 1998 competition with a symbolic design. The lightweight structure with its transparent outer shell created a contrasting highlight to the solid mass of the Festhalle; rooms without internal supports on both main levels permit highly flexible temporary uses. The Forum has become the focal point of the Messe, with the conference centre and the main restaurant, and it offers a large number of different interior views which create variety. Its position at the crossing point of the main pedestrian routes ensures that it has a large number of visitors during exhibitions, but it can also be used separately.

Deutsche Flugsicherung GmbH, Langen

Double E

All hell is let loose in the skies! The increase in the world-wide volume of air traffic, even after 11th September 2001, means that the tasks for the German air traffic control authority are constantly growing. With the new building of its administrative headquarters, KSP Engel und Zimmermann are now attempting to create an urban setting in the rather heterogeneous Langen industrial estate. Two parallel, comb-like buildings are linked by wings which span the central axis like bridges. The square basic form of the complex of buildings creates a tranquil exterior appearance; in the interior, however, an open and transparent structure unfolds with connecting wings supported on pillars, a low ellipse building, water courses, vegetated interior courtyards and two glass staircases next to the central axis. All parts of the building are connected with minimum walking distances between them, but separate office units can easily be created. Even in the competition entry, the architects laid great stress on the quality of the intermediate rooms. The 1,200 staff definitely appreciate that!

Service center Nassauische Sparkasse, Wiesbaden

A jewel on the edge of the city

Recently, the Nassauische Sparkasse has developed admirable architectural activities. They include the new service centre in an industrial estate on the southern edge of the city. Here, all services without direct customer contact, which were previously distributed between ten locations, have now been concentrated. In addition to the building purchased by the bank, a five-storey, shelf-like office building for about 200 staff has been added, with a glass foyer and a detached conference room in front of it. The individual storeys have individually configurable areas which can be used for combined offices, group rooms and special purposes. The imposing glass foyer leads into the new building, is a place for informal encounters and an important element in the building's innovative energy concept. The building, which may soon be supplemented by adding another identical building, was deliberately designed with a sculptural form; the approach to the main entrance at the centre of the ensemble of the old and new building leads past a large pond.

Money museum, Frankfurt am Main

Money is fun!

The task was to extend the ensemble of buildings of the German Bundesbank on Alleenring in Frankfurt by adding extra office space, a library and a money museum. The architects designed a new building consisting of a cube and an elongated rectangular block with bright facades which would be open, lightweight and transparent. The elongated block is set on pillars and contains the required flexible office space. The cube, which was based on the design of a bookshelf, contains the public areas: the library, the museum and a lecture room. The visitor passes through a small square to enter the atrium, and from there he can look up into the library and across to the exhibition. For KSP Engel und Zimmermann, it was a special challenge to be responsible for the concept, presentation and architecture of the permanent exhibition. The comparatively complex and abstract subjects of the money museum were transformed into an exhibition which is enjoyable, which appeals to all the senses of visitors both young and old and which permits both a general walking tour and individual contemplation.

Korea Institute of Science and Technology, Saarbrücken

Korea classical

The Korea Institute of Science and Technology founded its first European location on the grounds of the University of Saarbrücken in 1997. The slight slope of the land and the trees in the surrounding woodland were decisive for the choice of a concept which assigns the various functions of the institute – laboratories, offices, technical centre – to separate buildings which are connected to each other and to the entrance hall. Whereas the northern courtyards facing away from the street are designed as green outdoor facilities close to nature, the street side consists of stone and has an urban character. Next to the projecting top of the entrance hall, the inserted red oval shape of a conference room marks a colour highlight and an aid to orientation. The white rendered rectangular office section raised on pillars follows classical Modernism with its band-type windows; in the large open space in the interior, all storeys are linked by straight flights of stairs: the route through the building is at the same time a place for communication.

Skyscraper, Neue Mainzer Strasse, Frankfurt am Main
Made in Frankfurt
At the crossing point of two orthogonal urban grids which trace the historic wall system, a new tower block of almost 200 metres in height will soon supplement the array of skyscrapers in Frankfurt. In direct proximity to the "Maintower" and the Commerzbank, the design adds two slender, slightly offset towers of 55 storeys to the skyline. In February 2000 the competition jury unanimously awarded the 1st prize and confirmed that this building "made in Frankfurt", with its total of 80,000 square metres of gross floor space, had a high level of elegance and beauty. The building has a different appearance when seen from different directions, and the sub-division of the volume into two towers of slightly offset heights creates a calm, restrained and yet striking highlight at the corner of the park. The planned passage between Junghofstrasse, Neue Mainzer Strasse and the old city wall integrates the new building into the life of the city, and a public restaurant at the top combines culinary delights with a fine view.

Tower 24, Frankfurt am Main
A worthy successor
In July 2001 HTP (Hochtief Project Development) declared a Europe-wide competition to replace the Hochtief headquarters which were built in 1966 - 68 to designs by Egon Eiermann (and disfigured by upward extension a mere four years later). KSP Engel und Zimmermann won the competition with two 26-storey buildings with a rhomboid ground layout set at a slight angle to each other which follow the alignment lines of Bockenheimer Landstrasse and Wöhlerstrasse. This opens up the ensemble to the east, towards the old opera house and the city centre. The fully glazed, curved facades are designed to make the building appear more slender, and the five-storey base section acts as a link to the early industrial expansion period buildings in the Westend district. Edwin Schwarz, a member of the jury and the head of the Frankfurt urban planning department, regards the winning design as a "worthy successor which does not need to shrink from comparison with its great predecessor."

Press and Information Office of the federal government of Germany, Berlin
Supplement, transform, renew
In the Press and Information Office of the German federal government, 550 members of staff work in archives, libraries, offices and the Press and Visitor Centre. In the 1995 competition the existing conglomerate, which had grown as a heterogeneous ensemble since the middle of the 19th century, needed to be repaired, restored, restructured and extended. The most striking new buildings are the 120 metre long seven-storey block with its dark glass facade, which the architects placed in front of the fire wall of the former postal cheque office, and the rectangular block of the Press and Visitor Centre, which is clad in natural stone and has a security-conscious and symbolically impressive setting, open for anyone to see, on the riverside terrace on Reichstagufer. A standardised concrete slab apartment block of type WBS70 on Dorotheenstrasse, dating from the late 1980s, was completely converted, and is now resplendent with a bright orange facade. The completely lost neo-Renaissance facade of the end of the market hall next to it, which was a hundred years older, has been painstakingly reconstructed at the client's request.

24 Kalmbacher & Ludwig Architekten
Police headquarters, Frankfurt am Main
WYSINWYG (What you see is not what you get)
In 1995 the urgently needed contemporary accommodation for the Frankfurt police led to a Europe-wide competition for a new police headquarters, which Kalmbacher + Ludwig won with a striking design. Their urban design solution placed another large structure alongside the voluminous, broad-based solitary buildings in Alleenring. On the site of the former US shopping centre, jointly planned by Kalmbacher + Ludwig and KSP Engel und Zimmermann, a clear and compact building thus arose with a linear tile facade without any scope for rear sides. The plain form of the robust exterior expresses the construction task, but the different interior facades around individually designed courtyards reflects the wide range of uses. The result was a small city within the city; offices, a press centre, a restaurant and cafeteria, a sports hall, workshops and a helicopter landing site create a surprising diversity and insights into the everyday routine of the 2.500 employees. There was much discussion of the "Berlin" architecture of the new building; for the Frankfurt architects – and the competition jury – the implementation of the austere (economic, organisational, security) requirements in an austere building was the only right answer.

Main terraces, living and working by the river, Frankfurt am Main
"Living and working by the river"; an urban project with a varied mixture of uses and widely different apartment types, supplements the row of villas on the bank of the Main by adding seven solitary residential buildings and an office block. It is a high-density development without impairing the openness of the location, the connection to the water and the orientation towards the city. The serial principle of the buildings, with precise positioning and mixed use, is reminiscent of harbour buildings, signals urban variety and combines living and working accommodation and recreation in a single life setting. The large, continuous balconies facing either the river bank or the city forest extend the living rooms, giving a view of the urban skyline to the north-east or the city forest to the south-west. The office block on Carl-von-Noorden-Platz marks the edge of the area. The square is brought to life by a restaurant with an outdoor terrace. On the whole, an ensemble with a high degree of local identity is arising as the completion of the silhouette of the Main bank in Sachsenhausen.

25 Ingenhoven Overdiek und Partner
Audi AG Pavilion Frankfurt am Main, Tokyo, Detroit, Geneva, Paris
Architecture, structural design, vehicle presentation, lighting and projection systems are characteristic of an all-round trade fair presentation. A spherical body changes direction at several points with illuminated convex and concave curved sections. There is a rich variety of forms composed of filigree structures, transparent layers and light: the external grids of bent stainless steel tubes and intermediate zones of knots and thin taut cables serve to stabilise an inner glass shell consisting of a large number of triangles; there is an sculptural interplay of spaces and counter-spaces, interior and exterior, creating a spatial continuum which is at the same time regular and irregular. The transparency of the glass shell opens up interactive lines of sight in the technological "ice channel", in the reflex turbulence chamber, in the "loop": this creates an island in the aesthetic no-man's-land of the trade fair. A world of experience made up of objects, colours, images and sound. Separate booths focus attention on the prime exhibits.

New administrative building for Lufthansa AG, Frankfurt am Main
The modern labyrinths of large international airports are underestimated as locations for good architecture. The new administrative building for Lufthansa AG is both a major large building and a modular structure which follows prototypes with a broad silhouette. Varied room sequences and interrelationships arise below a slightly rising series of roof segments and glass ribs. A comb-like pattern of six storey office wings alternates with enormous glass atriums. 1.650 jobs are created in the first phase of construction. The open backbone is a central axis of almost landscaped decks characterised by the alternation of light and shadow. They facilitate orientation and networking between the "home areas" of the teams, and they provide internal access and views of the intensively vegetated garden zones. A climate and energy concept is incorporated into the building: the dynamic characteristics of the large glass halls are harnessed for passive energy, natural ventilation and protection against noise and other adverse external factors.

City West Tower, Frankfurt am Main
Tower buildings reflect the structural change in urban development. The typological developments are complex. Traditional forms are being modernised, new visual identities developed. Structural, conceptual, material, air conditioning and energy solutions lead to new appearances. A double form based on an H-shaped floor plan determines the structure of the 19-storey City West Towers. The building is 75 metres in height, modernises a typological double contour and forms the slender structures, which are not quite parallel in to their alignment, into a butterfly-like ground layout with floor space that can be used flexibly. A functional, rigid core forms the centre of the load-bearing structure of round pillars which is situated behind the facade, or behind the double facade in zones which are subject to a high level of noise. The flat ceiling and floor slabs are visible as horizontal bands in the facade, the floor to ceiling glazing underlines the layering of the storeys, and every second panel is subdivided by filigree profile sections and opening windows. The parapet wall is transparently masked by a surround facade which is as high as the individual storeys.

26 Nicholas Grimshaw & Partners
Messe Hall 3, Frankfurt am Main
In October 1999 Nicholas Grimshaw & Partners won a competition to design a new hall for the Messe in Frankfurt. The Messe is an internationally renowned trade fair area, located in the city centre rather than the outskirts. This building completes the southern perimeter of a large urban square known as the "agora". In order to preserve the drama of the facade, the structure spans the length rather than width of the building. Structural steel parts are organised to form a single continuous folding grid in one plane with clearly distinguished compressive and tensile zones.
The roof deck is formed from giant stressed skin prefabricated panels consisting of two steel decks riveted together with their troughs aligned in opposite directions. Owing to the structural geometry, these will be manufactured with an in-built twist. The exhibition area totals 40.000 square metres over two storeys. Two blocks of four storey foyer space, one occupying each short side, feed these. Great care has been taken to ensure that the giant steel 'A' frames, which carry the roof, are clearly visible and separate from the foyer floor construction both inside and outside these areas. The existing Messe is served by a series of high-level pedestrian access routes, which have been exploited in the design of a double-deck structure forming the separation between the upper and lower halls. This incorporates a loggia overlooking the public square, enhancing the impression that this is very much a public building in a vibrant city centre.

27 ABB Architekten mit Bernhard Franken

BMW IAA 1999 – The Bubble

Designing an exhibition is more a question of communication than a question of architecture. Our designs are not mere repositories for information, in themselves they are communication. CleanEnergy is an initiative by the BMW Group to use hydrogen as a fuel for the future of motoring. On the Agora of the Frankfurt Messe, this subject will be symbolised by a walk-in "drop of water" and a park of renewable energy producers, the "solar cloud".
To make a building look like a "drop of water", its form must express the fragile balance between internal pressure and surface tension. A computer program was used to generate this form. The structural design consists of aluminium frames with an acrylic glass shell. The result is a dual curved shell which perfectly reflects the droplet shape. This was made possible by consistent digitisation from the design through to production. The form of the "solar cloud" was determined by a simulation of particles with force fields. This created a complex organisational structure which bears its origin in the location within itself, concealed and yet noticeable.

BMW IAA 2001 – Dynaform

The Agora, the central square in the Frankfurt Messe complex, is dominated by the monumental hall 3 and the new Forum building. To generate the form, these halls were allocated to repelling forces in an animation software. A BMW linked with another force field drives through a spatial grid which is deformed by the forces, similar to the Doppler effect, and which thus acts as "curved space" and provides the master geometry for the design of the dynaform.
The dynaform appears reductionist and minimalist in its external appearance. As a free sculpture, the dynaform defies all architectural categories and is therefore not so much a building as an object. It consists of a topological surface which is folded up from the floor to the ceiling, and then back down to the floor.
The interior design is all the more surprising for the visitor. Passing through the exhibition area called the dynafloor in a straight line from east to west is a scenographic experience. The rhythm of the frames, the superimposition of the curve on the floor plan and the curvature of the floor cause the room to accelerate visually and physically around the vehicles here.

28 Franken Architekten

Klöpp – Ministry building in Reykjavik

The three ministries will be almost sculpted out of an archaic basalt block. The monolith is a reference to the volcanic origins of Iceland, and in its form and material it expresses both continuity and constant change. The facade of the block is segmented into alternate projecting and recessed horizontal strata. Three cracks divide the homogeneous mass of the monolith into four parts. The position and form of the cracks is calculated with a force field simulation on a computer. Forces of attraction are assigned to the courtyards of the two opposite blocks of the building. There is another force of attraction which acts from a protected stone formation. The influence of the environment creates the form. The cracks create a distinctive spatial quality for people in the ministries. Each crack is allocated to a typical element of Iceland: water, heat from the earth and the indigenous vegetation. The blocks are connected across the cracks by glass-covered walkways. In addition, alternate glass levels are inserted into some of the storeys as rest areas.

29 Wandel Hoefer Lorch + Hirsch

Dresden Synagogue

A double destruction took place in Dresden: the Semper synagogue was destroyed on 9th November 1938 and the old city of Dresden was destroyed on 13th and 14th February 1945. These two events were historically linked, but the reaction to the disappearance of the buildings could hardly have been more different. The reconstruction of the Frauenkirche and other buildings which are deeply rooted in collective memory is an attempt to restore the continuity between the past and the present. But the new synagogue in Dresden is in a state of tension between stability and fragility, between permanent and provisional conditions. The design reacts to the changed conditions in the historical location, which has become the meeting place between the reconstructed old city and Socialist post-war Modernism, by creating two autonomous buildings which use the whole length of the plot and thus deviate from the integrated type of community centre. A public open space places the different uses of the synagogue and community building in a spatial and material interrelationship. In a reference to the twin concepts of "the temple and the tabernacle", which are the two fundamental architectural experiences in Judaism, the synagogue is characterised by the contrast between permanent and provisional conditions: on the one hand the solid structure of the outer shell, on the other hand a fragile textile structure in the interior. Due to the orthogonal geometry of the plot, the building structure of the synagogue turns continuously to the east. The complex form with its double curvature is based on a step-by-step rotation of orthogonal masonry layers of concrete ashlar blocks, which consist of natural aggregate and surface structures and therefore fit in with the old city of Dresden and its Elbe sandstone buildings. By contrast with the solidity of the twisted building, the interior is characterised by a metal textile structure which refers back to the motif of the portable tabernacle.

30 CR Architecture Costantini & Regembal

Lycee Français Victor Hugo de Francfort, Frankfurt am Main

The Lycée Français Victor Hugo de Francfort in Frankfurt-Rödelheim combines the pre-school class, primary school and grammar school. The building is made up of one transverse rectangular block and one long block. The long block contains the primary school and the pre-school area, which have separate entrances. The transverse block contains the grammar school with its classrooms and administrative rooms. The two buildings are linked by a bridge. The bridge leads into a hall in the transverse block which is used as an encounter and recreation room by pupils of the Lycée Français and the adjacent Liebig school. There are also covered recreation rooms and separate terraces. The dominant materials are steel and glass, although wooden panels and preoxidised copper sheeting are also used.

31 INDEX Architekten Exner + Musa

Introduction

Whether the focus is on tasks of urban development, architecture or interior architecture, the main emphasis of the work of Ulrich Exner and Sigrun Musa, who jointly founded INDEX-Architekten in 1990, is always on atmosphere and sensory experience. For the architectural team, architecture means designing locations which have their own "vibrations" and touch people. They call their way of thinking contextual, their approach draws on perception psychology. The tactile and acoustic quality of a material, the mood which a colour creates, the memories which a certain spatial sequence sets off in the beholder – these issues which are on the borderline of planning are just as important as the search for purely pragmatic, structural and technical solutions to construction tasks. Whether the task is to design a residential building, build an office building, fit out a restaurant, convert a bank's headquarters or add an extra storey to a kindergarten, INDEX-Architekten create rooms which are always unique, but which nevertheless are permeated by a common personal approach. Alongside their work as freelance architects, Exner and Musa also have the ambition to be involved in public architectural debate – by editing a periodical, managing an architectural gallery or working on the management board of the German Association of Architects (BDA). Their involvement is supported by the conviction that architecture and the city are concerns which affect everyone.

Sysgo office and atrium building, Klein-Winternheim near Mainz

The industrial estate of Klein-Winternheim near Mainz looks rather drab with its random assembly of huts. But at the utmost edge, directly next to wide open fields, the visitor suddenly encounters an architectural jewel, the Sysgo company headquarters. The building has cast the lively creativity of this young software company into a structural form. The building is at right angles to the road and is a simple wooden box which does not aim to represent, merely to present – like the huts and garages in which the software culture first developed. But the functional "working box" is removed from the ground and seems to hover above it. This raised position and the inward orientation – in spite of the floor-to-ceiling windows of the long side facades – conveys a special involvement for the company's staff. It interprets working procedures as a team. In fact, the special characteristic of this building is its inward concentration on a common centre. This centre is not a large impressive hall or an empty atrium, it is a spacious garden which is attractive to spend time in. All the offices are arranged around this garden. They are only separated by a sliding glass door, and this is usually open all day.

Upward extension of a bunker – atelier rooms, Frankfurt am Main

The redesign of the eastern harbour is one of the greatest urban development challenges of the next few years in Frankfurt. Whereas the area around the wholesale market hall has long been affected by structural change, the area further away from Hanauer Landstrasse almost seems to be another world. Between piles of rubble, heaps of recycling products and containers, there is still a bunker dating from the Second World War which is disguised as a residential building. In the constant search for affordable space for artistic purposes, it was suggested that this bunker could become a cultural location and a driving force for urban transformation. The solid concrete core will be preserved and uses for practice rooms for musicians. On top of it, a lightweight wooden box is to be erected which will accommodate artists' studios and the Institute for New Media. An access corridor runs all around the outside of the wooden structure, placing the communal facilities on the outside where they interact with the city, and at the same time serves as the escape route for the studios. Transverse slab-type walls provide protection from the sun and enliven the facade design.

32 Prof. Günter Pfeifer in pfeifer roser kuhn
Church with a church centre in Frankfurt/Nieder-Erlenbach

Following the identity of the locality with its farmsteads and alleys, a farm-like complex was created which reflects the non-territorial space in the locality. The building forms a closed square in which the building volumes of different room heights are interlinked. The distinctive characteristics of the location have been structurally and spatially integrated into the combination of two materials – the concrete load-bearing structure and the timber load-bearing structure are about equal in volume. The symbol of the church congregation is interdependence. Each part of the building is independent, but none can stand on their own. This principle is maintained in the inter-penetration of the wooden and concrete parts even in the detail. The church contains zones which have differing qualities of light. The baptism chapel is a twelve metre high room with a floor space of three by three metres in which the light enters the room unfiltered from the south and west. The small chapel with the tabernacle is illuminated by an opening on the east into which the tabernacle is inserted as a free-floating element. The interior of the church is only illuminated from the east by the light of the cross in the apse. Each of these spatial zones is assigned to specific light scenarios. The spatial geometry creates a three-part nave. The ceiling of the church hall and the youth building consists of a stacked board structure which remains visible. It rests on independent simple half-timbered structures which form the base for the window elements. The ratio between the wooden and concrete surfaces is in proportion to the structural principle of interdependence. All other walls are left in bare, smooth concrete which is preserved with a light-coloured perfect surface and precise edges.

33 Christl + Bruchhäuser
New building of the Hessian federal state representative office in Berlin

In keeping with the concept of the urban villa, the new building of the Hessian federal state office presents itself in an important historical setting in the centre of Berlin with a differentiated and lively silhouette which is sub-divided by projections and recesses on all levels. Instead of aligning the rooms to an auditorium as a common central element, the building is oriented towards daylight and the outside. All offices and event rooms receive natural lighting and ventilation from wall-to-ceiling windows. The facade is clad with Hessian quartz sandstone. Roof terraces, balconies and a light courtyard on the second and third floor create a variation of exterior views. Ponds in front of the building enhance the natural climate inside the building and act as daylight reflectors for the rooms behind them. Passive night air circulation cools the building in the summer. The visitor enters the open and impressive building through the two-storey entrance hall which is clad with wooden panels and has a large open staircase leading up to the second floor, where the office of the Minister President is situated, and the splendid three-storey view of the garden. Internal and public areas are close together in the federal state office. The differences between private and public areas are small, and they range from the Minister President's official bedroom on the 4th floor to the Hessenstube bar and the public cafeteria on the ground floor.

34 Tukali Architekten
Sacristy Mariae Namen, Hanau

A sacristy is a room of passage: from the street to the church, from the profane to the sacred, from everyday life to the celebration of the Mass. However, the single-storey extension which surrounds the apse of the Church of the Name of Mary (Mariae Namen) is not a non-committal and transitory place, it is a room of preparation, concentration and contemplation. Three elements characterise this small architectural jewel. Although they are largely separate from the exterior, the rather spartan rooms seem spacious with their glass walls, skylights and an inner courtyard with water fountains. Secondly, the parabolic floor plan, which Rudolf Schwarz and Otto Bartning intended to symbolise God's outspread arms, shows that the extension is also suitable for the denominational congregation which the church was not originally built for. Thirdly, the lively facade consisting of cubes with sides of 15 cm is a fine example of how the sandstone which is so common in the region, and which is so monotonous in large panels, can be used. Finally, the wall projection which indicates the priest's house, which will be completed at the beginning of 2003, frees the church from its insular urban situation – which is problematical in relation to the 2nd Vatican Council – and connects it to the congregation of believers.

Palm Garden Café, Frankfurt am Main

The attraction of the design lies in two considerations: first of all, the café is in the tradition of the great cafés in Venice, Vienna and Paris, it is an open meeting place for people of widely differing origins, styles and life situations. Secondly, the planned building – partly due to its position – aims to serve as a mediator between the city and one of its largest green oases. The elongated, well-proportioned cube, with its guest area which extends towards the Palm Garden, reflects the topography and paths of the garden, for example with its stepped terrace, whereas the facades have a balanced share of closed and open surfaces as a reaction to the buildings in the west end. An elongated ceiling without pillars and a raised daylight joint provide a clear view from the café to the greenery, which is otherwise enclosed by fences. Quality materials which are not necessarily expensive – such as oak parquet or natural stone in warm colours and textures – create a sensual meeting place which slows down time, and thus – not iconographically but as an urban design function – a bridge between two urban islands.

35 Ian Shaw Architekten
Residential and commercial complex, Obernburg

A residential and commercial complex in the town of Obernburg in Bavaria, consisting of about 2300 m^2 of shop space on the ground floor, offices on the first floor and roof apartments with galleries and balconies. The volume of the building corresponds with the existing urban structure: the proportions of the windows and doors harmonise with those of the adjoining buildings. The main exterior features are the entrance and the stairway tower, which creates a visual link to the nearby tower of the old town wall.

The reinforced concrete building rests on three U-shaped concrete pillars which serve for support and as the shaft for the technical services. This facilitates a generous sub-division of space without interruptions, which creates plenty of scope for the design of the interior rooms. The building itself is a collage of previously existing elements, although these are not simply reproduced, they are subtly reinterpreted and integrated in the historical sequence. For example, the broad window surrounds of the ground floor shops reflect similar structures in the surrounding shops, but they are of cast concrete instead of stone. The building is designed to acquire patina and grow together with its surrounds.

Public access

The main hall serves as a reception foyer for the first floor offices and a lobby for the apartments on the top floor. Two smooth white surfaces sub-divide the walls of the apartments from the outside and contrast with the bare concrete of the staircase shaft. The range of materials – unrendered concrete, steel, glass and, for contact surfaces, painted plaster – is robust and kept to a minimum. The handrail is a continuous spiral leading from the ground floor to under the roof. The bridge that connects the offices on the first floor is a coherent unit and acts as a bracket linking the two halves of the building and contrasting with the transparency of the handrail. The cross-section of the staircase shaft is square at the front, but the volume of the adjacent room on the first floor corresponds to a double cube.

Interior rooms

The starting point for the design is the alingment of the living rooms, which are two storeys in height, to capture the controlled daylight. The apartments are created as flexible, semi-open rooms – the only closed rooms are the bedrooms and storage cubicles. The residential rooms make full use of the ridge roof and have a maximum height of seven metres. The selection of neutral, natural surface treatments – bare concrete, whitewashed walls and wooden floors – underlines the use of daylight.

36 Ferdinand Heide
Residential building, Frankfurt-Fechenheim

A study in Mies in a historical setting – or how humble means can be used to achieve results that will even meet the highest demands. These words are probably the best description of the rather small house in the old centre of Fechenheim in the east of Frankfurt. The building, which is really a narrow and elongated extension to a half-timbered building, is hardly visible in the maze of narrow alleys, but when seen from the garden it appears decidedly spacious. The rubble walls which enclose the garden are continued in the interior, and the floor-to-ceiling glass walls create an extra vegetated room in the house. Whereas the ground floor is largely open-plan and all rooms have direct access to the garden, the upper storey is more introverted. The working rooms and bedrooms are almost all illuminated by skylight bands; the children's rooms have floor-to-ceiling revolving wooden doors which give them access to the winter garden. Clear lines, low furniture and sophisticated details characterise the atmosphere in the rooms, which have a restrained elegance that is underlined by the precise use of simple materials such as exposed concrete, basalt lava, maple and coloured rendering.

37 Meixner Schlüter Wendt Architekten
Light+air bath Niederrad, Frankfurt am Main

Werkstatt Frankfurt is building a snack bar and kiosk building on the Licht+Luftbad island in the river Main in Niederrad in Frankfurt. The island is in a flood zone. The building is designed as a "floating body". The shape of the steel structure is sculpted in an association with an everyday river pontoon. It is consistent with this association that the steel structure can actually float. The floating body, which seems to have been washed up or stranded, seems to be paradox at first sight, but on closer examination it underlines the character of the island and the flood zone.

The building is scheduled for completion in winter 2002 – the execution photographs show the shell which was built by a shipbuilder.

Schlüter residential building, Karlsruhe

The single family house with 250 m^2 of living space in an open garden setting with pine trees is designed as a free-standing monolith. Subtractions from the volume of the monolith make the building merge with the outdoor space/garden/woodland. This creates open intermediate areas such as the loggia, terrace and entrance area – and these intermediate areas are continued in the interior. The interaction of the volume and the free space is experienced in the perception that the space is cut out from the volume (positive-negative). The differentiation in the form is created by the relationship between the interior functional areas and the outdoor space.

Wien residential building, Mühltal/Trautheim

The compact form for this residential building arose from the situation around it. The associative spatial principle was developed by observing castings from moulds and supplementary moulds, or the relationship between the object in presentation cases (main form) and the moulded case (intermediate form). For the main rooms and uses, main structures are formed and positioned functionally in the spaces or the building. The intermediate space is then filled with an intermediate or supplementary mass. This intermediate spatial mass joins the main structures spatially and functionally with access facilities and supplementary uses. The form as a whole is supplemented. The part and the whole, the physical mass and the spatial interaction are perceptible. Transferring an everyday spatial structure to an architectural scale opens up a new perspective.

38 Internat
Galerie Michael Neff, Frankfurt am Main

A gallery of contemporary art is being created by sub-dividing and cladding a former car showroom in the east end of Frankfurt. The exterior of the building remains unchanged. Instead, the interior is being developed as an autonomous inserted fitting. The sequence of rooms reaches deep into the building and begins with a large exhibition room, next to which is the secretarial office. Steps lead up from here to the concealed office of the gallery manager. The three sections are at the same time presentation rooms for art, representatives of their respective uses and spatial exploitations of stereotype surfaces.

The exhibition room with a display window forms the frameless frame for the "white cube", which is defined by homogeneous wall and floor surfaces and intensive artificial ceiling light. The secretarial office is a Potemkin village: the technical and administrative organisation is concentrated in a walk-in wall cupboard of untreated chipboard, but its high-gloss doors combine with the opposite wall-mounted table to create a grey intermediate space which communicates with the exhibition area. The office of the gallery manager is a spatially separated cabinet which is reached through the secretarial cupboard, like a walk-in cupboard compartment. The four-part constellation of the fragmentary wall cladding, the closed cupboard, the presentation wall and the solid desk create a darkly clad room within a room, which is scenically estranged from the white cube.

Public space is no longer necessarily urban space. Our attention is shifting from heroic settings to contextual treatment, and it focuses on the pragmatic conditions of public attention in very different contexts, including private rooms. The surface, perception and the strategic treatment of situations are becoming more important than a priori evaluations. From this perspective, locations for art and conditions for exhibitions are not a typological problem, they are a level of reflection of the social environment.

"The ideal gallery keeps all remarks away from the work of art which could disturb the fact that it is art." (O´ Doherty). If the framed picture is so self-contained that it can be hung close together in great numbers, this destabilises the edge of abstract and concrete art and may even lead to the abolition of the frame. The individual work then influences the wall and the room, which in turn becomes a stereotype frame of a Modernism which has now become classical: white, without pedestal, neutral. Consequently, the alleged neutrality itself becomes the central element in the treatment of the room. In 1952 the London Independent Group exhibition Parallel of Life and Art presented the new beginnings after the war as a tabula rasa, but it was anything but white: the spatial collage of reproductions of images was installed in such a dense and non-specific manner that the impressions were inextricably bound up together. This presentation of an arrangement of elements which is full of interrelationships but not systematic was interpreted by Aldo van Eyck, with reference to the white wall, by hanging the individual works in the Amsterdam COBRA exhibition in 1949 neither densely nor independently – instead, he created a constellation which expressed the theme over the entire wall surface. The fundamental inconsistency of the white cube was demonstratively expressed in a work by Daniel Buren within a group exhibition in 1971. A striped strip of fabric which occupied the central room of the Guggenheim Museum in New York was removed even before the exhibition opened at the request of the artists. The confrontation with the room designed by Frank Lloyd Wright, which was inherent in the installation, conflicted with the other objects in the exhibition and brought out their questionable relationship with reality and the conflict between the spiral exhibition wall and the pictures which hung there. In view of the genre ideology of a white exhibition room and its opposite, the design of neutral or expressive rooms appears irrelevant. A thematic treatment of the surfaces in very different constellations turns out to represent the real potential.

39 Kühn Malvezzi
Foyer Schirn Art Gallery, Frankfurt am Main

Transforming an entrance foyer into a brightly illuminated room, making service functions into visual participants, creating symbolic architecture which indicates the forms of use: the newly designed Schirn art gallery foyer by Kühn Malvezzi clothes the entrance zone in an unaccustomed material. The side walls, parapets and information panels no longer appear as separate architectural elements, they become an interplay of abstract surfaces with an immateriality which is generated by the cold and even light. The architecture can be interpreted as a surface animation like a 3D simulation which reflects perceptions and pictures as an exemplary representation of an idea. Kühn Malvezzi implements an ideal through lightness, materialises a concept of architecture without a figurative architectural language. Bands of light between the storeys act as an intuitive guidance system which leads the visitors through two storeys from the entrance to the two exhibition wings without the need for small signs. A computer-controlled RGB light system behind jointless translucent diffusion surfaces creates an active light wall which generates light of different colours, immersing the entrance foyer for each exhibition in a different colour and providing an ever-new image of the room. All foyer functions are situated under a continuous linear light box in the entrance zone. The lightweight architecture becomes the medium for a precise graphical intervention by STANDARD.RAD. The symbolic use of the typography creates an image which makes figurative pictures unnecessary, from the new Schirn logo to the functional lettering on the bands of light and the exhibition name on the coloured active light walls. Architecture and graphics come together to generate surface tension.

40 Nikolaus Hirsch/Michel Müller
Meander – Spatial Structure for "Frequencies [Hz]", Schirn Art Gallery Frankfurt am Main, 2002

The spatial structure for "Frequencies [Hz]", an exhibition which shows the works of Carsten Nicolai, Rioji Ikeda and Angela Bulloch and others, investigates the specific parameters of sound art. The structure, as Diedrich Diederichsen points out in his catalogue text, "unites mimetic and diegetic arts, arts based on time, on images and space, and so it is also a fine metaphor for the aesthetic problems and strategies of any Sound Art, or in other words, any attempt to define sound, which only develops its character through time, as an object in space".

A change of opening and closure (sound filter) creates a meander with a rhythm which is determined by the acoustic and visual parameters of the exhibited works. The continuous spatial configuration (total length 164 m) ensures the acoustic and visual autonomy of each artistic item and gives the exhibition spatial coherence. The sequence of spatial compartments creates a loop.

The material of the spatial structure acts as an acoustic element: blocks of foam absorb sound and reduce interference between different areas. The foam material also integrates different levels of information: the names of the artists, titles of the works and detailed explanations are carved into the material by CNC, thus creating a specific depth. The modular logic and materiality reflect a complex planning process in which the final form had to be kept open as long as possible. The exact rhythm of the meander changed 31 times before it was finally fixed, and then it was developed as a graphic and acoustic logo.

41 e15
Interior rooms, Furniture

Interior rooms

Interior architecture by e15 creates luxurious rooms with simple but decisive means. Here, luxury means free space and a minimum of interference. The architect Philipp Mainzer believes that the materials selected by e15 are able to speak for themselves. All important information, such as the grain, quality and colour, is already available and only needs slight – albeit skilled – adaptation and restrained design. One of the design principles of e15 is to hide nothing, and to deliberately place the quality of each material in the foreground. Needle felt, exposed concrete, varnished cavity floors, solid wood – the materials used by e15 lead to a confrontation with unadorned truth, which in turn creates an austere, idiosyncratic and rather sensuous poetic impression.

Furniture

Minimalism in form and opulence in the material: furniture by e15 is striking in design, but it does not force the wood into a design format. The guiding principle throughout is to let the specific character of the material show. As a result, most design elements of the solid wood furniture are derived from oak or walnut: cracks which give the wood space to move. Grain which tells of the history and origin of the material. A systematic omission of facing panels. Details which indicate traditional craftsmanship. And consistent provision of the free space which enables the wood to move. The high value assigned to the material in the course of the work is no contradiction of a modern formal language which is flexibly used. Items of furniture by e15 are highly expressive objects for everyday life.

42 Morgen
Agentur Jung von Matt 1:1

A "von MORGEN" product is a self-confident range which expresses itself in three-dimensional form, and an object with the maximum of simplicity. In the office, on the stage, or in private. "von MORGEN" are Sabine Mühlbauer and Thomas Tritsch, the creators of new ideas which aim to ascertain the character of a new location in order to express this in their design. It would be monotonous to enforce an agreed style at any price. Decisions are characteristic because routine is deliberately restricted to working procedures in the workshops. Wherever it helps to simplify the product, the simple action is preferable to the complicated action. The goal is consistency. Simple really means simple. The members of "von MORGEN" decide private affairs on that basis, too, because MORGEN (tomorrow) is the sphere in which they live, and anyone who is interested is invited to join them. Allied clans, spectators, clients, competitors, artists with their entourage, regular visitors, local proponents and those travelling incognito. Everyone gets on with everyone else. In the typical atmosphere of reliability and intention which is important for "von MORGEN".
The MORGEN crew has its headquarters in the east of Frankfurt.

43 Ian Shaw, Kerstin Schultz Architekten
Centralstation, Darmstadt

The central station was once the main electricity generating station in Darmstadt. It was built in 1888/89 and is a listed monument. Today, various kinds of cultural events are held here on two levels. A mobile bar enables the room to be divided into zones of four different kinds. The asphalt panels which underline the rougher character of the upper storey contain the necessary underground tanks for supply connections, sound systems and telephone. The first gallery is used as accommodation for the audience. A box-like wooden parapet surrounds the intermediate floor slab and is indirectly illuminated to highlight the underside of the ceiling. A hole on the side facing the hall is designed for acoustic purposes. To prevent drinking glasses being placed on the parapet, the top edge slopes inwards by 30°.
Lounge
The lounge of the central station in the second gallery is a quiet area between events. A cocktail bar of brownish red panels and stainless steel is a solid element at the edge of the low, bridge-like room. This area enables visitors to see both the adjoining hall and the ground floor. The setting is characterised by a mixture of intimacy and being "in the centre of things". The stainless steel cladding of the technical wall creates deep side jambs by the windows which are used for standing display boards made up of wooden boxes. Opposite them, the room has smooth floor-to-ceiling glazing which acoustically shields the lounge from the hall. The suspended ceiling clad with red carpet emphasises the low effect of the room and absorbs sound.
Concert hall for classical music, attic
By contrast with the ground floor, the tent-like impression here, with the filigree roof framework, hardly needs any work to define the room. Two large wooden soundboards, the parquet floor and the wooden panelling of the rear wall of the stage create a festive atmosphere. By the closed fire wall, storage cupboards for the chairs are integrated into the load-bearing structure. The doors can be opened by 180° so that they absorb sound during events. The inside of the cupboards is clad with red carpet. Bare masonry surfaces are used as a design feature.

44 Mack + Co
Homage to the Seventies

The scene location "190 East" in the east of Frankfurt appears clear and purist, but not cold. In the summer of 2000 the DJs Dirk Blisse and Nico Iffland fulfilled their dream of a club of their own with this jewel of design. The example which they followed was the discotheque in the 1970s cult film "Shaft".
They quickly found the right architectural bureau. The Frankfurt architect Kay Mack had already designed a number of scene clubs throughout Germany. East is Mack's favourite: "I am especially proud of the transformation from the Seventies to the present – without copying." On four hundred square metres of vaulted basement, the clear forms of the Seventies are predominant. The sophisticated lighting design creates sharp contrasts and intimate islands of light. The room is dominated by a fourteen metre long counter, opposite which there are cosy seating alcoves. With the inviting chill-out area, the architect proves that Modernism does not necessarily lead to a loss of cosiness and comfort. This area has curved slab-type walls and bench-type seats. A chaise longue in the centre reinforces the dominance of round elements, which is broken up by light ducts and carefully designed penetrations in the walls.

45 Tobias Rehberger

Indistinct contours
Using the charm of what is hidden as a form of presentation became an optician's concept. The shop is situated on the ground floor of the Roger building in Frankfurt in a quiet position which is nevertheless central. Semi-transparent curtains in front of tall windows form the boundary between the public area and the clearly designed shop. Bright colours create an open, friendly character in the sales room in which a back-lit display case for the glasses, which takes up the whole wall, acts as the eye-catcher. It has frosted glass doors, so the contours of the glasses in the display case can only be indistinctly seen. A rectangular wooden counter, which is closed apart from a small passage, is situated in the centre of the room like an island. The restrained but deliberate use of colour gives the shop an artificial touch. A small number of strips of colour cross the floor like narrow carpets to create linear highlights which correspond with the round forms of the ceiling lighting. The strictly cube-shaped furniture has crisp edges, and the emphasis is on the attractiveness of the surfaces. The impression conveyed by the workshop is rather different – the brightly coloured chipboard panels are more like a child's room. Two completely different impressions are conveyed: where questions of aesthetics are important, the customer enters a restrained environment which creates scope for concentration and vanity. But the eye test and the working area are in a setting which is determined by its colours. The quiet and concentrated concept is convincing and shows the work of the optician from a different perspective.

46 B.A.S.

Small flaws make things beautiful – furniture designs by B.A.S.
Peter Begon of B.A.S. Architekten regards items of furniture as a form of "small architecture". For him, the "interior", i.e. the furniture and the "exterior", i.e. the architectural shell, belong together. In conjunction with the carpenter Willi Notte he developed the "refacto" series, which consists of a table and a stool. Special value was placed on perfect craftsmanship. Begon and Notte did not want to alienate the material, instead they wanted to express its intrinsic properties. Each table is made of the best parts of a single log. Precision of detail therefore replaces decoration. Long-term resilience on the principle that "Small flaws make things beautiful" is part of the idea, as is the flexible use of the furniture: when the stool is laid on its side, it can be used as a child's chair with an upright stool as a table; two side tables make up one dining table, and the dining table is also used as a desk.

47 Uwe Fischer

Simply there – works by Uwe Fischer
Versatile, stackable and uncomplicated like a conventional kitchen chair – that is what the chair "Tama", designed by Uwe Fischer, conveys. The professor of design, who lectures in Stuttgart, is not interested in a canon of design that has been defined once and for all, instead he focuses on the economic components of design: from the production process through to the finished product. But in spite of this concentrated focus, there is always something playful about his designs. It is immediately evident that "Sina" belongs to the typology of the upright lounge chair. An unobtrusive item of furniture, it is simply a plastic shell which conceals a cushion of textile or leather; it is available in two heights and is comfortable to sit on.
The idea of the lamp "Jones" was simply to provide "a sensible light". The principle of this purist standing lamp, with its aluminium base and its shade of fibre glass laminate, is simple: by pressing two knobs, the reading light changes to an indirect ceiling light. This is done with a pull cord which retracts the light bulb into the reflector.

48 Titoff Industriedesign Christoph Mäckler

Remote from fashion – Titoff Design
Durability, appropriate use of materials, suitability for use are the key concepts of Titoff Design. In cooperation with the Frankfurt architect Christoph Mäckler, such a collection of door hardware was created for the door handle manufacturer FSB. The handle has a round shaft which is separated from the escutcheon by a bulge, then there is a distinctive small lever which widens out at the end and is therefore easy to grip. The material was left untreated to allow it to age naturally. The attempt to simplify the design to a reproducible pattern is documented here by the visible screws. The famous door handles of the Bauhaus served as a model for the design.
A similar concept – the combination of technical perfection and traditional motifs – can be seen in the "Swing" range of lights, another design by Christoph Mäckler.
A lightweight and mobile standing lamp with a base which is similar to a music stand can, in spite of its complex interior, be switched on by a simple pull switch which is easy to see.

49 Serien

Zoom – light in transition
"Zoom" – the name rightly stands for change, because a quick pull is all that is needed to change the lamp with its circular lampshade, which shines both up and down, into an impressive chandelier. The idea and design for the unusual hanging light were created by Floyd Paxton, the light is produced by "Serien". Like most designs by "Serien", the type and application of the light bulbs were the central consideration. For the "Zoom", conventional ten watt halogen bulbs were used.
The greatest challenge was to harmonise the design feature of the round lattice with the appropriate lighting effect. The solution lay in an innovative technical adjustment mechanism consisting of a closed circular lattice structure of flexible spring band steel and a translucent textile membrane. The membrane consists of a resinimpregnated fibre glass laminate which reinforces the structure and acts at the same time as a reflector.

50 Volker Albus

Light turned upside down – the work of Volker Albus
The work of Volker Albus betrays a designer who collects and interprets everyday experience, and then expresses his impressions in material form with a sense of fun and irony. The design for his "Downlight", for example, started with a desire to grasp the atmospheric quality of floor lighting and to create a mobile lamp. The principle is based on a reversal of the form of a standing lamp, which means that the unusual part acquires a role which is taken for granted. The use of the real "lamp base" is just as natural. It mutated and became a carrying handle which can be used to switch the light on and off with a simple two-way switch. Another uncomplicated item is the lamp "Squarelight". In its form and its style it reminds us of a warning sign, and it can be used to evoke various intensities of light and various colours. The user does not have to commit himself because the simple clips with which the colour panels are linked to form a lampshade can be exchanged at will – in fact, this is how they are designed to be used.

A trendsetting economic metropolis
Dr. Wolf Klinz, President of the Chamber of Commerce and Industry, Frankfurt am Main

Many roads lead to the Rhine-Main region, but they all go through Frankfurt. Even from a distance, the 1,200 year old city by the river Main can be seen with its unmistakable skyline. But the fact that Frankfurt likes to use its nickname "Mainhattan" is not only due to its architecture, which is untypical for Germany and Europe and reminiscent of Manhattan. Because of the city's dynamic economy, its cosmopolitan nature and its mixed international character – with people from over 160 nations – the city has a similar atmosphere to New York. So it is not surprising that newcomers quickly feel at home in this city with the flair of a moderately sized metropolis.
As early as the 13th century, Frankfurt had the reputation of being an important trading and exhibition centre in which merchants dominated the urban scene. Now, the main financial centre in continental Europe, which has been the home of the European Central Bank since 1998, is also adorned by skyscrapers. The world's third largest stock market meets on Börsenplatz in the building of the Chamber of Commerce and Industry (IHK), which was built in 1879.
Almost 200 years after it was founded, the Frankfurt IHK is a self-governing body representing about 73,000 business companies. A current study by the German Chamber of Commerce and Industry (DIHK) shows that our attempt to optimise the conditions for regional businesses is successful. Frankfurt is the most attractive business location in Germany. And the traditional banking city has developed, almost unnoticed, to become the German capital of telecommunication and the Internet. In biotechnology the city is becoming a leading centre, and the numerous advertising and PR agencies document Frankfurt's established position as a media and communication centre.
Together with the Rhine-Main region, this represents an enormous potential which needs to be consolidated and communicated in the international competition between business locations. As a founding member of METROPOLITANA FrankfurtRheinMain, we are working on this.

ABB Architekten
Berliner Straße 27
60311 Frankfurt am Main
T: 0 69/ 29 80 60
F: 0 69/ 29 13 74
office@abb-architekten.com

Prof. Volker Albus
Heidestraße 68
60385 Frankfurt am Main
T: 0 69/ 43 83 20
F: 0 69/ 43 83 20
albus@123va.de

Auer + Weber + Architekten
Haußmannstraße 103A
70188 Stuttgart
T: 07 11/ 26 84 04-0
F: 07 11/ 26 84 04-88
stuttgart@auer-weber.de

B.A.S.
Begon Kopperschmidt und
Moczala Stürmer
Hanauer Landstraße 52
60314 Frankfurt am Main
T: 0 69/ 94 41 54 11
F: 0 69/ 94 41 54 13
bas.architekten@t-online.de

BRT Architekten
Bothe Richter Teherani
Architekten BDA
Oberbaumbrücke 1
20457 Hamburg
T: 0 40/ 24 84 2-0
F: 0 40/ 24 84 2-222
office@brt.de

Christl + Bruchhäuser
Freie Architekten BDA
Neue Kräme 26
60311 Frankfurt am Main
T: 0 69/ 91 30 19-0
F: 0 69/ 91 30 19 90
ARCHCB@aol.com

CR Architecture
Costantini Regembal Architectes
19, rue de la Forge Royal
F-75011 Paris
T: +33/ 1/ 43 72 50 44
F: +33/ 1/ 43 72 36 08
c.costa-m.regem@wanadoo.fr

Dietz Joppien Architekten
Schaumainkai 69
60598 Frankfurt am Main
T: 0 69/ 96 24 49-60
F: 0 69/ 96 24 48-0
frankfurt@dietz-joppien.de

Dissing + Weitling
Overgarden neden vandet 45
DK – 1414 Kobenhavn
T: +45/ 32 83/ 50 00
F: +45/ 32 83/ 51 00
dw@dw.dk

e15 Design und Distributions GmbH
Hospitalstrasse 4
D-61440 Oberursel
T: 0 61 71/ 97 95 0
F: 0 61 71/ 97 95 90
e15@e15.com

Uwe Fischer
Egenolffstrasse 14
60316 Frankfurt
T: 0 69/ 49 00 11
F: 0 69/ 49 00 13

STEFAN FORSTER ARCHITEKTEN
Taunusstr. 19
60329 Frankfurt am Main
T: 0 69/ 23 07 00
F: 0 69/ 23 03 11
StForster@baunetz.de

Franken Architekten GmbH
Hochstraße 16
60313 Frankfurt am Main
T: 0 69/ 29 72 83-0
F: 0 69/ 29 72 83-29
office@franken-architekten.de

Jo. Franzke Architekturbüro BDA
Alte Gasse 14 – 16
60313 Frankfurt am Main
T: 0 69/ 13 81 20-0
F: 0 69/ 13 81 20-29
info@jofranzke.de

Frick.Reichert Architekten
Lange Str. 31
60311 Frankfurt am Main
T: 0 69/ 92 91 00 0
F: 0 69/ 92 91 00 10
info@frick-reichert.de

Gewers Kühn + Kühn
Carnotstr. 7
10587 Berlin
T: 0 30/ 28 30 82 0
F: 0 30/ 28 30 82 53
info@gewers-kuehn-kuehn.de

Nicholas Grimshaw & Partners Limited
1 Conway Street
Fitzroy Square
London W1T 6LR
T: +44/ (0) 20/ 72 91 41 41
F: +44/ (0) 20/ 72 91 41 94/5
ngp@ngrimshaw.co.uk

Gruber + Kleine-Kraneburg Architekten
Oberlindau 63
60323 Frankfurt am Main
T: 0 69/ 17 00 72-0
F: 0 69/ 17 00 72-19
GKK@GKK.F.uunet.de

Ferdinand Heide Architekt BDA
Leinwebergasse 4
60386 Frankfurt am Main
T: 0 69/ 42 66 67
F: 0 69/ 42 66 68
f.heide-architekt@t-online.de

HPP Hentrich-Petschnigg & Partner KG
Heinrich-Heine-Allee 37
40213 Düsseldorf
T: 02 11/ 83 84-0
F: 02 11/ 83 84-185
info@hpp.com

Nikolaus Hirsch/Michel Müller
Kettenhofweg 113
60325 Frankfurt am Main
T: 0 69/ 74 90 29
F: 0 69/ 74 90 28
e-minc@t-online.de

INDEX Architekten BDA
Ulrich Exner + Sigrun Musa
Gutleutstraße 13
60329 Frankfurt am Main
T: 0 69/ 24 27 79 13
F: 0 69/ 23 39 91
contact@index-architekten.de

INTERNAT
Frank Böhm und Wilfried Kühn
Glaserstrasse 7/6
A 51; 1090 Wien
T: 00 43/ 1/ 3 19 12 44
F: 00 43/ 1/ 3 19 74 56

Ingenhoven Overdiek und Partner
Kaistr. 16A
40221 Düsseldorf
T: 02 11/ 3 01 01-01
F: 02 11/ 3 01 01 31
info@ingenhoven-overdiek.de

Jourdan & Müller PAS Projektgruppe
Architektur und Städtebau
Leipziger Straße 36
60487 Frankfurt am Main
T: 0 69/ 97 08 18-0
F: 0 69/ 97 08 18-11
jourdan_mueller.PAS@t-online.de

K & L Architekten BDA
Kalmbacher & Ludwig
Eschersheimer Str. 61 – 63
60322 Frankfurt am Main
T: 0 69/ 94 34 54-0
F: 0 69/ 94 34 54-25
buero@kl-architekten.de

Prof. Hans Kollhoff
Architekten Kollhoff und Timmermann
Kurfürstendamm 178 179
10707 Berlin
T: 0 30/ 88 41 85 0
F: 0 30/ 88 41 85 96
buero@kollhoff.de

KSP Engel und Zimmermann
Architekten GmbH
Hanauer Landstraße 287 – 289
60314 Frankfurt am Main
T: 0 69/ 94 43 94-0
F: 0 69/ 94 43 94-38
sekretariat@f.ksp-architekten.de

Landes & Partner Architekt BDA
Hanauer Landstr. 52
60314 Frankfurt am Main
T: 0 69/ 94 41 32 45
F: 0 69/ 94 41 32 46
Landes@Landes-partner.de

Léon Wohlhage Wernik
Architekten GmbH
Windscheidstr. 18
10627 Berlin
T: 0 30/ 3 27 60 0-0
F: 0 30/ 3 27 60 0-60
post@leonwohlhagewernik.de

Mack + Co Architekturbüro
Kay Mack und Christian Damm
Wielandstr. 31
60318 Frankfurt
T: 0 69/ 94 41 95-99,
F: 0 69/ 94 41 95-89
info@mack-co.de

Prof. Christoph Mäckler Architekten
Opernplatz 14
60313 Frankfurt am Main
T: 0 69/ 28 57 07
F: 0 69/ 29 62 89
chm@chm.de

Meixner Schlüter Wendt Architekten
Fischerfeldstraße 13
60311 Frankfurt am Main
T: 0 69/ 2 10 28 6-0
F: 0 69/ 2 10 28 6-20
mswarch@baunetz.de

Morgen
Mayfahrtstraße 27
60314 Frankfurt am Main
T: 0 69/ 43 05 87 40
F: 0 69/ 43 05 87 39
info@morgen.org

Novotny Mähner Assoziierte
Gesamtplanungsgesellschaft mbH
Berliner Straße 77
63065 Offenbach
T: 0 69/ 82 03-0
F: 0 69/ 82 03-200
iris.fussmann@nma.de

Professor Günter Pfeifer
in Pfeifer Roser Kuhn Architekten
Freie Architekten
Gartenstraße 19
79098 Freiburg
07 61/ 29 67 69-0
07 61/ 29 67 69-20
pfeifer.roser.kuhn@baunetz.de

Tobias Rehberger
Taunusstraße 38
60329 Frankfurt am Main
T: 0 69/ 62 62 84

Planungsring Ressel
Nerostraße 30
65183 Wiesbaden
T: 06 11/ 95 28 10
F: 06 11/ 52 62 94
wi@planungsring-ressel.de

Scheffler + Partner Architekten BDA
Klettenbergstraße 24
60322 Frankfurt am Main
T: 0 69/ 59 00 78
F: 0 69/ 55 52 33
S-W-P-Frankfurt@t-online.de

schneider+schumacher Architektur
Schleusenstraße 17
60327 Frankfurt am Main
T: 0 69/ 25 62 62 62
F: 0 69/ 25 62 62 99
office@schneider-schumacher.de

Serien Raumleuchten GmbH
Manfred Wolf, Jean Marc da Costa
Hainhäuser Str. 3 – 7
63110 Rodgau
T: 0 61 06/ 69 09 0
F: 0 61 06/ 69 09 22
serien@serien.com

AS & P – Albert Speer & Partner GmbH
Hedderichstraße 108 – 110
60596 Frankfurt am Main
T: 0 69/ 60 50 11-170
F: 0 69/ 60 50 11-502
mail@as-p.de

ASP Architekten Schweger Partner
Valentinskamp 30
20355 Hamburg
T: 0 40/ 35 09 59 0
F: 0 40/ 35 09 59 95
info@hh.asp-architekten.de

Ian Shaw Architekten BDA
Rossdorfer Strasse 28 – 30
60385 Frankfurt am Main
T: 0 69/ 94 41 02 44
F: 0 69/ 94 41 02 46
info@shaw-architekten.com

Turkali Architekten
Hanauer Landstraße 48a
60314 Frankfurt am Main
T: 0 69/ 4 97 02 33
F: 0 69/ 4 97 02 36
office@turkali-architekten.de

Wandel Hoefer Lorch + Hirsch
Dolomitenweg 12
66119 Saarbrücken
T: 06 81/ 9 26 55-0
F: 06 81/ 9 26 55-95
Büro Frankfurt:
Kettenhofweg 113
60325 Frankfurt am Main
T: 0 69/ 74 90 29
F: 0 69/ 74 90 28

Wentz Concept Projektstrategie GmbH
Deutschherrnufer 41
60594 Frankfurt am Main
T: 0 69/ 65 00 74 74
F: 0 69/ 65 00 74 76
mail@wentz-concept.de

NEUHAUS

Deutscher Designer Club

anwr
Ariston-Nord-West-Ring

BURKHARDT LEITNER constructiv

e-trust

vitra.

DORN
BRACHT

P3UBLIC
PRE • PRINT • PROFESSIONALS

IHK
Industrie- und Handelskammer
Frankfurt am Main

OBJEKTFORM®
THE CULTURE COMPANY

KPMG

TRUST

Architektur in Frankfurt am Main 1999 – 2003

Konzept und Redaktion:
Volker Albus
Mitarbeit:
Marietta Andreas, Célia Ribeiro Meireles,
Beate Tröger, Eva Wörner
Herausgeber:
Jo. Franzke
Graphik Design:
TRUST, Frankfurt am Main,
Thomas Feicht, Stefan Nigratschka
Koordination:
Jo. Franzke Architekturbüro,
Eva Wörner
INSTANT, Frankfurt am Main,
Brigitte Schecker
Satz:
e-trust, Frankfurt am Main,
Ulrike Wagner
Übersetzungen:
Victor Dewsbery, Berlin
Gesamtherstellung:
Druckhaus Dresden

Printed in Germany
ISBN 3-88506-522-3
1. Auflage 2002

Junius Verlag GmbH
Stresemannstraße 375
22761 Hamburg
www.junius-verlag.de

Bibliografische Information
Der Deutschen Bibliothek:
Die Deutsche Bibliothek verzeichnet diese
Publikation in der Deutschen
Nationalbibliografie; detaillierte bibliografische
Daten sind im Internet über http://dnb.ddb.de
abrufbar.

Titelabbildung:
Michael Ehrhart
Porträts:
Klaus Hagmeier
Alexander Beck